업의 그릇

퍼스널 브랜딩으로 회사 밖에서 돈을 담는 법

지은이 김동석

서울대학교 대학원에서 체육교육학과 석사학위를 받고 아동운동 발달센터를 운영하다 서른 살에 직장 생활을 시작했습니다. 현재는 본업을 유지하면서 블로거, 마케터, 작가, 유튜버, 강사로 활동하는 등 넓고 깊은 나만의 업의 그릇을 바탕으로 N잡을 실현하고 있습니다. 대한민국 대표 자기 계발 교육 플랫폼 MKYU 대표 강사이자, 국내 상위 0.1% 탑 블로거, 육아 분야 이달의 블로그 선정 경험 등을 바탕으로 SNS 채널을 활용해 퍼스널 브랜딩을 구축하고, 나아가 수익화 모델까지 구축하는 노하우를 전수하고 있습니다.

혼자만 잘해서 혼자만 성장하는 시대는 끝났습니다. 나의 지식, 경험, 노하우를 함께 나누는 사람이 성공하는 시대가 왔습니다. 더 많은 사람이 회사 밖에서도 통하는 나만의 업의 그릇을 만들어 내가 주인이 되는 삶, 경제적 자유를 누리는 삶을 살 수 있도록 안내하는 중입니다. 저서로는 《네이버 블로그로 돈 벌기》(한빛미디어, 2021)가 있습니다.

이메일 ehdtjr516@naver.com
블로그 https://blog.naver.com/ehdtjr516
인스타그램 https://www.instagram.com/abbadongdong
유튜브 https://www.youtube.com/@abbadongdong
카페 https://cafe.naver.com/abbadongdong
브런치스토리 https://brunch.co.kr/@ehdtjr516

업의 그릇 퍼스널 브랜딩으로 회사 밖에서 돈을 담는 법

초판 1쇄 발행 2023년 11월 9일

지은이 김동석 / **펴낸이** 전태호
펴낸곳 한빛미디어(주) / **주소** 서울시 서대문구 연희로2길 62 한빛미디어(주) IT출판1부
전화 02-325-5544 / **팩스** 02-336-7124
등록 1999년 6월 24일 제25100-2017-000058호 / **ISBN** 979-11-6921-151-2 13000

총괄 배윤미 / **책임편집** 장용희 / **기획·편집** 진명규, 박지수
디자인 표지 박정우 내지 이아란, 이지민 / **전산편집·일러스트** 김보경
영업 김형진, 장경환, 조유미 / **마케팅** 박상용, 한종진, 이행은, 김선아, 고광일, 성화정, 김한솔 / **제작** 박성우, 김정우

이 책에 대한 의견이나 오탈자 및 잘못된 내용에 대한 수정 정보는 한빛미디어(주)의 홈페이지나 아래 이메일로 알려주십시오.
잘못된 책은 구입하신 서점에서 교환해 드립니다. 책값은 뒤표지에 표시되어 있습니다.
한빛미디어 홈페이지 www.hanbit.co.kr / **이메일** ask@hanbit.co.kr / **자료실** www.hanbit.co.kr/src/11151

지금 하지 않으면 할 수 없는 일이 있습니다.
책으로 펴내고 싶은 아이디어나 원고를 이메일(writer@hanbit.co.kr)로 보내주세요.
한빛미디어(주)는 여러분의 소중한 경험과 지식을 기다리고 있습니다.

퍼스널 브랜딩으로 회사 밖에서 돈을 담는 법

업의 그릇

김동석 지음

한빛미디어
Hanbit Media, Inc.

회사 밖에서도 통하는
생존의 스킬

퇴사 준비는 입사와 동시에 하라

"왜 그동안 이런 능력을 숨긴 거야? 나도 좀 알려줘라!" 주말도 없이 매일 야근하며 회사를 위해 25년간 열심히 일하고 퇴직한 팀장님이 2022년 초에 필자에게 한 말입니다. 팀장님은 퇴직 통보 후 회사 생활을 정리하며 팀원들과 마지막 인사를 나누는데 "그동안 고생하셨습니다."라는 인사 2초, 그리고 악수 1초, 단 3초 만에 회사 생활이 끝나는 느낌이 들었다고 합니다.

회사를 위해 한 몸 바쳐 열심히 일했지만, 막상 퇴직 통보를 받고 25년간의 회사 생활을 정리해보니 기나긴 세월이 단 3초 만에 끝나버리는 느낌이었다는 팀장님의 말에, 필자는 마지막 송별회 자리에서 설렘보다 걱정만 가득 안고 떠났을 팀장님의 모습이 떠올랐습니다.

하지만 냉정하게 생각해보겠습니다. 한 회사에서 25년간 일한 것은 대단한 일이지만 이는 회사 안에서 숙달한 업무만 수행해도 가능합니다. 여기서 다음 스텝, 회사 밖에서도 통하는 한 분야의 전문가가 되어야 지속 생존 가능한 능력, 경쟁력을 갖출 수 있습니다.

위 이야기의 팀장님 역시 회사 밖 활동이 정말 중요했다는 것을 퇴직 후 실감하여 관련 분야의 독서를 하고 다양한 강의와 주말 세미나를 듣기 시작했습니다. 그러다 우연히 필자의 콘텐츠를 보게 되었다고 합니다.

우리는 각자 직업을 가지고 있습니다. '생계를 유지하기 위해 자신의 적성과 능력에 따라 일정한 기간 계속하여 종사하는 일'이라는 사전적 정의처럼 직업은 생계를 유지하는 데 필요합니다. 하지만 회사는 나를 평생 책임져주지 않는다는 사실을 명심해야 합니다. 그렇다고 지금 당장 퇴사하라는 이야기는 절대 아닙니다.

이 책에서 한 가지 명확히 이해해야 할 개념이 있습니다. 먼저 직업(職業)이라는 단어에서 직(職)은 회사에서의 대리, 과장, 차장과 같은 직급을 의미하고, 업(業)은 회사 내의 직책이 아닌 개인의 능력(지식, 경험, 노하우 등)을 의미합니다. 이 책은 나만의 '업'을 만들어 인생 후반전의 경쟁력을 갖추고, 이를 통해 경제적 수익과 스스로 평생을 고용하는 시스템을 갖추기 위한 '업의 그릇'을 만들어가는 과정을 담았습니다.

한 가지 분명한 사실은 누구도 업의 그릇을 대신 만들어줄 수 없다는 것입니다. 업의 그릇은 스스로 만들어야 하며 사람마다 업의 그릇의 크기와 깊이는 다릅니다. 또 업의 그릇은 한번 만들고 안주하는 것이 아니라 넓고 깊게 확장해나가야 합니다.

어릴 때의 공부는 정답만 열심히 외워서 시험을 잘 보면 1등이 되었습니다. 하지만 어른의 공부는 정해진 정답만 찾아서는 1등이 될 수 없습니다. 어른이 되어 사회에서 1등을 하려면 혼자 정답을 찾는 것이 아니라 타인의 선택을 받아 만들어야 한다는 사실을 기억해야 합니다.

필자가 강의 현장에서 40~50대의 수많은 직장인 또는 은퇴자를 만나면서 강하게 느꼈던 점은 퇴사, 은퇴가 가까워져 업을 준비하는 것보다 입사와 동시에 준비하는 것이 필요하다는 것입니다.

퇴사 준비는 빠를수록 좋다

마트 냉장 식품 코너에서 냉장고 가장 안쪽에 위치한 유통기한이 긴 우유를 고르다 유통기한이 임박한 제품이 따로 모여 있는 알뜰 상품 코너가 눈에 들어 왔습니다. 원가 대비 30, 50% 심지어 80, 90% 할인된 가격으로 판매되는 제품도 있었습니다.

우리 역시 직의 유통기한이 임박하면 현재 회사에서 받는 월급보다 낮은 몸 값을 받는 것이 현실입니다. 직의 유통기한이 다가오는 것을 피할 수 없다면, 내 가치를 올리는 일이 필요합니다. 더 나아가 유통기한이 없는, 혹은 연장에 연장을 이어나갈 수 있는 회사 밖에서도 통하는 나만의 업을 만드는 것이 필요합니다.

여러분은 지금 어떤 생각이 듭니까? 우리는 회사에서 승진, 사회에서의 성공을 위해 모든 것을 걸고, 많은 것을 포기합니다. 주말을 기다리며 한 주를 보내고, 다음 주를 위해 주말에는 휴식하며 한 달, 일 년을 삽니다. 어느덧 10년, 15년이 흘러 나만의 업 만들기에 신경 쓸 여력도 없이 직장에서의 유통기한 임박이 가까워지고 있을 수 있습니다. 경력이 쌓일수록 반대로 '업의 유통기한'은 점점 줄어들고 있다는 사실을 반드시 알아야 합니다.

따라서 퇴사와 은퇴 준비 역시 직업의 유통기한이 오래 남았을 때부터 하는 것이 중요합니다. 준비가 빠를수록 퇴사가 가까워졌을 때 이리저리 급하게 조언을 들어야 할 필요가 없습니다. 나아가 조바심에 잘못된 투자나 결정을 하지도 않게 됩니다.

꾸준함의 비결은 명확한 목적과 방향

준비 기간이 빠를수록 삶의 방향성은 더 크게 달라집니다. 기회가 지금 당장, 빠르게 찾아오면 좋겠지만 그럴 가능성은 거의 없습니다. 물론 운이 좋아서 그런 기회가 찾아올 수 있지만, 그렇게 이룬 성공은 그리 오래가지 못할 것입니다. 여러 위기 상황에서 역경을 헤쳐나갈 수 있는 자생력을 갖출 수 없기 때문입니다. 빠른, 일회성의 기회보다 더 중요한 것은 기회가 다가왔을 때 대처하는 방법입니다.

핵심은 바로 '도전(실행)'입니다. 도전이 결실을 보기 위해 꼭 필요한 요소는 '꾸준함(지속성)'입니다. 회사 밖에서 통하는 '업'을 만들고, 나아가 '업의 그릇'을 넓고 깊게 만들기 위해서는 한두 달 반짝 노력해서는 안 됩니다. 1년, 3년 어쩌면 남은 인생을 걸 각오가 되어 있어야 합니다. 이것을 왜 하는지, 무엇을 위해 하는지 명확하고 뚜렷한 방향성과 목적을 설정해야 합니다. 그저 열심히 책을 많이 읽고, 강의를 많이 듣는다고 기회가 찾아오지 않습니다.

평생 고용이 보장된 사람은 거의 없습니다. 대부분은 퇴직 후 회사 밖에서 살아야 할 시간이 오래 남았을 것입니다. 그러니 업의 유통기한이 하루라도 더 긴 바로 지금, 명확한 목적을 설정해봅니다. 그렇다고 당장 내 삶이 지금과 크게 달라지지는 않을 것입니다. 하지만 아무리 사소하고 작더라도 차곡차곡 도전을 쌓아야 합니다.

방향과 목적 설정에 도움이 되는 책

청년들을 위한 취업 특강, 퇴직을 앞둔 직장인, 귀촌을 준비하는 사람, 은퇴자 등 다양한 사연을 가진 사람들을 만나면 필자가 공통으로 하는 질문이 있습니다. "앞으로 하고 싶은 것이 무엇입니까? 계획이나 목표가 무엇입니까? 꿈이 무엇입니까?"와 같은 질문입니다. 절반 정도의 사람은 한참을 머뭇거리며 깊은 고민에 빠지고 나머지 절반은 찾기 위해 노력하고 있다고 대답합니다.

하고 싶은 것을 찾기 위해 많은 고민과 시간을 쏟았을 수 있습니다. 하지만 방향을 정하지 않고 무작정 노력해 우왕좌왕한다면 많은 에너지와 시간, 돈 등 한정적인 자원을 낭비하게 될 것입니다.

이 책은 여러분이 가고자 하는 방향이 어디인지, 그 방향을 어떻게 하면 쉽고 빠르게 찾아낼 수 있는지 알려주고, 기회가 왔을 때 에너지, 시간, 돈이라는 자원을 집중적으로 투여해 타인의 도움 없이 스스로 기회를 잡는 방법을 터득할 수 있도록 도와줄 것입니다.

현재 여러분은 나만의 업을 만드는 과정에서 신입에 가까울 것입니다. 회사에 처음 입사했을 때 물어볼 사수가 없거나, 있어도 막상 배울 게 없어 답답하고, 어디서부터 어떻게 해야 할지 막막했던 경험이 있을 것입니다. 이때 제대로 된 사수를 만나야 빠르게 일을 배우고 성장할 수 있다는 것도 잘 알고 있을 것입니다.

　　나만의 업을 만드는 것 역시 제대로 된 사수를 만나야만 합니다. 이 책은 여러분의 좋은 사수가 되어줄 것입니다. SNS 채널을 운영하면서 하고 싶은 분야에 시간을 투자하고 있지만 확신이 없거나, 더 성장하고 싶다면 이 책을 통해 나만의 업을 찾고 만드는 방법을 익혀보십시오. 결국 이 방법을 통해 회사 밖에서도 스스로 생존 가능한 '자립'의 스킬을 장착하게 될 것입니다.

온라인 돈 벌기에 활용하는
개인기

우리가 성공하지 못하는 이유

2020년 초만 해도 필자가 진행하는 온라인 부업, 지식 창업, SNS 수익화 강의 수강생의 주된 연령대는 30~40대였으나, 신종 코로나바이러스 감염증(코로나19) 이후 20대부터 60대까지 연령 폭이 다양해졌습니다. 그리고 강의에 임하는 수강생들의 태도도 사뭇 진지한 모습을 보이고 있습니다.

하지만 성과는 모두 다릅니다. 어떤 수강생은 6개월 이내 빠르게 수익의 결실을 얻지만, 반대로 1~2년이 지나도 같은 자리를 맴도는 경우도 있습니다. 이렇게 차이가 나는 데는 여러 가지 이유가 있겠지만, 가장 큰 차이는 대체로 '실행'과 '정공법'입니다. 여느 자기 계발서에서 다루는 뻔한 내용이라고 생각할 수도 있겠지만 필자가 2,000여 명이 넘는 수강생들을 코칭하며 얻어낸 경험적 결론입니다.

우리는 무의식적으로 자신의 한계를 설정합니다. 주위 사람들의 부정적인 말 때문에 스스로 한계를 정하고 떨어진 자존감에 고통받습니다. 하지만 세상 어디에도 누군가의 한계를 설정하는 기준이나 법칙은 없습니다. 타인이 말하는 불가능의 기준은 그들의 기준이지 여러분의 기준이 아닙니다.

그렇다면 성공하지 못하는 이유는 무엇일까요? 물론 금전적 기반, 운이라는 요소도 무시할 수 없지만 기본적으로는 나만의 전략, 이를 실행할 정공법이 없기 때문입니다. 열심히만 해도 사회에서 성공하는 경우가 있지만, 100% 통하는 것은 아닙니다.

우리에게 벌이에 대한 전략은 필수입니다. 과거 데이터를 바탕으로 미래를 예측하고 준비하는 것이 기업과 국가의 전유물이 아니라 평범한 개인, '나'에게도 필요한 시대입니다. 우리도 이런 전략을 세우고 실행해야 합니다.

인터넷, 인공지능의 발달 덕분에 마음만 먹으면 다양하고 유용한 정보를 실시간으로 얻을 수 있습니다. 동네 소상공인도 오픈마켓에 입점하여 중간 유통상을 거치지 않고 소비자에게 직접 제품을 판매할 수 있고, 초기 투자금이 부족하더라도 아이디어만 있다면 크라우드 펀딩 플랫폼을 통해 초기 투자 자금을 확보할 수도 있습니다.

단순히 물건을 판매하는 것을 넘어 개인의 가치 있는 지식, 경험, 노하우도 판매할 수 있는 시대입니다. 미래학자 다니엘 핑크의 "파는 것이 인간이다. 누구나 세일즈하는 시대에 당신도 지금 무언가를 팔고 있다."라는 말은 참 인상적입니다.

우리가 각자의 전문성, 가지고 있는 지식, 경험, 노하우를 판매할 수 있다는 것을 빠르게 이해해야 합니다. 필자가 필자의 생각을 글로 쓰고 그 결과물을 책을 통해 알리는 것 또한 필자를 팔고 있는 것입니다.

나만의 소구력을 만들자

한 가지 생각해볼 포인트는 상대가 나에게 무언가 사려고 한다면 당연히 팔게 있어야 한다는 점입니다. 나를 어떻게 팔지 전략을 구축하고, 어떠한 방식으로 나를 상대에게 전달할 것인가를 끊임없이 고민하는 과정이 바로 '업'을 만들어나가는 정공법입니다.

여러분은 스스로 무엇을 팔 준비가 되었는지 생각해보겠습니다. 지금 자신 있게 무언가를 대답할 수 있는 사람도, 반대로 아무런 대답을 할 수 없는 사람도 있을 것입니다. 당장 생각나지 않는다고 해서 걱정할 필요는 없습니다.

이 책은 자신을 상품화하여 상대에게 판매하는 시스템, 즉 퍼스널 브랜딩을 구축하고 나아가 수익화 모델까지 구축하는 방법을 안내합니다. 이를 위해 여러분은 N잡을 위한 마인드셋을 탑재하고, 필자가 개발한 대중의 선택을 받는 콘텐츠 생성 도구인 MTS 시스템 구조도를 활용하여 나만의 N잡 콘텐츠를 만드는 방법을 배울 것입니다.

또 6가지 관점학습법을 통해 독서와 기록으로 나만의 콘텐츠에 완성도를 더하는 방법, 시간 관리 기술로 퍼스널 브랜딩을 성공적으로 구축하는 방법 등을 깊이 있게 알아볼 것입니다.

나아가서는 블로그를 베이스캠프로 한 SNS 채널 운영으로 퍼스널 브랜딩을 더욱 견고히 하고 이를 토대로 퍼스널 브랜딩을 통한 수익화 모델 구축 단계까지 알아볼 것입니다. 이 책을 통해 전략을 수립하고 실행하면, 책을 덮는 마지막 순간에 각자의 전문성을 팔 수 있는 준비는 끝날 것입니다.

이 책의 첫 CHAPTER부터 업에 대한 필자의 생각과 여러분의 생각이 다른 부분을 발견할 수도, CHAPTER를 거듭할수록 필자의 의견과 충돌하는 지점을 발견할 수도 있습니다. 따라서 일방적으로 수용하는 독서보다는 필자의 생각과 달라 고민되는 부분은 SNS 채널을 통해 소통하고, 때로는 잠시 읽기를 멈추고 직접 종이에 여러분의 생각을 써보며 숙고의 과정을 거쳐보길 바랍니다. 그래야만 제대로 된 나만의 업을 찾고, 키워나가는 자생력을 갖출 수 있을 것입니다. 이것이 필자가 이 책을 쓴 이유이자 목적입니다.

★ ✎ 이 책의 구성

SECTION 01

시작이 없으면
변화도 성장도 없다

평범한 그 누구라도 가능한 업 만들기

블로그, 인스타그램, 유튜브 등 다양한 SNS 채널 수익화 관련 책, 강의, 영상에는 월 500만 원, 1,000만 원은 우습게 벌 수 있을 것 같은 문구가 항상 따라붙습니다. 현실적으로 보자면 이 정도 금액은 본업인 직장을 포기하고 전업으로 할 때, 그것도 본격적으로 성공해야 감히 꿈꿀 수 있는 금액에 가깝습니다.

부업으로 SNS 채널 수익화를 노릴 때 일상을 쪼개서 시간과 노력을 투입하기는 현실적으로 매우 어렵습니다. 그렇다 보니 이건 아무나 하는 게 아니라며 포기하는 경우도 충분히 이해합니다.

필자는 전업 블로거도, 전업 강사나 작가도 아닙니다. 블로거, 강사, 작가를 병행하는 지극히 평범한 직장인입니다. 일과는 여러분과 똑같을 것입니다. 아침 6시 30분

022 업의 그릇

친절하고 풍부한 내용 설명

나만의 업의 그릇을 만들어 퍼스널 브랜딩과 수익화를 구축하는 데 필요한 마인드셋과 학습법부터 실전 노하우까지 저자의 풍부한 경험을 바탕으로 친절하게 설명합니다.

☆ ☆ 업의 그릇을 넓히는 밀착 코칭 ◆ ☆ ☆

VOD 클래스 영상 제작을 위한
기본 가이드

이번 SECTION을 마무리하며 많은 분이 어려워하는 VOD 클래스 영상 제작에 관한 필자의 노하우를 공개하겠습니다. 간단한 팁 몇 가지만 숙지하면 강의 영상 제작은 물론이고 유튜브 콘텐츠 제작에도 도움이 되는 내용이니 잘 살펴보길 바랍니다.

필자가 코칭하는 실제 수강생에게 강의 촬영을 준비해보라고 하면 가장 많이 돌아오는 질문이 촬영을 위한 장비와 장소에 관한 질문입니다. 물론 좋은 스튜디오에서 좋은 장비를 갖추고 촬영한다면 완성도 높은 영상이 나올 수는 있습니다. 하지만 영상미가 좋다고 해서 수강생들의 결제가 이루어지는 것은 아닙니다. 영상을 잘 찍어야 한다는 부담감은 내려두고 콘텐츠의 힘에 집중하길 바랍니다. 그렇다고 아무렇게나 촬영해서는 안 됩니다.

이번 밀착 코칭에서는 촬영, 사운드, 자막 및 편집 세 가지 포인트를 중심으로 최소한 이것만은 꼭 지켜야 하는 기본 중의 기본을 설명할 테니 강의 영상 제작 시 꼭 적용해보길 바랍니다.

CHAPTER 05 퍼스널 브랜딩으로 수익화 모델 구축하기 295

업의 그릇을 넓히는
밀착 코칭

퍼스널 브랜딩과 수익화를 구축한 저자의 경험을 바탕으로 더 알면 좋은 내용, 궁금할 법한 내용을 밀착 코칭으로 정리했습니다. 저자의 풍부한 경험과 실전 노하우를 살펴볼 수 있습니다.

업의 그릇을 넓히는 실속 TIP

추가 설명이 필요한 부분, 알아두면 도움이 되는 부분을 알려줍니다. 실용적인 정보를 막힘없이 읽고 이해할 수 있도록 도와줍니다.

업의 그릇을 넓히는 특별 강의

중요한 내용은 저자의 특별 영상 강의로 제공합니다. 영상 강의를 통해 책에서 읽은 내용을 더욱 효과적으로 익힐 수 있습니다.

Tip 최적의 강의 장소를 찾는 법

인터넷에 검색하면 다양한 강의실 대관 사이트가 나오는데 최적의 장소를 찾기 전까지 검색하는 노력이 필요합니다. 필자의 경우 실제 오프라인 강의를 처음 시작할 때 서울 강남권, 강북권 두 지역을 중심으로 각각 5개씩 총 10개의 강의실을 1차 검색으로 추려낸 뒤 직접 방문해 살펴본 다음 총 3곳의 강의실을 확정했으며 지금까지도 이 3곳의 강의실을 인원, 접근성, 수업의 진행 형태, 강의 단가, 장소별 대관 현황 등의 여러 가지 상황에 따라 적절히 활용하고 있습니다.

처음 10인 내외로 오프라인 강의를 시작할 때는 스터디룸 카페를 추천합니다. 요즘 생겨난 스터디룸 카페는 대부분은 강의에 필요한 환경이 잘 구축되어 있습니다. 그래도 찾기 힘들다면 생활 공간 대여 플랫폼 스페이스 클라우드(https://www.spacecloud.kr)사이트를 찾아봐도 좋습니다.

지역별 구민센터, 동사무소 등의 공공기관 회의실, 세미나룸의 경우 한 달 정도의 여유 시간을 가지고 예약하는 환경이 좋은 장소를 저렴한 가격으로 대관할 수 있으니 참고하기 바랍니다. 또 내가 사는 지역에 대학교가 있다면 대학교의 강의실 및 세미나룸 역시 대관이 가능합니다. 서울시의 경우 '서울시 공공서비스예약시스템(https://yeyak.seoul.go.kr)'을 통해 강당, 강의실, 녹화·촬영을 위한 스튜디오, 교육 시설 등 강의, 모임, 회의, 행사에 필요한 다양한 공공시설 대여 공간을 이용할 수 있습니다.

이처럼 좋은 오프라인 강의 장소는 계속해서 찾아보고 선배 강사들에게 추천을 받는 식으로 데이터를 계속해서 쌓아나가는 것이 나의 경쟁력이 됩니다.

영상 강의 예 업의 그릇을 넓히는 특별 강의

📹 김동석 저자의 특강

CHAPTER 01~02에서 살펴본 주요 내용과 책에 다 담지 못한 심화 내용을 특별 강의로 제공합니다. 특별한 영상 강의로 책에서 살펴본 내용을 더욱 완벽하게 익힐 수 있습니다.

 ◀ 1강   ◀ 2강   ◀ 3강

CHAPTER 02 업의 그릇을 만드는 5단계 공식 ① : MTS 시스템   105

MTS 시스템 구조도

Message

Target

Subject Subject Subject

Message

Target

Subject Subject Subject

실습 활용 템플릿(MTS 시스템 구조도)   331

업의 그릇을 완성하는
실습 활용 템플릿

저자와 함께 하는 실습에서 활용할 수 있는 템플릿을 책 뒤에서 제공합니다. 템플릿은 직접 인쇄해서 쓰거나 컴퓨터로 작성할 수 있게 예제 파일로도 제공합니다.

김동석 저자의 업의 그릇을 넓히는 특별 강의 시청하기

01 본문 내에 있는 영상 강의 QR 코드를 핸드폰 카메라 기능으로 스캔해 접속합니다.

02 강의 화면이 나타나면 영상이 자동으로 재생됩니다. 만약 재생되지 않는다면 [재생] 버튼을 클릭합니다.

03 강의 시청 도중 빠르게 봐야 할 부분은 배속으로 시청하거나, 확인이 필요한 부분은 [일시 정지] 버튼을 클릭해 강의를 잠깐 멈춘 후 학습을 진행할 수 있습니다.

실습 부록 다운로드하기

01 한빛출판네트워크 홈페이지(**www.hanbit.co.kr**)로 접속합니다. 화면 오른쪽 아래에서 [자료실]을 클릭합니다.

02 자료실 도서 검색란에 도서명을 입력하고 🔍를 클릭합니다.

03 검색한 도서가 표시되면 오른쪽에 있는 [예제소스]를 클릭합니다. 다운로드한 예제 파일은 일반적으로 [다운로드] 폴더에 저장되며, 사용하는 웹 브라우저 설정에 따라 다를 수 있습니다.

⭐ 목차

● ★ ⬟ ◆

CHAPTER 01 | 업의 그릇을 만들기 위해 우리가 생각해야 할 것들

CHAPTER 02 | 업의 그릇을 만드는 승자의 공식 ① : MTS 시스템

⭐ 목차 ☰

CHAPTER 01

업의 그릇을 만들기 위해
우리가 생각해야 할 것들

SECTION 01

시작이 없으면
변화도 성장도 없다

평범한 그 누구라도 가능한 업 만들기

블로그, 인스타그램, 유튜브 등 다양한 SNS 채널 수익화 관련 책, 강의, 영상에는 월 500만 원, 1,000만 원은 우습게 벌 수 있을 것 같은 문구가 항상 따라붙습니다. 현실적으로 보자면 이 정도 금액은 본업인 직장을 포기하고 전업으로 할 때, 그것도 본격적으로 성공해야 감히 꿈꿀 수 있는 금액에 가깝습니다.

부업으로 SNS 채널 수익화를 노릴 때 일상을 쪼개서 시간과 노력을 투입하기는 현실적으로 매우 어렵습니다. 그렇다 보니 이건 아무나 하는 게 아니라며 포기하는 경우도 충분히 이해합니다.

필자는 전업 블로거도, 전업 강사나 작가도 아닙니다. 블로거, 강사, 작가를 병행하는 지극히 평범한 직장인입니다. 일과는 여러분과 똑같을 것입니다. 아침 6시 30분부터 출근 준비를 하고, 만원 전철을 타고 1시간이 걸려 출근한 뒤 회사에서 오전 9시부터 오후 6시까지 근무합니다. 퇴근하고 집에 와서는 아내, 두 아들과 함께 밥을 먹습니다. 아이들을 씻기고, 숙제를 봐주면 어느새 저녁 9시가 훌쩍 넘어가는 지극히 평범하면서도 정신없는 하루를 살고 있습니다.

이 책에서 다룰 이야기는 전업 블로거, 전업 강사나 작가의 이야기가 아닙니다. 여러분과 같이 바쁜 삶을 사는 평범한 직장인이 블로거, 강사, 작가, 컨설턴트, 자문위원, 인스타그래머, 유튜버, 브런치스토리 작가, 자기 계발 카페 운영자, 커뮤니티 리더 등 다양한 역할을 직접 실행하면서 겪고 얻은 시행착오와 경험들입니다. 평범한 필자가 해냈다는 사실은 평범한 그 누구라도 나만의 업 만들기를 통해 퍼스널 브랜딩 구축과 수익화가 가능하다고 말할 수 있는 강력한 이유가 됩니다.

▲ 직(職)을 가진 평범한 직장인도 업(業)을 통한 수익화를 할 수 있다.

도전하지 못하는 것은 시간이 없는 것이 아니라 올바른 방법을 모르기 때문입니다. 올바른 방법을 익힌다면 앞으로 업 만들기에서 발생할 어떤 문제도 스스로 해결할 수 있는 '자생력'이라는 기본기이자 엄청난 무기를 장착하게 될 것입니다. 이 능력을 갖춘다면 제2의 도약, 업 만들기가 가능합니다. 그러니 필자를 믿고, 자신감을 가지고 함께 시작해보길 바랍니다.

지금 시작하면 늦은 건 아닐까 하는 걱정

필자의 강의를 듣는 40~50대 수강생이 많이 하는 걱정 중 하나가 지금 시작하면 늦었다고 생각하는 것입니다. 결론부터 말하자면 걱정할 시간에 차라리 시작하는 것이 훨씬 생산적입니다.

사회 용어 중 중위 연령이라는 용어가 있습니다. 한 나라의 전체 인구를 연령 순서로 줄 세웠을 때 한가운데 있는 사람의 연령을 의미합니다. 인구학에서 인구 전체의 평균 연령보다 중위 연령을 더 의미 있게 따지는 것은 실제 연령의 중심값을 알 수 있기 때문입니다.

2023년 기준 대한민국의 중위 연령은 평균 45.6세(남자 44.2세, 여자 47.1세)입니다. 불과 10여 년 전 대한민국의 중위 연령은 30대였습니다. 당시에 본격적으로 사회생활을 하던 30대에게 40~50대는 뭔가를 새롭게 시작하기에는 다소 늦은 나이, 젊지 않은 나이라는 인식이 10년 뒤에도 고정된 것입니다.

2030년이 되면 대한민국의 중위 연령은 49.8세까지 올라갈 예정입니다. 수명이 늘어나는 현상과 더불어 과거 50세와 요즘 50세는 확연히 다르다는 것을 느낄 것입니다. 다시 말해 요즘 어른은 과거 어른들보다 젊다는 것입니다. 100세 시대, 장수 시대에는 자신의 나이에 0.8을 곱해야 과거 선배들의 나이와 비슷하다는 말도 들어보았을 것입니다.

이처럼 우리나라의 상황이 급변하기 때문에 어떻게 내 미래를 준비해야 할지, 3년, 5년 후 더 나아가 10년 후에 내가 어떻게 살 것인지 구체적인 전략을 빠르게 수립하고, 그것을 이루기 위해 노력해야 합니다. 이런 전략이 수립된 사람들은 3년, 5년, 10년 후 더 많은 기회와 마주하게 되며, 경쟁력을 갖추게 될 것입니다. 40~50대는 지금 바로 시작해야 합니다. 20~30대라면 더욱 좋습니다. 남들보다 더 빠르게 시작해야 합니다.

평생직장의 종말

대기업, 하다못해 중견기업에만 입사해도 정년까지 열심히 회사에 다니면서 월급을 모아 투자하고, 은퇴와 동시에 퇴직금을 받으면 편하게 생활할 수 있다는 생각은 IMF 이후로 서서히 무너졌습니다. 이는 '직장은 영원하지 않다'는 뜻이기도 합니다. 여기에 코로나19 팬데믹까지 겪으며 여러 사업체가 순식간에 사라졌고, '지금 다니는 직장이 나의 평생을 책임져줄 수 있다'는 생각은 꿈같은 이야기가 되었습니다. 평생직장이라는 단어는 모든 직장인에게 있어 더 이상 보장되지 않는 과거의 이야기가 되었습니다.

2020년 9월 한 취업 포털 사이트에서 진행한 '직장인이 예상하는 본인의 퇴직 연령'에 관한 조사 결과[1]를 보면 오늘날 직장인들은 법정 정년인 60세보다 10년 정도 이른 49.7세를 본인의 퇴직 연령으로 생각하고 있는 것으로 나타났습니다. 2022년 3월 발표된 미래에셋투자와연금센터의 조사 결과[2]에서도 평균 퇴직 연령은 49.3세로, 평균 취업 연령과 수명을 계산해보면 회사 안에서 보내는 시간보다 회사 밖에서 보내야 할 시간이 늘어나고 있습니다.

우리의 기대 수명은 계속 늘어날 것이고, 퇴직 연령은 계속 낮아질 전망입니다. 회사 업무만 열심히 해서 퇴직금과 연금으로 남은 50~60년 동안 경제적 자유를 누리며 풍족하게 살 수 있을지에 대한 고민은 이제 20~30대에게도 당면한 과제가 되었습니다. 근로소득만으로 풍족하게 살 수 없다는 것을 알게 된 20~30대가 비트코인과 주식 열풍에 휩싸인 것은 우연이 아닐 것입니다.

---

[1]
"직장인 체감 퇴직 연령 '평균 49.7세'"(잡코리아, 2020),
https://www.jobkorea.co.kr/goodjob/tip/view?News_No=18264&schCtgr=120001

---

[2]
"노인을 위한 나라는 없나⋯49세에 퇴직 당해도 72세까지 일해야"(헤럴드 경제, 2022),
http://mbiz.heraldcorp.com/view.php?ud=20220308000214

코로나19 팬데믹을 거쳐 포스트 팬데믹 시대에 들어오며 불과 몇 년 전후로 우리의 삶은 크게 달라졌습니다. 우리는 사회적 거리 두기와 외출 제한으로 거의 모든 음식점의 주문 배달이 가능해지며 배달 업계가 활황을 이루다가 다시 불황을 겪는 것을 목격했습니다. 현재 고용 시장의 분위기는 매우 불안정하며, 예측도 어려워지고 있습니다. 이제 부모님, 선배 세대에서 당연시하던 '평생직장'은 조만간 어디에서도 찾아보기 힘들어질 것입니다.

업 만들기에 집중해야 하는 이유

앞선 프롤로그에서 직업(職業)의 사전적 정의를 통해 '직'과 '업'의 구분을 알아보았습니다. 앞으로 우리가 다룰 '업'은 회사 밖에서 통하는 나만의 지식, 경험, 노하우라는 것을 이해했을 것입니다. 여기에 대중의 선택을 받는, 가치 있는 일로 만드는 나만의 개인기라는 생각을 더하면 좋습니다.

직업은 다양한 분야에서 다양한 형태로 존재하지만, 이 책에서는 업 만들기와 연결하여 크게 세 가지 유형으로 구분해보겠습니다. 직업의 유형을 알면 우리가 무엇을 해야 할지 더욱 명확해집니다.

첫째 나의 시간(노동력)을 투입하여 1:1로 수익을 만들어내는 형태

둘째 나의 지식, 경험, 노하우를 가치로 전환하여 수익을 만들어내는 형태

셋째 위 두 가지 형태의 장단점을 혼합해 수익을 만들어내는 형태

첫 번째 유형은 나의 시간(노동력)을 투입해 급여로 수익을 내는 형태입니다. 가장 보편적인 형태지만 장기적으로 봤을 때 N잡으로는 피해야 하는 유형입니다. 대표적인

예로 월~금요일 동일한 시간에 출근하는 회사, 단기성 아르바이트 등이 있습니다.

두 번째 유형은 수익화 시스템을 갖추기까지 일정 시간 투자가 필요합니다. 처음에는 수익이 나지 않기 때문에 많은 사람이 시도하다가 포기하는 유형이기도 합니다. 하지만 시스템을 구축하면 시간이 지날수록 노동력 투입 대비 수익이 점점 증가한다는 장점이 있습니다. 대표적인 예로 종이책과 전자책 출간, 온라인 VOD 강의 입점 등이 있습니다. 출간과 입점이 완료되면 주기적인 노동력을 투입하지 않고도 수익이 발생한다는 장점이 있습니다.

마지막 세 번째 유형은 두 번째 유형과 비슷해 보이지만 콘텐츠 발행을 위한 자료 수집이나, 영상 편집과 같은 노동력이 더 많이 투입되어야 한다는 특징이 있습니다. 대표적인 예로 블로그, 인스타그램, 유튜브와 같은 SNS 채널을 통한 콘텐츠 생산 및 소통, 커뮤니티 운영을 통한 수익화가 있습니다. 내 콘텐츠를 소비해줄 잠재적 고객들이 머물 수 있는 SNS 플랫폼은 내가 쉬거나, 잠을 잘 때, 휴가일 때도 나 대신 일해주는 똑똑한 직원을 고용한 듯한 효과를 누릴 수 있습니다.

▲ 노동에는 한정적인 자원(시간, 노동력)이라는 조건이 존재한다.

이제 세 가지 직업 유형 중 몇 번째 유형을 구축하기 위해 노력해야 하는지 감이 왔을 것입니다. 한정적인 자원(시간, 노동력)이라는 조건을 가지고 변화하는 시대에 대응하기 위해서는 두 번째와 세 번째 유형의 업을 최대한 확보해야 합니다.

첫 번째 유형은 노동의 가장 기본적인 형태이므로 많은 사람이 직업을 가진 이유이기도 합니다. 하지만 우리에게 주어진 시간은 24시간으로 매일 똑같습니다. 돈이 많다고, 강한 권력을 지녔다고 해서 누구도 25시간, 26시간을 살 수 없습니다. 추가적인 수익을 원한다고 해도 투입할 수 있는 시간은 한정되어 있습니다.

또한 첫 번째 유형은 내가 관리하기 어려운 생존을 위한 필수 조건도 존재합니다. 변화된 트렌드에 맞춰 업무 실력을 업그레이드해 다른 사람과의 경쟁에서 밀리지 않고, 내 직무가 인공지능 혹은 로봇에 대체되지 않아야 하며, 회사도 건실하고 탄탄해야 합니다. 이를 뒤집어 생각하면 회사 밖에서도 통하는 나만의 업 만들기에 집중해야 하는 이유가 될 것입니다.

나중에 하자는 생각을 끊어내자

미래를 준비한다는 관점에서 시간은 중요한 자원입니다. 회사에서도 근속 연수에 따른 업무 능력이 중요한 것처럼 어떤 영역이든 일찍 시작할수록 일정한 수준에 먼저 도달하기 때문에 경쟁에 유리하다는 점은 의심의 여지가 없습니다. 특히 나만의 경험, 지식, 노하우를 바탕으로 업을 만드는 과정은 빠르면 빠를수록 더 오래 할 수 있고, 오래 하면 할수록 더 잘할 수 있다는 사실을 기억했으면 합니다.

안타깝게도 많은 사람이 퇴직과 은퇴를 너무 먼 이야기로 취급하거나, 지금은 회사에 열심히 다니면서 충분히 벌고 있으니 크게 문제없다며 현실에 안주하고는 합니다. 하지만 여러분의 기준, 눈높이를 조금 더 높이면 분명 나만의 업 만들기 목표가 정확하게 보일 것입니다.

직장에 다니면서 비슷한 삶을 사는 또래 사람들 사이에 있다 보면 미래에 대한 준비보다 현재의 삶과 수입에 만족하게 됩니다. 그러다 보면 여러분도 세상의 변화와 삶의 치열함에 대해 무감각해집니다. 그러나 현재 주위 환경과 상황에서 조금만 벗어나보면 간절하고 치열하게, 3년, 5년 후의 더 나은 미래, 회사 밖에서도 통하는 나만의 업 만들기를 차곡차곡 준비하는 사람들이 점차 늘어나고 있다는 사실을 기억했으면 합니다. 퇴직을 앞두고, 은퇴 이후에 업 만들기를 준비한다면 먼저 준비한 사람들과의 격차를 따라잡기가 쉽지 않을 것입니다. 이러한 이유로 시작이 빠르면 빠를수록 좋다고 계속 강조하는 것입니다.

앞서 얘기했듯 우리의 직에는 유통기한이 존재하듯, 직업 자체에도 유통기한이 존재하는 시대입니다. 구글이 최고의 미래학자로 선정한 미국의 미래학자 토마스 프레이는 '미래에 존재하지 않는 산업과 새로운 직업'[3]이라는 글에서 2030년 전에 현존하는 직업의 47%가 사라질 것이며, 글로벌 500대 기업 중 절반이 문을 닫을 것이라고 분석했습니다. 여기에 공상 영화에서 나올법한 느낌의 162개 새로운 직업이 뜰 것으로 전망하기도 했습니다.

아무 준비도 되어있지 않은 상태에서 걱정이 드는 건 당연한 일입니다. 하지만 필자는 걱정하지 말라는 이야기를 먼저 하고 싶습니다. 이 책에 필자가 회사에 다니며 퇴근 전후 새벽과 저녁, 주말을 틈틈이 활용해 이룬 지난 7년간의 고군분투 경험과 차곡차곡 쌓은 지식, 정보, 노하우를 담았기 때문입니다.

필자도 지극히 평범한 직장인이기에 지금까지의 결과물에 대한 이야기를 여러분과 진솔하게 나눌 수 있습니다. 평범한 사람 누구라도 필자의 방법을 제대로 익히고 잘 따라온다면 충분히 가능하다고 생각합니다.

이 책은 업의 그릇을 만들기 위한 퍼스널 브랜딩 구축과 수익화 노하우의 상세한 과정을 가감 없이 담았기 때문에 다소 투박하게 느껴질 수 있습니다. 하지만 지금부

---

3)

"세계적인 미래학자 토마스 프레이가 예측한 새로운 미래 직업 TOP5"(조선일보 jobs N, 2016),
https://jobsn.chosun.com/site/data/html_dir/2016/12/29/2016122900669.html

터 소개할 전략을 여러분의 삶에 직접 적용해보길 바랍니다. 명확한 목표를 바탕에 둔 인풋으로 성공적인 아웃풋을 차근차근 만들어간다면 내가 잘하는 일, 좋아하는 일을 더욱 업그레이드할 수 있고, 퍼스널 브랜딩 구축과 퍼스널 브랜딩을 통한 수익화를 얻을 수 있을 것입니다.

디테일보다 시작이 먼저다

타인의 도움 없이 나만의 업 만들기에 도전하는 대다수의 사람은 내 업이 무엇인지, 어떻게 만들고 준비해야 하는지 모르거나 여러 가지 핑계에 얽매여 빠르게 시작하지 못합니다. 여러분도 아래 나오는 사례와 같은 핑계를 대고 있는 것은 아닌지 체크하며 냉정하게 되짚어봅니다.

- 아이들이 대학에 가거나, 조금 더 클 때까지 기다린다.
- 지금 다니고 있는 직장을 그만두고 시작하려 한다.
- 모르는 게 많으니 좀 더 경험해보고 자신감이 생길 때까지 기다린다.
- 올해는 일단 준비하고 내년부터 시작하려 한다.
- 그런 일을 시작할 시간적 여유가 없다.
- 일찍 시작한 사람들만 돈 버는 거라 새로운 아이템을 기다린다.
- 주변에 실패한 사람이 많아 망설여진다.

위의 사례와 같은 변명을 시작하면 업 만들기의 중요성을 알고 있음에도 실행보다 실패가 두려워 망설이거나, 먼저 시작해 잘나가는 주변 사람들을 보며 부러워만 하게 되는 것이 현실입니다. 필자의 수강생 중에는 필자가 시작할 것을 권유하면 아직은

때가 아닌 것 같다, 모르겠다는 방어적인 자세를 취하며 자꾸만 다음으로 미루는 수강생도 많았습니다. 하지만 기억해야 할 것은 어떤 영역이든 일찍 시작할수록 경쟁에 유리하다는 사실입니다. 내가 지금 당장 시작한다면 누군가는 나보다 늦게 시작한 사람이 됩니다.

제조 공정에서 완제품이 최종 생산되는 데 걸리는 시간을 리드타임(Lead Time)이라고 부릅니다. 당연히 리드타임이 적을수록 공정은 더욱 효율적이고 유리합니다. 우리가 업의 그릇을 만드는 과정도 리드타임을 최소화해야 효율성이 높아집니다.

몇 개월 만에 많은 것들이 빠르게 바뀌는 시대입니다. 이러한 상황에서 필요한 자세는 완벽함보다 빠르게 결과물을 만들고 디테일은 수정하고 보완하면 된다는 생각입니다. 지금 시작해도 충분하고 절대 늦지 않았다는 사실을 꼭 기억하길 바랍니다.

100세 시대,
내 인생 시계는 몇 시를 가리키나

100세 시대를 살아가는 우리의 인생 시계를 살펴보겠습니다. 지금 여러분의 인생 시계는 어디를 가리키고 있는지 스스로 확인해보길 바랍니다.

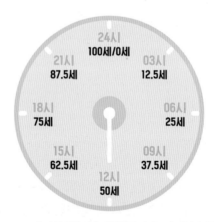

▲ 100세 시대 인생 시계, 여러분의 나이는 몇 시입니까?

필자가 강의에서 위 100세 시계 이미지가 있는 슬라이드를 띄우면 대부분 수강생은 의외로 이른 시간에 놀라워하는 반응을 보입니다. 이 책을 읽는 여러분의 인생도 의외로 이른 시간을 가리키고 있을 것입니다. 인생 100년을 24시간으로 생각했을 때 이제 50세라고 해도 정오, 점심시간에 불과합니다. 열심히 오전 업무를 끝내고 점심을 먹으며 오후 일과를 보내기 위해 휴식하는 시간이자 하루의 반환점에 이제 막 도착한 것입니다.

나이가 들수록 지난날을 회상하는 시간이 늘어납니다. 그러면 내가 살아온 세월이 정리되며 앞으로 살아갈 날보다 살아온 날이 더 길게 느껴집니다. 하지만 인생 시계에서 보는 것처럼 우리는 살아야 할 시간이 더 길게 남았습니다. 언제까지 과거만 회상하며 머무를 수는 없습니다. 하루하루 유통기한이 임박해오는 회사에서의 직이 아닌, 나만의 업을 찾아 평생 스스로를 고용하는 시스템을 만드는 시기가 빠를수록 좋다는 것은 인생 시계를 보면 확실히 느낄 수 있을 것입니다.

한 가지 재미있는 사실은 2019년 코로나19 팬데믹 시대가 막 시작할 때의 30~50대 수강생과 2023년 포스트 팬데믹 시대의 30~50대 수강생에게 업의 개념과 필요성이 달라졌다는 것입니다. 불과 4년 사이에 제2의 인생, 회사 밖에서의 경쟁력에 대한 관심도가 폭발적으로 높아졌다는 것을 실감합니다.

기대 수명이 높아지며 퇴직 이후의 삶이 길어진 것은 이미 정해진 운명입니다. 연장된 수명이라는 운명을 어떻게 활용하는가에 따라 기회가 될 수도 있고 그렇지 않을 수도 있습니다. 주어진 시간을 어떻게 효율적으로 잘 분배해 나만의 업을 만들 수 있을지 이어질 SECTION에서 자세히 살펴보도록 하겠습니다. 절대 늦었다고 생각하지 말고 지금 당장 시작하길 바랍니다. 다른 누군가는 은퇴 시기에 직면해 돈 걱정을 할 때 여러분은 제2의 전성기를 누릴 수 있는 중요한 결정의 시기에 있습니다.

업의 그릇을 만드는
설계자가 되자

나만의 시스템을 설계하라

업의 그릇은 크기에 따라 콘텐츠를 담아내는 양이 결정되고, 내가 벌 수 있는 수익의 양도 결정되는 중요한 그릇입니다. 각자가 가진 이 그릇의 크기, 넓이와 깊이는 모두 다릅니다.

대부분 직장인은 업의 그릇을 회사에서 만듭니다. 회사의 시스템에 맞춰 교육을 받고, 정해진 일을 하면서 확장해나갑니다. 하지만 특별한 계기가 없다면 매년 아주 조금씩 성장할 뿐입니다. 직장 생활이 길어질수록 시스템을 벗어나서는 큰 힘을 발휘하기가 어렵습니다. 이것이 회사 밖에서 통하는 나만의 업의 그릇을 만들어야 하는 이유입니다.

그렇다면 회사에서 수행한 직무 경험을 회사 밖에서도 사용하면 가장 효율적인 것이 아닌가 하는 궁금증이 들 것입니다. 결론부터 얘기하면 맞습니다. 그래서 회사를 다니면서 준비하면 좋고, 한 살이라도 젊을 때 본인의 특장점을 찾아 본인의 업무와 연결해 준비하는 것이 유리합니다. 이러한 과정을 '수익을 올릴 수 있는 공정'에 비유해보겠습니다.

▲ 업의 그릇을 만드는 3단계 과정

업의 그릇을 만들려면 3단계에 걸친 시스템을 구축하는 과정을 거쳐야 합니다.

- 1단계 **도면 설계하기** ｜ 내 업의 타깃과 그들이 지닌 어려움 찾기
- 2단계 **부품 구하기** ｜ 타깃의 고민을 해결해줄 수 있는 공부와 경험하기
- 3단계 **기계 조립하기** ｜ 배움과 경험의 내용을 바탕으로 솔루션 제시하기

　나만의 시스템을 구축하는 과정에서 실패하는 결정적 요인은 '1단계 : 도면 설계하기'의 과정이 빠졌기 때문입니다. 어떤 시스템을 구축하건 전체 청사진을 그리는 과정은 필수입니다. 내 콘텐츠의 대상 타깃은 누구이며, 그들이 가진 문제점은 무엇인지 명확히 알아야 합니다. 그래야 내가 그 문제를 해결해줄 수 있는 사람이 되는, 즉

당위성이 생깁니다.

이런 도면 설계 과정을 통해 내 콘텐츠의 방향이 만들어집니다. 또 이 과정이 제대로 수행되어야만 다음 단계인 '2단계 : 부품 구하기', 즉 어떠한 책을 읽고, 어떠한 배움과 경험을 통해 콘텐츠를 만들어야 할지 명확히 알게 됩니다.

내가 기존에 배우거나 경험했던 내용이 있다면 가져오고, 내가 모르는 영역이라면 강의나 세미나를 듣고, 관련 분야의 멘토를 만나고, 책이나 다른 콘텐츠에서 배워야 합니다. 그래야 내 것이 된 부품들을 조립할 수 있습니다.

평생 열심히 일해서 모은 10억 원이라는 현금이 있다고 가정해보겠습니다. 이 돈을 가지고 꾸준한 월세 수익을 내기 위해 부동산 투자를 결정했지만, 부동산에 대한 지식이나 경험이 없습니다. 그래서 무작정 부동산으로 향합니다. A 부동산에 갔더니 상가 투자를 추천합니다. B 부동산에 갔더니 아파트 투자를 추천합니다. 두 추천 모두 2주 안에 결정해야 합니다. 집으로 돌아와 블로그 검색을 통해 관련된 콘텐츠를 찾아보기로 했습니다.

세 개의 블로그를 찾았습니다. A 블로그의 포스팅은 부동산 투자에 대한 책 서평을 주로 업로드했습니다. B 블로그는 부동산 투자 기사나 방송에 나오는 정보에 대한 리뷰를 주로 업로드했습니다. 반면 C 블로그는 비자발적 퇴사 후 그간 모아놓은 돈과 퇴직금을 부동산에 투자해 월 250~300만 원의 수익을 거두고 있으며, 종잣돈을 모아 그간의 경험과 공부를 토대로 다음 투자를 준비하고 있다는 포스팅을 업로드했습니다. 여러분이라면 A, B, C 세 개의 블로그 중 어떤 블로그 포스팅에 댓글을 달고, 도움을 요청하겠습니까?

당연히 C를 선택할 것입니다. 결국 사람들이 SNS 채널을 찾고 구독하거나 팔로우하는 이유는 자신에게 어떠한 문제가 있고, 그 문제를 해결하기 위해서가 가장 큽니다. 만약 여러분이 지금 SNS 채널을 운영하고 있다면, 어떤 타깃에게 어떤 솔루션을 제공해주는 콘텐츠를 만들고 있는지 고민이 필요합니다.

제대로 된 도면 만들기

결국 업의 그릇을 만드는 시스템에서 가장 중요한 포인트는 제대로 된 도면을 만드는 것입니다. 사람들은 자신의 마음을 움직이는 콘텐츠에 시간과 돈을 투자합니다. 나무가 아닌 숲을 보는 도면을 기초로 콘텐츠를 만들면 더 많은 사람이 선택하는 콘텐츠, 책, 강의를 만들 수 있습니다. 완성도 높은 도면을 그리기 위해서는 전하고자 하는 명확한 메시지가 존재해야 합니다. 메시지를 필요로 하는 타깃을 찾고, 그들이 가진 여러 상황(문제점, 어렵거나 궁금한 점 등)이 무엇인지 명확하게 이해해야 합니다.

그럼 도면을 만드는 방법에 대해 자세히 알아보겠습니다. 어떤 것이든 그것을 구체화하기 위해서는 가장 먼저 대략적인 구조를 그려야 합니다. 그래야 구체화한 결과물이 탄탄할 수 있습니다. 앞서 보았던 업의 그릇을 만드는 3단계 과정을 다시 보겠습니다.

- 1단계 **도면 설계하기** | 내 업의 타깃과 그들이 지닌 어려움 찾기
- 2단계 **부품 구하기** | 타깃의 고민을 해결해줄 수 있는 공부와 경험하기
- 3단계 **기계 조립하기** | 배움과 경험의 내용을 바탕으로 솔루션 제시하기

이제 이 3단계 과정을 통해 유니크한 나만의 업 만들기를 보다 완성도 높은 결과물로 만들 것입니다. 이번 SECTION에서는 각각 단계의 개념과 중요 포인트를 파악하는 것이 중요합니다. 그래야 다음 CHAPTER에서 각 실천 방법을 학습하고 실행하기 위한 이해가 깊어집니다. 그럼 업의 그릇을 만드는 3단계 시스템 구축 과정을 차근차근 알아보겠습니다.

1단계 : 도면 설계하기-계획

매력적인 업의 그릇을 설계하는 것은 잘 지어진 건축물의 설계와도 같습니다. 주변 경관과 잘 어울리면서도 분위기 있는 카페, 웅장하고 세련된 도서관, 한옥 분위기가 나는 전통 미술관 등 차별성을 가진 건축물이 가진 아름다움은 내부의 화려한 조명, 소품만으로 만들어지는 것이 아닙니다. 이러한 건축물이 천편일률적인 건축물과 차별성을 가지는 것은 건물을 짓기 전 건축가의 치열한 설계와 건물을 통해 표현하고자 하는 메시지가 담겼기 때문입니다.

업의 그릇의 설계 과정도 이와 마찬가지입니다. 남들도 다 하는 대세라서, 인기가 많은 주제라서 하는 설계는 결국 식상하고 뻔한 결과를 가져올 것입니다. 특색이 있으면서 성공할 수 있는 업의 그릇을 만들기 위해서 우리는 내 업을 살리면서 메시지를 담을 수 있는 구조를 만드는 데 집중해야 합니다.

가장 먼저 왜 할 것인지 자문하자

설계도를 만들기 위해서 가장 먼저 해야 할 질문은 '왜(Why)'입니다. 우리가 SNS 채널 운영을 시작한다고 할 때 가장 먼저 떠올리는 질문은 보통 '무엇(What)'입니다. 주변에서 SNS를 운영하며 수익을 낸다고 하면 블로그, 인스타그램, 유튜브 중에 '무엇'을 할지 고민하는 것과 같습니다.

가장 쉽게 접근할 수 있을 것 같아 블로그를 선택했다고 가정해보겠습니다. 블로그라는 채널을 결정했으니 '어떻게(How)'에 대해 질문합니다. 직장인을 위한 자기 계발, 경제 공부 블로그를 운영하겠다는 계획을 세우고 열심히 도서 리뷰, 신문 기사 스크랩, 용어 정리 포스팅을 하며 채널을 운영합니다.

시간이 흘러 6개월~1년 차에 접어들면 문득 이런 질문을 머릿속에서 하고 있을 것입니다. '내가 이걸 왜 하고 있지?' 딱히 방문자가 많아지는 것도 아니고, 소통이 활발하거나, 수익이 높지도 않으니 인생이 달라지는 것을 체감하기 어렵고, 왜 계속해야 하는지 당위성을 찾는 질문을 하는 것입니다. 이렇게 되면 '따라 하기만 하면 된다더니 사기야!'라거나, '역시 이런 일은 나에게 어울리지 않아.'라고 타인 혹은 자신을 탓하며 포기하게 됩니다.

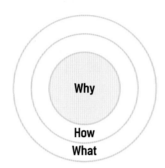

▲ 설계도 만들기의 성공 핵심 '왜(Why)'. '왜(Why)'-'어떻게(How)'-'무엇(What)'의 순서가 중요하다.[4]

여러분은 업의 그릇을 만드는 설계도를 계획하면서 '왜(Why)'라는 질문부터 시작해야 합니다. '왜 SNS 채널을 운영해야 하는 걸까?'라는 질문을 스스로에게 해보길 바랍니다. 예를 들어 '이 채널을 운영하는 목적은 경제 공부를 통해 40~50대 직장인의 경제적 자립을 돕기 위함이다.'와 같은 대답이 가능하다면 다음 질문인 '어떻게(How)'에 대한 질문도 해봅니다.

이 질문에 '내 자산을 파악하고, 경제와 투자의 기초 지식과 최근 트렌드에 대한 정보를 공유하겠다.'라는 대답이 가능하다면 1,000만 원의 시드 머니로 직접 해외 주식에 투자해보며 보다 구체적이고 현실적인 투자 방향에 대한 포스팅 소재 전략도 세울 수 있고 이와 관련된 포스팅을 통한 밀도 있는 채널 운영도 가능해집니다.

이렇게 쌓아 올린 포스팅과 경험, 공부한 내용을 바탕으로 가장 마지막 질문인 '무

[4]

《스타트 위드 와이(START WITH WHY)》(사이먼 시넥 저/윤혜리 역, 세계사, 2021)

엇(What)'까지 나아간다면 퍼스널 브랜딩 구축과 수익화로 자연스럽게 이어집니다. '왜(Why)'-'어떻게(How)'-'무엇(What)'의 3단계로 생각하는 전략은 개인의 성장이 확장되며 SNS 채널 운영을 지속하게 하는 중요한 전략이자, '1단계 : 도면 설계하기' 에서 가장 중요하게 생각해야 하는 요소입니다.

2단계 : 부품 구하기-수집 및 탐색

1단계 과정을 제대로 거친 후 얻게 되는 큰 장점이 하나 있습니다. 바로 내가 어떤 부분을 알고, 어떤 부분을 모르는지에 대한 셀프 피드백이 가능하다는 점입니다. 이를 메타인지(Metacognition)라고도 부릅니다. 만약 제대로 된 계획이 없다면 지금 내가 하는 공부가 어떤 것을 위한 공부인지 알 수 없습니다. 그저 1~2년 책만 펴고 공부한다고 해서 성공에 도달하지는 못합니다. 반면 제대로 된 계획이 있다면 수익화 계획, 콘텐츠를 만들기 위한 기술을 획득하는 올바른 수집 및 탐색이 가능합니다. 이는 효율성과도 연결되는 아주 중요한 부분입니다.

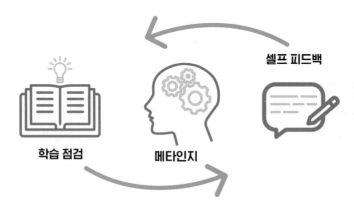

셀프 피드백

학습 점검   메타인지

▲ 명확한 계획과 목표가 있다면 메타인지 학습이 가능하다.

암묵적 지식을 통한 재창조

인공지능이 고도화되기 위해서는 데이터를 분석하기 전 충분한 양의 데이터를 확보하는 '데이터의 수집'이 선행되어야 합니다. 사람 또한 다양한 사례를 끊임없이 접하고 경험하면서 알게 모르게 데이터를 수집하고 분석하면서 실력이 축적됩니다. 당장 눈에 보일만한 가시적인 성과가 나타나지 않아도 나에게 필요한 정보를 찾아내는 탐색 능력이 자연스럽게 장착됩니다. 새롭게 배우는 분야에 대해 의식적인 노력을 기울이지 않더라도 체화되는 학습 과정을 인지심리학에서는 암묵적 지식(Implicitly Knowledge)이라고 부릅니다.

문화심리학자 김정운 교수는 그의 저서 《에디톨로지》[5]에서 "창조란 기존에 있던 것들을 구성하고, 해체하고, 재구성한 것의 결과물이다."라고 이야기합니다. 필자 역시 이 말에 공감합니다. 가진 지식과 경험이 많아야 새롭게 만들 결과물 역시 풍부하고, 다양해지는 것입니다.

우리가 어떤 정보를 수집하고 탐색해야 할지 1단계 과정에서 설계한 도면에 그 답이 숨어 있습니다. 하지만 SNS 채널 운영을 시작해 수익화에 도전했지만, 이 과정을 생략하고 2단계 과정에서 노력만 열심히 하는 경우가 많습니다. 열심히 했지만 방문자가 늘지 않고 반응도 없다면 계속하는 것이 맞는지 의구심이 듭니다. 대다수는 이런 상황에서 SNS 채널을 통한 수익화는 아무나 하는 것이 아니라며 포기하게 됩니다.

정말 안타깝게도 필자가 이런 사람들을 컨설팅해보면 SNS 채널부터 제대로 된 타깃이 설정되어 있지 않습니다. 타깃이 가진 문제점을 명확히 파악하고 분석하지 못했으니 자신만 만족하는 콘텐츠를 만들다 포기하는 것입니다. 이런 콘텐츠는 당연히 외면받을 수밖에 없습니다. 1단계에서 타깃을 명확히 정했다면 콘텐츠를 위한 학습에 대해 고민하고, 질문하며 그에 맞는 부품을 계속해서 모읍니다. 물론 1단계에서 한

---

[5]
《에디톨로지》(김정운 저, 21세기북스, 2014)

설계 수정도 병행해야 합니다.

융합형 인재의 시대 생존법

지난 2015년 교육부는 4차 산업혁명의 시대, 21세기 미래 사회가 요구하는 인재상으로 '창의융합형 인재'를 제시하고 여섯 가지 핵심 역량을 발표했습니다. 미래 사회에서 나만의 업을 만들고 이를 통해 제2의 직업을 가지기 위해서 우리에게 필요한 능력 또한 창의와 융합입니다. 창의융합형 인재는 성인에게도 필수적으로 갖추어야 할 기본 능력이 되었고, 지금부터 준비해야만 합니다.

융합(融合)이라는 단어를 한자로 뜯어서 살펴보면, 융(融 : 녹을 융)과 합(合 : 합할 합)으로 이루어져 있습니다. 창의융합형 인재가 되기 위해서는 무엇(재료)을 녹여서 어떠한 것을 합쳐야 할지(결과물) 치열하게 고민해야 합니다. 융합할 재료를 분류하여 나만의 새로운 결과물은 무엇일지 탐구하고 재구성하기 위해서는 녹일 재료들이 충분해야 합니다.

녹을 융   합할 합
무엇(재료)을 녹여   어떠한 것을 합치다(결과물)

▲ 융합(融合)을 위해서는 충분한 재료와 결과물을 만들기 위한 아이디어가 필요하다.

즉, 수집과 탐색의 과정을 거쳐 머릿속에 저장된 지식, 정보가 풍부하고 다양할수록 새롭게 재구성하여 만들어내는 결과물의 양과 질이 보장되는 것입니다. 또 수집했다 하더라도 그것이 충분히 녹을 시간을 주어야 합니다. 어려워서, 당장 수익화가 되지 않아서, 사람들의 반응이 없어서 하던 일을 중단하거나 포기해서는 안 됩니다.

재료가 충분히 녹을 시간을 줬다면 합치는 단계로 나아가야 합니다. 이때 가장 중요한 포인트는 재료를 삶에 적용하는 것입니다. 관심 분야에 대한 책을 읽고, 블로그와 유튜브 콘텐츠를 소비하고, 관련 강의를 들었다면 실제로 적용해봐야 합니다. 수집한 재료를 토대로 SNS 채널, 책, 강의 등의 콘텐츠를 만들어내는, '지식+생활+아웃풋'의 결합이 진정한 합(合)의 단계입니다.

단순히 책상 앞에 앉아 실질적인 경험 없이 막연하게 읽고 쓰는 학습만 하거나, 반대로 학습 없이 콘텐츠 생산만 열중하고 있다면 창의융합형 인재와 반대의 길을 가고 있는 것입니다. 하지만 너무 걱정하지 않아도 됩니다. 아직 이 부분에 대한 충분한 훈련이 없어 사례와 지식 수집이 어려운 여러분을 위해 CHAPTER 02에서 알아볼 내용을 단계별로 잘 따라온다면 누구든 나만의 업을 만들 수 있도록 준비했습니다.

3단계 : 기계 조립하기-도전하고 관계 맺기

'실전은 연습처럼, 연습은 실전처럼' 하라는 말을 들어보았을 것입니다. 피나는 연습을 통해 연습 또한 실전처럼 하라는 완벽주의적인 문구입니다. 나만의 업을 만들 때도 이 문구를 그대로 적용해야 할까요? 그렇지 않습니다. 나만의 업을 만드는 과정에서는 '실전은 연습처럼, 연습은 빨리'하는 것이 좋습니다. 여기서 빨리하는 것은 빠르게 내 결과물을 공개하고 공유해보자는 의미입니다.

도전은 당장, 보완은 필수

지금 당장 시작하나, 1년 후에 시작하나 나만의 업을 만들고, 퍼스널 브랜딩을 구축해 수익화를 만들어나가는 과정에서 초보가 겪어야 할 성장통은 같습니다. 언젠가 일어날 일은 반드시 일어납니다. 앞선 내용을 통해 빠른 시도와 시작의 중요성은 충분히 이해했으리라 생각합니다. 많은 사람이 나만의 업을 만들어 퍼스널 브랜딩 구축과 수익화를 염원하면서도 결과에 도달하지 못하는 가장 큰 원인을 필자는 완벽주의라는 병에 걸렸다고 표현합니다.

완벽주의라는 병에 걸리면 본인이 그런 걸 할 만한 자격이 될지, 더 많이 아는 전문가가 지적하진 않을지 걱정이 꼬리에 꼬리를 물 것입니다. 이러한 걱정 끝에 조금만 더 완벽해진 다음에, 조금만 더 준비한 다음에 시작하겠다는 다양한 핑계로 도전할 시간을 계속해서 미루려고 합니다. 하지만 몇 달 후 실력이 크게 업그레이드되어 있을까요? 대부분은 아닙니다.

1년 넘게 버티다 필자의 컨설팅과 함께 퍼스널 브랜딩 구축이라는 본무대에 오른 수강생들은 이럴 줄 알았으면 진작 시작할 걸 그랬다고 대답합니다. 직접 도전해서 경험해본 후 피드백을 받고 미진한 부분을 집중적으로 수정하고 보완하니, 시작하지 않고 버틴 1년간의 성장 속도보다 더욱 빠르게 성장하는 경우도 보았습니다. 본무대에 오르는 것은 퍼스널 브랜딩, 지식 창업, 온라인 부업과 같은 나만의 업을 만드는 데 중요한 과정이며 성장을 위해서 필수로 거쳐야 하는 코스입니다. 중요한 것은 빠르게 도전하고, 도전을 통해 보완하는 것입니다.

본무대에 오른 후 서로 다른 두 유형의 피드백을 받을 수 있습니다. 하나는 타인에게 받는 피드백, 다른 하나는 스스로 하는 셀프 피드백입니다. 강의라면 내 말에 전달력이 부족한지, 슬라이드 구성이 부족한지, 소통이 부족한지를 청중들에게 피드백을 받는 것은 타인에게 받는 피드백입니다. 집에 돌아와 어떤 부분을 보완할지 그날 강의를 녹음·녹화했다면 다시 한번 틀어보고 강의 자료를 살펴보는 것은 셀프 피드백입니다. 이러한 과정을 통해 강의 내용은 더욱 정교해질 것이며, 여러분은 더욱 성장할 것입니다.

세계 경제를 움직이는 기업인 애플, 아마존, 구글의 성장에 관련된 자료를 찾아보면 '실패(Failure)'라는 키워드가 등장합니다. '똑똑한 실패(Smart Failure)', '실패의 문화(Culture of Failure)'와 같이 생산적인 실패와 창의적인 갈등을 새로운 성장 에너지로 활용하는 것입니다.

실패를 용납하지 않는 우리나라의 문화 때문에 익숙하지 않겠지만 빠르게 도전한 후 실패를 경험하는 것이 도전하지 않는 것보다 새로운 학습과 성장에 가장 효과적인 방법이 될 수 있습니다. 생산적인 실패와 창의적인 갈등을 새로운 성장 에너지로 활용하는 것은 비단 세계 경제를 움직이는 기업에만 적용되는 것이 아니라 업의 그릇을 만들고자 하는 개인에게도 적용되는 원리입니다.

성공의 시간을 단축하는 관계 맺기

다음으로 중요한 것은 관계 맺기입니다. 복잡계 네트워크의 권위자인 알버트 라슬로 바라바시 교수는 그의 저서 《포뮬러 : 성공의 공식》[6]에서 "성과는 성공의 원동력이지만, 성과를 측정할 수 없을 때는 '연결망'이 성공의 원동력이다."라고 말했습니다. 개인의 성공을 위해서는 나의 성과뿐 아니라 나와 사람들을 연결하는 연결망이 필수입니다. 이 연결망의 대표적 유형 중 하나가 커뮤니티입니다.

필자가 대표 강사로 몸담은 MKYU의 캡틴 김미경 선생님도 "앞으로의 시대는 커뮤니티의 시대이며, 내가 속한 커뮤니티의 실력이 곧 내 실력이고, 커뮤니티의 수준이 내 수준이다."라고 말했습니다.

학교에서의 공부는 누가 빠르게, 그리고 정확하게 '정답'을 잘 찾는가에 따라 순위가 결정되고, 열심히 하면 1등이 되는 공부였습니다. 하지만 어른의 공부는 달라야 합니다. 사회에서 하는 공부는 나 혼자 정답을 찾는 것이 아니며, 정량적인 점수로 순위가 결정되지 않습니다. 주변 사람, 타인이 인정해주고 그들이 함께 만들어야 1등이 됩니다.

특정 분야의 지식이 많아 전자책을 만들어 판매를 시작해도 구매하는 사람이 없다

6) ....
《포뮬러 : 성공의 공식》(알버트 라슬로 바라바시 저/홍지수 역, 한국경제신문, 2019)

면 아무리 잘 만든 전자책도 소용이 없습니다. 다시 말해 사주는 사람이 많으면 많을수록 해당 플랫폼에서 상위 노출이 빨라지고, 많은 사람에게 노출되면서 지속적인 판매 성장으로 이어질 수 있습니다. 이는 내가 제공하고 판매하려는 콘텐츠, 강의 등 모두 마찬가지입니다. 이때 성공의 필수 요소는 나와 같은 관심사, 같은 메시지를 가진 사람들과 함께하는 것입니다. 이를 위한 커뮤니티 형성과 관계 맺기 방법에 대해서는 CHAPTER 05에서 조금 더 자세히 다루도록 하겠습니다.

도전에 리스크는 필요하다

필자가 강의 현장에서 만난 수강생 중 아직 도전하지 못한 많은 경우의 수강생은 실패에 대한 지불을 두려워합니다. 그 어떤 물건을 구매하더라도 우리는 그에 상응하는 대가를 지불합니다. 집을 사기 위해 대출 원금과 이자를 내고, 차를 사면 할부금을 냅니다. 더 좋은 가치를 누리고 얻기 위해서는 더 큰 대가를 치러야 합니다. 이는 누구도 부정하지 않는 당연한 사실입니다.

하지만 유형의 자산이나 물건에 대가를 지불하는 건 당연하게 생각하지만, 나만의 업을 만들기 위한 배움과 노력의 과정에 대가를 지불하는 것에는 상당한 거부감을 느끼는 사람이 많습니다. 그 대가는 불확실성을 견디는 인내심, 대가를 지불하는 과정에서 느끼는 스트레스, 포기하고 편하게 지내고 싶은 유혹을 뿌리치는 의지, 필요한 공부를 하고 지식과 경험을 쌓는 데 필요한 노력 등이 있습니다. 나아가 이 모든 것을 쌓아가는 절대적인 시간의 투여와 배움에 대한 최소한의 금전적인 투자가 있습니다.

안타깝게도 퍼스널 브랜딩, 업 만들기를 할 때 대부분 사람이 불확실성에서 오는 리스크를 싫어합니다. 그래서 노력하기도 싫어합니다. 막연한 기대를 품고 아무것도 하지 않거나, 제대로 공부하기 위한 수고를 들이지 않다가 이전의 평범했던 삶으로 회귀합니다.

누구나 회사 밖에서도 통하는 나만의 업을 만들고, 나만의 업의 그릇으로 수익 파이프라인을 만들어 돈도 벌고, 자신을 브랜딩하고자 합니다. 하지만 성장을 위한 투자는 최소한으로 하거나 전혀 하지 않고, 남들 놀 때 같이 놀면서, 배운 것을 머릿속에 쌓고 기록하는 제대로 된 노력도 하지 않으면서 성공을 바라는 것은 애초에 말이 되지 않습니다.

　도전하는 과정이 어렵다는 것은 알지만, 불가능한 것은 아닙니다. 중요한 것은 정확한 목표를 세우고 효율적으로 도전하는 것입니다. 이를 통해 본업을 유지하면서도 내가 목표한 업의 그릇을 만들 수 있습니다. 업의 그릇을 만들기 위한 효율적인 시간 관리와 목표 관리 방법에 대해서는 CHAPTER 03의 6가지 관점학습법으로 자세히 알아보겠습니다.

성공은 복리다

　부자는 더욱 부자가 되고, 가난한 자는 더욱 가난해지는 현상을 가리켜 마태 효과(Mattew Effect)라고 합니다. 일찍부터 나만의 업을 만들어 수익 파이프라인을 구축한 사람들은 그렇지 않은 사람들보다 더 많이 공부하고 쏟는 시간 또한 훨씬 길어지는 경향이 있습니다. 학습에 대한 정확한 이해로 인풋의 효율성이 올라가면서 배움의 즐거움과 효과를 제대로 이해하고 터득했기 때문입니다. 눈덩이를 굴리듯 N잡의 성공과 수익이 점점 커집니다. 처음에는 작은 성공을 경험하겠지만, 시간이 지남에 따라 성공이 점차 증가하여 결국 큰 성공으로 이어집니다.

　개인의 브랜딩과 N잡, 나만의 업 만들기에서 성공은 절대로 공짜가 아니며, 그에 상응하는 대가를 치러야 합니다. 꼭 금전적인 것을 이야기하는 것이 아닙니다. 만약 여러분이 원하는 것이 있다면 그에 대한 대가를 기꺼이 지불하길 바랍니다. 결과는 반드시 따라오게 되어 있습니다. 대가를 지불해 도전했음에도 실패했다면 치열한 고민을 통해 바로잡을 것은 바로잡고 더 많은 대가를 지불해 성공으로 가는 길을 우직하게 걸어나가야 합니다.

이제 본격적으로 대중의 선택을 받을 수 있는 나만의 유니크한 업을 어떻게 설정하고, 업의 그릇을 어떻게 강화하고 확장하는지 알아보도록 하겠습니다. 이어지는 내용은 단순 독서가 아닌 실천이 필요합니다. 퍼스널 브랜딩과 수익화라는 두 마리 토끼를 모두 잡을 준비가 되어야 합니다.

그럼 시작해보겠습니다.

업의 그릇을 만드는
승자의 공식 ① : MTS 시스템

성장 과정을 이해하면
업 만들기가 쉬워진다

업의 성장 단계

본격적으로 나만의 업을 만들기 위한 개인의 성장 단계를 알아보겠습니다. 개인의 업은 오른쪽의 그림에서 확인할 수 있는 것과 같이 총 4단계에 걸쳐 발전합니다. 1단계는 내 콘텐츠가 담길 업의 그릇을 만드는 단계, 2단계는 콘텐츠 소비자를 넘어 생산자 단계로 진입하는 콘텐츠 크리에이터 단계, 3단계는 나의 지식과 경험을 가치 있는 상품으로 발전시켜 수익화 모델을 구축하는 지식 창업 단계, 마지막 4단계는 업 만들기의 꽃이라고도 할 수 있는 도서 출간과 팬덤 형성을 위한 커뮤니티 구축 단계입니다. 초보자에서 시작해 여러분의 전문성을 올려줄 각각의 단계를 앞으로 차근차근 배울 것입니다. 우선 1단계 업의 그릇 만들기부터 구체적으로 알아보겠습니다.

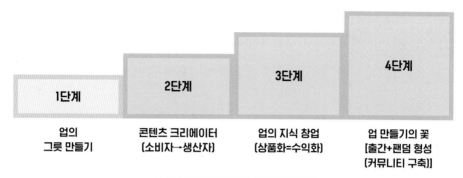

1단계	2단계	3단계	4단계
업의 그릇 만들기	콘텐츠 크리에이터 (소비자→생산자)	업의 지식 창업 (상품화=수익화)	업 만들기의 꽃 (출간+팬덤 형성 (커뮤니티 구축))

▲ 나만의 업을 만들기 위한 개인의 성장 단계

성장 과정을 이해하기 위한 COGS 사분면

우리가 익히 알고 있는 성공 공식은 다수의 사람이 걸어간 길, 걷고 싶어 하는 길이고 철저하게 표준화되어 있습니다. 표준화된 공식으로 성공하기 위해서는 모두와 똑같이 하되, 더 뛰어나야 합니다. 하지만 세상이 바뀌었습니다. 정해진 답을 빠르게 찾아 높은 점수를 받아내면 성공하는 방식으로는 보장된 범위 이상으로 성공하기 힘듭니다. 다시 말해 성공의 공식이 바뀐 것입니다.

하지만 대부분은 여전히 바뀐 성공 공식의 존재를 알아차리지 못하고 있습니다. 그렇기 때문에 우리가 표준화된 성공 공식을 깨고 색다르게 접근하는 것만으로도 엄청난 경쟁력을 갖추게 됩니다. 이때 필요한 것이 바로 '업의 그릇'이며 이 그릇의 크기가 내 가치의 크기가 되는 것입니다.

반대로 이런 시대가 왔음을 잘 알고 있지만 업의 그릇을 만들 생각도, 깊은 고민도 해본 일이 없어 도전을 두려워하고 나만 늦어지는 것 같아 불안해하기도 합니다. 그러다 보니 불안함에서 빠르게 벗어나고 싶은 마음에 다른 누군가가 정답을 알려주기를 바라거나, 불안함을 피하고 싶은 마음에 핑계를 대며 자기합리화하기도 합니다.

우리가 자꾸 실패하고 불안해하는 이유는 머릿속에 청사진, 로드맵이 그려져 있지 않기 때문입니다. 성공적이고 안정적인 나만의 업을 만들기 위한 'COGS(Comfort, Opportunity, Growth, Safety) 사분면'을 통해 명확한 목적성과 방향성을 그려보길 바랍니다.

소비자 마인드 :
월급의 개념=받는 것

생산자 마인드 :
월급의 개념=만드는 것

1사분면
편안한 영역(Comfort Zone)

직장인

3사분면
성장 영역(Growth Zone)

퇴사+(전)업

2사분면
기회 영역(Opportunity Zone)

직장인+업

4사분면
안정 영역(Safety Zone)

1인 기업의 업

▲ 성공적이고 안정적인 나만의 업을 만들기 위한 COGS 사분면

우리나라 직장인 대부분은 COGS 사분면의 1사분면(직장인) 영역에 속해 있습니다. 이 영역은 '편안한 영역(Comfort Zone)'에 속합니다. 새로운 방식에 도전하거나 변화에 대응하기 위해 노력하기보다 익숙하고 잘 알고 있는 것을 활용해 일하고 살아가는 삶의 형태입니다.

코로나19 팬데믹으로 인하여 제품을 판매하던 시장이 오프라인 중심에서 온라인 중심으로 빠르게 변화하듯 직과 업이라는 영역의 중심축이 이동하고 변화하는 것을 빠르게 감지하고 업을 준비해야 합니다. 이러한 노력이 있어야 경쟁력을 갖추고 안정적인 수익화를 만들어내는 4사분면(1인 기업의 업)인 '안정 영역(Safety Zone)'에 속할 수 있습니다.

우리는 '주변 친구도 N잡 도전해봤지만 실패했다고 하던데'와 같은 생각과 온갖 핑계를 대며 편안한 영역에 머무르며 안주합니다. 우리는 직장생활 외에도 일상 속 수많은 편안한 영역에 의지하며 살고 있습니다. 하지만 우리가 사는 세상은 편안한 영역을 벗어났을 때 비로소 '기회 영역(Opportunity Zone)'과 만날 수 있게 됩니다. 성장과 부를 얻을 기회가 더 많습니다. 따라서 우리는 COGS 사분면을 그려서 책상 잘 보이는 곳에 부착해 편안한 영역에 빠져있음을 자각하고 앞으로 나아가고자 도전하는 의식적 노력이 필요합니다.

하지만 안타깝게도 인간의 본능은 오랜 시간 익숙해진 영역인 편안한 영역에서 벗어나는 것을 두려워합니다. 그렇기에 이를 빠르게 인지하고 편안한 영역을 빠져나오려고 노력하는 것만으로도 경쟁력을 갖추기 시작합니다. 대부분이 편안한 영역의 삶에 만족하며 살고 있기 때문에 기회가 많습니다. 의식적 노력만으로 경쟁에서 우위를 갖출 수 있으니 의외로 쉬운 게임입니다.

앞으로 여러분은 COGS 사분면의 1사분면인 편안한 영역에서 벗어나 2사분면인 기회 영역에서 기본기를 다지며, 폭발적 성장이 일어나는 3사분면인 '성장 영역(Growth Zone)'을 거쳐 나만의 브랜딩, 나만의 업이 완성되는 4사분면인 안정 영역으로 마인드와 삶의 패턴을 옮겨야 합니다.

여러분이 현재 올라서 있는 영역은 어느 곳입니까? 아마 대부분은 1사분면에 있거나, 1사분면에서 2사분면으로 진입하는 단계에 있을 것이라고 생각합니다. 각 영역의 특징과 명확한 개념이 정립되어 있어야 큰 그림을 그릴 수 있기 때문에 각 사분면의 특징과 1사분면에서 4사분면으로 옮겨가는 과정을 살펴보겠습니다.

1사분면(편안한 영역, Comfort Zone)

회사에서 일한 시간만큼 월급을 받는 직장인이 1사분면에 해당합니다.

2사분면(기회 영역, Opportunity Zone)

회사를 다니며 나 자신을 위해 일할 준비를 하는 사람들이 여기에 해당합니다. 회사를 다니면서도 충분히 실현 가능하며, 회사 밖에서도 통하는 나만의 업을 만들기에 마인드 측면에서 훨씬 안정적입니다. 급여소득이 주어지기 때문에 실패하더라도 빠른 회복과 재도전이 가능하기 때문입니다.

직장을 다니면서 N잡을 실행하기 때문에 근로소득과 더불어 내 콘텐츠를 소비해주는 사람, 구매해주는 사람들을 통한 추가 소득이 발생합니다. 하지만 안타깝게도 대부분의 직장인은 퇴직과 은퇴를 앞두고 2사분면의 영역을 짧게 거쳐 갑니다. 그렇기 때문에 빠른 결과에 집착하게 되면서 불안해하고 여기저기 주변의 목소리, 유행, 트렌드에 따라 옮겨 다니며 실패합니다. 2사분면에 오래 머무는 것이 좋은 것은 아니지만 여기서 나의 실력과 내공을 차곡차곡 쌓아야 합니다.

3사분면(성장 영역, Growth Zone)

1~2사분면을 거치며 기회를 포착했다면 이제 그것을 크고 견고하게 성장시키는 과정을 거쳐야 합니다. 대부분의 직장인들이 임금피크에 들어가거나 퇴직을 앞두고 3사분면에 진입합니다. 2사분면을 통해 기본기를 쌓지 않고 '나도 한때 잘 나갔어' 식의 구시대적인 마인드는 나만의 업을 만들어 나아가는 데 장애물이 될 수 있습니다.

내가 아무리 경험이 많다고 하더라도 회사 밖에서 통하는 경쟁력을 빠르게 갖출 수 있다는 생각은 어항 속 물고기가 바깥세상을 상상하는 것과 같습니다. 나의 실력을 스스로 만들어가야 합니다. 내가 가진 실력만큼 성공하고, 소득을 벌어들이는 업을 만들어 스스로를 고용하는 퍼스널 브랜딩이 완성되면 초보 사업가로서의 삶을 살 수 있습니다. 이 단계에 진입하면서부터는 월급의 개념 또한 '받는 것'에서 '만드는 것'으로 바뀌게 됩니다.

이때 중요한 것이 '아이디어'입니다. 내가 회사를 다니며 다양한 분야에서 쌓은 업

업의 그릇

무 경험이 될 수도 있고, 내가 못 하던 것을 잘하게 된 것, 내가 새롭게 배우고 익힌 지식, 경험, 노하우 등 모든 것이 아이디어가 될 수 있습니다. 이 아이디어의 크기와 깊이, 넓이가 내 업의 그릇의 크기와 깊이, 넓이가 되며 이는 나의 소득과 직접적으로 연결이 되어 퇴사 후 나만의 브랜드로 사업소득을 일으킬 수 있습니다.

3사분면 역시 2사분면과 마찬가지로 내 콘텐츠를 소비해주는 사람, 구매해주는 사람들을 통한 추가 소득이 발생합니다. 하지만 여기서 의미하는 사람은 내 콘텐츠를 소비해주는 사람을 의미함과 동시에 나만의 브랜드와 콘텐츠를 찾아주는 진짜 팬인 '팬덤'을 통한 커뮤니티를 의미합니다. 2사분면의 사람에서 조금 더 깊고 끈끈한 '관계 형성'이 중요합니다.

4사분면(안정 영역, Safety Zone)

이전 단계들의 축적을 통해 해당 분야에서 나만의 전문성을 바탕으로 비즈니스 시스템과 커뮤니티를 구축해 진정한 1인 기업가로서의 업을 만드는 단계에 해당합니다. 4사분면의 핵심은 나를 대신해 돈을 벌어줄 시스템의 구축을 통해 사람들이 스스로 나에게 찾아오는 구조를 만드는 것과 더불어 나를 찾아온 고객이 다시 나를 찾게 만들거나 주변 사람들에게 소개할 수 있도록 하는 것입니다. 그러기 위해서는 나만의 커뮤니티를 바탕으로 꾸준하고 끈끈한 소통을 하며 재구매와 소개를 끌어낼 시스템을 구축해야 합니다.

우리는 쿠팡에서 단돈 1만 원짜리 USB 하나를 사더라도 별점, 상품평, 포토 후기 등을 꼼꼼히 비교해보며 구매합니다. 기업이 마케팅의 일환으로 고객 리뷰를 관리하는 이유입니다. 나만의 업을 통해 브랜딩과 수익화를 안정적으로 만들기 위해서는 기술이나 전문성을 갖춤과 함께 마케팅에도 집중을 해야 합니다. 1인 기업 마케팅의 핵심은 커뮤니티입니다. 가격경쟁은 그다음 2~3순위의 문제입니다. 4사분면의 안착을 위해서는 재구매와 소개를 끌어낼 커뮤니티와 시스템을 구축해야 합니다.

이 책을 읽고 있는 여러분도 인생의 어느 시점에 도달하게 되면 회사에서 나와 무소속 상태로 내 길, 내 업을 스스로 만들어가야 합니다. COGS 사분면의 4사분면을 향해 지금부터 차근차근 준비하시기 바랍니다. 만약 여러분이 현재 직장을 다니고 있다면 최고의 시작 타이밍이라고 생각합니다. 지금 준비하지 않는다고 해도 언젠가는 준비해야 합니다.

직장을 퇴사·퇴직하고 나와서 수입이 끊기면 누구나 초조해지기 마련입니다. 다급해지면 다급해질수록 실수를 하게 되고 내 성장을 위한 투자에 인색해지게 됩니다. 그럼 더 이상의 발전도 성장도 없게 되면서 제자리걸음만 하며 포기하고 좌절하게 될 것입니다. 지금 나의 COGS 4분면을 그려보며 스스로에게 질문해보길 바랍니다. 나는 지금 몇 사분면에 머물러 있으며, 4사분면으로 진입하기 위한 투자의 시간을 얼마나 쓰고 있습니까?

스스로 업의 그릇을 만든다는 것

업의 그릇은 처음부터 제대로 만들어야 다음 단계에서 확장이 쉬워집니다. 이번 CHAPTER를 진행하면서는 책 뒤에 부록으로 제공한 템플릿에 적어보는 단계에서는 직접 적어보고, 고민해야 할 지점에서는 잠시 책을 덮고 생각해보기를 바랍니다.

그릇의 종류는 다양하고, 그릇에 담을 수 있는 물질도 다양합니다. 큰 그릇에는 많이 담고 작은 그릇에는 적게 담듯 여러분이 만들어야 할 업의 그릇도 마찬가지입니다. 스스로 업의 그릇을 만들면 무엇을 담을지, 얼마나 담을지 정해야 합니다. 그래야 본인이 필요로 하는 크기를 빠르게 만들고, 원하는 물건을 담아 많은 수익을 가져갈 수 있습니다.

공장에서 찍어내듯 만든 그릇을 대충 가져와 업을 담으려 한다면 타인의 기준, 방식을 답습하며 임기응변으로 뒤쫓아가는 정도로 성장할 것입니다. 스스로 치열하게 고민하고 그에 상응하는 대가를 지급해 만든 그릇이 아니기에 소소한 수익에 만족하며, 확장할 수 있는 자생력 또한 갖추지 못하게 될 것입니다. CHAPTER 02~03에서 1단계 업의 그릇 만들기 기술을 본격적으로 배워볼 것입니다. 이 단계에서 내 그릇의 크기와 형태가 만들어집니다.

업의 그릇이 클수록 좋은 점

업의 그릇을 어떻게 만들 것인지 고민하는 단계라면 우선 큰 그릇으로 설계합니다. 업의 그릇이 작으면 목표는 빠르게 달성할 수 있으나, 시시각각 변화하는 트렌드를 추가하기 어렵고 다음 단계로 확장하는 힘이 약하다는 치명적인 단점이 있습니다. 성공하더라도 눈치 빠르고 센스 있는 다른 경쟁자가 쉽게 벤치마킹할 수 있다면 따라 잡히는 것도 빠를 것입니다.

업의 그릇을 유연하게 확장할 수 있다면 빠르게 변화하는 트렌드를 여유롭게 수용할 수 있습니다. 이런 특성은 치고 올라오는 경쟁자들이 쉽사리 벤치마킹할 수 없고, 반대로 경쟁자에 대한 유연한 대처와 역 벤치마킹을 통한 확장이 가능하다는 것이 장점입니다.

필자가 7년 전에는 네이버 블로그 수익화로 강사 생활을 시작해 지금은 디지털 노마드, SNS 채널 수익화, 직장인 N잡 등 다양한 분야로 확장할 수 있었던 것도 업의 그릇을 유연하게 확장했기 때문입니다. 네이버 블로그 수익화라는 작은 업의 그릇에 안주했다면 변화에 대응하지도, 경쟁에서 우위를 점하지도 못했을 것입니다.

큰 업의 그릇을 만드는 방법은 앞으로 심도 있게 다룰 것입니다. CHAPTER 02~03을 마무리하는 시점에서는 큰 업의 그릇을 마련해 외부의 도전에도 굳건할 수 있는 유니크한 콘텐츠를 기획하고 있을 것입니다. 엄청난 기술 같아 보이지만 차근차근 잘 따라온다면 누구든 가능합니다.

CHAPTER 02~03에서 본격적으로 알아볼 'MTS 시스템'과 '6가지 관점학습법'은 여러분의 업은 물론 삶의 힘과 속도를 결정하는 핵심 부품의 역할을 할 것입니다. 때로는 이런 것까지 해야 하나, 이걸 한다고 진짜 달라질까 싶은 생각이 들기도 할 것이며, 필자의 의견과 여러분의 의견이 상충하는 부분도 있을 것입니다.

하지만 필자가 제시하는 것들을 잘 따라 해본다면 막연하고 어둡던 나만의 업 만들기에 밝은 빛이 드리우는 순간과 마주하게 될 것이라 확신합니다.

나만의 업을 통한 퍼스널 브랜딩과 수익화는 J형 커브다

죽음의 계곡 : J 커브 효과

미국의 하워드 러브 교수는 그의 저서 《The Start-Up J Curve》[1]에서 스타트업 기업의 성장 과정을 6단계로 구분하고 시장 진입 과정, 즉 제품이나 서비스를 개발하고 공개하면서 거치는 리스크 구간을 '죽음의 계곡(Valley of Death)'이라는 명칭으로 제시했습니다.

J 커브 효과(J Curve Effect)는 본래 경제학 용어로 사업 시작 후 성과가 발생하기까지 지속되는 음(마이너스)의 영역, 일명 '죽음의 계곡'을 거치게 되는 것을 말합니

---

1) ···

《The Start-Up J Curve: The Six Steps to Entrepreneurial Success》
(ⓒ 2016 Howard Love (P)2016 Howard Love)

다. 소위 '임계점'을 돌파하여 0을 지나 양(플러스)의 영역으로 진입하는 순간 본격적으로 성과가 발생하고, 이후 수익성이 기하급수적으로 늘어나는 현상을 의미합니다. 이 원리를 잘 보여주는 그래프가 바로 J 커브 효과, J 커브 곡선입니다.

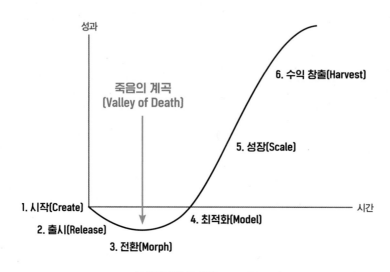

▲ J 커브와 죽음의 계곡(Valley of Death)

J 커브를 보면 시작(Create), 출시(Release), 전환(Morph)을 거쳐 최적화(Model), 성장(Scale), 수익 창출(Harvest)의 6단계를 거칩니다. 나의 지식, 경험, 노하우를 판매하기 위해 SNS 채널을 만들고 타인과 관계를 맺으며 업을 만드는 과정 역시 스타트업의 성장 과정 단계와 비슷한 형태를 띕니다. 특히 그래프에 보이는 '6. 수익 창출(Harvest)'까지 가는 과정은 험난합니다.

어떤 사람은 6개월이 걸리기도 하지만 1년 이상 걸리는 사람도 있습니다. 이때 포기, 좌절, 낙담, 핑계 등 거의 모든 실패가 '죽음의 계곡'에서 일어납니다. 이 구간에서 3년, 5년 심지어 끝까지 머무르기도 합니다. 따라서 우리는 이 구간을 빠르게 탈출해 수익 창출까지 이르는 시간을 최대한 단축해야 합니다. 목표가 명확하면 할수록, 업을 효율적으로 만들면 만들수록 이 기간은 점점 짧아질 것입니다.

전문가가 아니어도 좋다 : 지식 전달 계층 전략

지금부터 설명하는 개념은 여러분이 회사 밖에서 생존하는 데 엄청난 무기가 되는 개념입니다. 많은 사람이 나만의 업을 만드는 데 있어 착각하는 부분이 있습니다. 무언가 특별한 기술이 있거나, 상위 클래스 전문가 수준의 실력은 되어야 시작할 수 있다는 생각입니다. 하지만 어떤 분야이든 '5 : 20 : 75의 법칙'이 존재한다는 것을 기억하길 바랍니다.

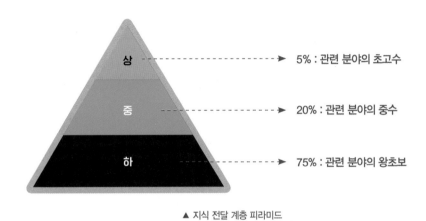

상 ----------► 5% : 관련 분야의 초고수

중 ----------► 20% : 관련 분야의 중수

하 ----------► 75% : 관련 분야의 왕초보

▲ 지식 전달 계층 피라미드

모든 분야는 5%의 초고수, 20%의 중수, 75%의 왕초보가 존재합니다. 나만의 업 만들기의 핵심 전략은 내가 하려는 분야에서 20%의 중수로 빠르게 포지셔닝해 75%의 왕초보에게 어필하는 것에 달려있습니다.

블로그 수익화 분야를 예로 들어보겠습니다. 2년간 블로그를 운영하면서 200회 이상의 블로그 체험단을 참여한 경험이 있어도, 누군가를 가르쳐본 경험이 없기 때문에 대부분은 이 정도 경력을 가지고도 왕초보 단계라고 생각합니다. 하지만 리뷰 포스팅을 발행하면서 겪은 경험(체험단 사이트 응모, 가이드에 맞게 사진 촬영, 키워드에 맞춰 포스팅 발행 등)이 있고, 그 경험의 결과로 가계에 보탬이 되어본 경험도 있습니다.

블로그 수익화 분야에는 이제 막 블로그를 해볼까 고민하거나, 체험단을 통한 협찬 방법조차 몰라 전전긍긍하는 사람이 분명 존재합니다. 시장의 75% 왕초보는 이런 사람입니다.

왕초보는 인기 있는 분야라면 늘 생겨납니다. 매년 세기 어려울 정도로 수많은 블로그가 새로 개설되고 있습니다. 여러분의 위치는 어디인지, 얼마나 더 공부해야 25%의 중수로 포지셔닝할 수 있을지 알아야 합니다. 또 타깃으로 삼아야 하는 75% 왕초보의 수준은 어느 정도인지도 명확하게 알아야 합니다.

니즈를 자극하라 : 솔루션 제시 전략

75%의 왕초보에서 20%의 중수로 넘어가고, 죽음의 계곡에서 탈출해 본격적인 수익화 궤도에 빠르게 올라서는 경우가 있습니다. 반대로 1~2년이 지나도록 죽음의 계곡에 빠져 허우적거리는 경우도 있습니다. 왜 이런 차이가 발생하는걸까요? 필자가 수년간 수강생을 컨설팅한 경험을 토대로 정리해보면 세 가지 원인으로 압축해볼 수 있습니다.

첫째 명확한 메시지와 타깃을 설정하지 못함

둘째 대상 타깃의 니즈(문제점)를 파악하지 못함

셋째 꾸준함만 유지함

핵심은 중수로 빠르게 올라서는 것입니다. 이때 필요한 것이 '명확한 메시지'와 '명확한 타깃 설정'입니다. 콘텐츠를 소비할 타깃층이 누구인지, 그들이 어려워하는 점, 궁금해하고, 답답해하는 내용이 무엇인지 먼저 파악해야 명확한 메시지, 솔루션을 제공할 수 있기 때문입니다.

이러한 분석 없이 그저 100일간 1일 1포스팅을 달성하거나, 1년간 유튜브 주 2회 업로드를 실천하는 것은 꾸준함에 대한 칭찬은 가능할지 몰라도, 자기만족형 콘텐츠 생산에 가까워 퍼스널 브랜딩에 대한 기여도는 제로에 가깝다고 볼 수 있습니다.

명확한 타깃 설정과 솔루션 제공

예시를 통해 타깃 설정과 솔루션 제공 방법에 대해 알아보겠습니다. 여러분이 주로 다루려는 콘텐츠는 '아동' 대상의 교육 분야이며, 대상은 6~8세의 미취학, 초등학교 저학년 아이를 키우는 30~40대 부모라고 가정합니다. 가장 먼저 해야 할 것은 타깃 대상이 가진 문제점 분석입니다.

해당 타깃은 자녀와의 소통, 교육, 경제력 등 다양한 문제가 있을 것입니다. 그중 내가 해결해줄 수 있는 문제인 자녀들의 '교육 문제'에 대해 분석해봅니다. 신문 기사, 각종 연구 보고서의 설문 조사 결과, 타깃이 진행한 인터뷰 내용 등을 통해 해당 연령대의 아동들은 스마트폰 게임, 유튜브 시청 환경에 노출되어 있고, 부모가 필요하다고 느끼는 아동 교육의 기본기가 '집중력'과 '문해력'이라는 것을 확인했습니다.

다음으로 집중력과 문해력을 향상하기 위한 솔루션을 고민합니다. 각각의 주제를 세분화하기 전 아이에 대한 이해, 문해력을 높이기 위한 부모의 환경 조성이라는 큰 주제로 접근해봅니다.

만약 여러분이 자녀가 있다면, 육아 경험을 바탕으로 한 자녀 교육법, 소통법, 공부와 독서법에 대한 이야기들을 후배 부모에게 설명하듯 풀어내는 콘텐츠로 만들어봅니다. 경험에서 나오는 연륜을 바탕에 두고 스스로 20%의 중수로 포장해 75%의 왕초보에게 솔루션을 제공하면 됩니다. 여러분의 경험을 바탕에 두고 아이에 대한 이해, 부모의 환경 조성이라는 큰 주제에서 두 가지 측면의 내용을 연결해 콘텐츠로 구성하면 다음과 같은 표로 도출할 수 있습니다.

아이에 대한 이해	부모의 환경 조성
21세기에 필요한 재능	함께 독서하는 환경 조성 방법
아이들의 집중력과 주의력	어휘력을 늘리는 대화 방법
슬기로운 스마트폰 생활	놀이가 되는 독서 방법

▲ 미취학~초등학교 저학년 자녀들의 집중력과 문해력 향상을 위한 세부 콘텐츠

필요한 내용을 전달하자

이렇듯 경험, 지식, 노하우를 바탕에 두고 콘텐츠를 만들면 앞서 본 표에서 볼 수 있는 것처럼 필요한 내용 전달이 가능합니다. 대상 타깃이 가진 궁금증, 문제점에 대한 솔루션을 제공할 때 한 가지 유의할 사항은 주제에 대한 세분화 작업을 거치지 않는다면 실제적인 내용이 아닌 천편일률적인 하나의 정해진 정답만 제시할 수밖에 없습니다.

콘텐츠에는 보는 이들의 마음을 움직일 수 있는 힘이 있어야 합니다. 앞선 과정이 너무 어렵게 느껴졌다고 걱정하지 않아도 됩니다. 이번 내용은 가벼운 몸풀기와 이해를 위한 내용이었습니다. 이어지는 SECTION에서 누구나 쉽고 빠르게 나만의 업을 찾는 핵심 기술인 'MTS 시스템'에 대해서 자세히 다루며 해당 내용을 직접 실습해보겠습니다.

명확한 메시지 : 하이 콘셉트 전략

주제를 정하고, 콘텐츠를 만들어 지식을 전달하려면 명확하고 간결한 메시지를 부여해야 합니다. 영화에는 하이 콘셉트(High Concept)라는 개념이 있습니다. 흥행 목적의 장편 영화를 복잡하고 어려운 내용 대신 간결한 전제(스토리 구조)와 이를 극대화할 수 있는 배우 섭외, 연출 중심으로 구성한 후 다양한 판촉 활동을 구사하는 전략

을 의미합니다. 우리나라에서는 기획 영화라고도 부릅니다.

하이 콘셉트는 최근에는 브랜딩과 마케팅에서도 활발히 활용 중인 개념입니다. '브랜드의 핵심 콘셉트는 짧은 한 문장으로 정리할 수 있어야 한다.'는 말을 들어보았을 것입니다. 블루보틀 커피(Blue Bottle Coffee Inc.)는 한국에 진출하며 '커피계의 애플'이라는 하이 콘셉트 전략으로 소비자들에게 간단명료한 브랜드 이미지를 전달하는 데 성공했습니다.

이처럼 메시지의 명료화 작업이 필요한 이유는 소비자들은 복잡한 것을 싫어하고, 하나의 핵심적인 메시지만 취하려 하기 때문입니다. 따라서 대상 타깃에게 전달하고자 하는 '명확한 메시지'는 한 줄로 요약할 수 있어야 합니다. 앞서 솔루션 제시 전략에서 알아본 콘텐츠는 아래와 같이 명료하게 만들 수 있습니다.

- 평생 공부의 기본기, 문해력! 유아부터 초등 저학년까지 쉽고 재미있게 놀면서 문해력을 키우는 방법을 알려드립니다.
- 아이의 미래를 바꾸는 문해력! 유아부터 초등 저학년까지 똑똑한 부모들이 가장 먼저 시작하는 문해력 공부 비법을 알려드립니다.
- 하루 30분 아이와 함께하는 엄마표 문해력 공부가 미래의 성적 그리고 사회성의 차이를 만들어냅니다.

이렇듯 한 문장 혹은 짧은 내용에 전달하고자 하는 정보와 중요성, 필요성을 압축해 표현해야 합니다.

이상의 예시처럼 콘텐츠의 대상 타깃을 명확하게 정한 것만으로도 그들이 무엇을 어려워하는지 보이고, 해결 방법 제시를 통한 콘텐츠 기획까지 확장이 가능합니다. 이런 기본 내용을 바탕에 두고 내 경험을 통해 콘텐츠를 만드는 뼈대가 탄탄해지면 현실적인 솔루션 제시가 가능해집니다. 여기에 스토리라는 살을 붙이기만 하면 됩니다. 이러한 과정이 모여 연결되면 나만의 지식, 경험, 노하우를 바탕으로 만들어진 콘텐츠에 유니크함이 더해져 사람들은 소중한 시간과 돈을 쓰게 됩니다.

타깃을 정하는 작업에서 필자가 강조하는 제1원칙이 '역지사지(易地思之)' 마인드입니다. 다른 사람의 처지에서 생각하라는 뜻의 사자성어라는 것은 잘 알 것입니다. 여러분의 수준이 중수 정도로 올라가면 왕초보일 때의 어려움이 잘 생각나지 않거나, 이해되지 않을 수 있습니다. 하지만 왕초보의 문제점을 제대로 파악하고 어려움을 공감해야 합니다. 그래야 솔루션에 펄떡거리는 생생한 현장감이 더해집니다.

문제 파악의 과정도 없이 배운 내용, 읽은 내용, 경험한 내용을 나열하고 정리하는 형태의 전달은 콘텐츠를 소비하는 사람들의 입장에서 무미건조하고 지루한 내용에 불과할 것입니다. 메시지를 명료하게 정리해 전달해야 콘텐츠를 소비하는 사람들을 만족시킬 수 있습니다. 여러분은 어떤 콘텐츠를 만들 것인지 스스로 질문해볼 수 있길 바랍니다.

꾸준함으로 승부한다

꾸준하게 노력하는 것은 목표에 대한 성공 의지가 강한 사람들이라면 누구나 중요하게 여기는 진리와도 같은 능력입니다. 필자의 나만의 업 만들기 강의에서 "선생님 저는 왜 이렇게 꾸준하지 못할까요?"라고 묻는 수강생이 많습니다. 그럼 필자는 "질문이 틀리니 올바른 대답을 드릴 수 없습니다."라고 대답합니다. 대다수 수강생은 어리둥절한 표정으로 필자를 바라봅니다.

꾸준함은 많은 사람이 기본적으로 가진 특성이 아닙니다. 무언가 열심히 도전해보면서 이런 생각이 들었던 경험이 있을 것입니다. 바쁜 일상에서 열심히 미라클 모닝을 실천하기 위해 독서하며 글을 쓰고, 강의를 듣다가도 문득 '내가 지금 이걸 한다고 뭐가 달라지지?' 하거나 '몸만 더 피곤해지고 이걸 계속 지속하는 게 맞는 걸까?' 하는 생각, SNS 채널을 운영하며 수익화를 위해 매일 1일 1포스팅을 해도 당장 큰 변화가 없어 '이걸 계속하는 게 맞는 걸까?' 하거나 '이게 나에게 큰 도움이 될까?' 하는 생각 말입니다.

꾸준함, 지속성은 스스로를 설득하는 과정입니다. 지금은 비록 방문자가 많이 없더라도, 가시적인 성과나 체감되는 변화가 없더라도 내가 설정한 타깃의 문제점을 파악하고 이를 해결해줄 콘텐츠를 6개월~1년 꾸준하게 쌓아나가게 만드는, 스스로를 설득하는 과정이 필요합니다. 언젠가는 누군가에게 분명 도움을 줄 수 있고, 사람들이 나서서 찾게 될 것이라는 내 콘텐츠와 메시지에 대한 스스로의 믿음이 있어야 지속성이 생겨납니다.

스스로 설득하지 못한다면 타인을 설득하는 것은 더욱 어려운 일입니다. 나 스스로가 설득되지 않는 상황에서 타인으로부터 "왜?"라는 질문을 세 번만 받아도 더 이상 대응할 수 있는 답을 찾을 수 없기 때문입니다. 따라서 여러분 스스로 먼저 설득하고 꾸준히 이어나가면 타인을 설득하고 나아가 그들의 마음을 움직이는 콘텐츠를 만들 수 있습니다.

지속적인 공부법

지식 전달 계층 모델에 따라 내 위치를 포지셔닝하고, 명확한 메시지로 콘텐츠를 기획하고, 꾸준함을 무기로 노력하면 나에게 또 다른 놀라운 변화가 찾아옵니다. 콘텐츠 확장을 위한 지속적인 공부가 가능해지면서 동시에 공부의 방법 또한 달라지는 것입니다.

앞서 살펴본 아이들의 집중력과 문해력 향상이라는 주제를 확장하기 위해 학습하다 보면 다음과 같이 콘텐츠를 늘려나갈 수 있습니다.

아이에 대한 이해	부모의 환경 조성
21세기에 필요한 재능	함께 독서하는 환경 조성 방법
아이들의 집중력과 주의력	어휘력을 늘리는 대화 방법
슬기로운 스마트폰 생활	놀이가 되는 독서 방법

아이에 대한 이해	부모의 환경 조성
21세기에 필요한 재능	함께 독서하는 환경 조성 방법
아이들의 집중력과 주의력	어휘력을 늘리는 대화 방법
슬기로운 스마트폰 생활	놀이가 되는 독서 방법
재미있는 책 고르는 방법	도서관과 친해지는 방법
내 아이의 읽기 능력 진단	교과서 어휘 익히는 방법

▲ 올바른 타깃 분석과 그들의 문제점 파악은 콘텐츠의 무한한 확장을 가져온다.

명확한 타깃을 설정하고 그들이 가진 문제점을 해결하기 위한 뼈대를 초기에 잘 세우면 위 표처럼 내가 새롭게 배워야 할 영역, 주제가 확장됩니다. 직간접적인 경험을 통해 이미 얻어진 지식은 잘 정리하고 확장을 위해 필요한 영역 중에 내가 잘 모르거나 생소한 부분이 있다면 배움을 통해 채워 넣으면 됩니다. 이것이 어른들에게 필요한 공부입니다.

필자는 이것을 '지식의 공백'이라 부릅니다. 지식의 공백을 머릿속에 어렴풋이 그리는 것이 아닌 표로 그려 직관적이고 명확하게 시각화해야 합니다. 이러한 과정을 통해 메타인지가 일어납니다.

지식의 공백을 발견했다면 책, 강의를 통해 또는 직접적인 경험을 통해 채워나갑니다. 명확한 목적성이 있는 공부는 몰입감이 높아지고 흥미도 높아지는 부가 효과도 얻을 수 있습니다. 이렇게 얻은 지식을 콘텐츠로 만들어보고 청중에게 전달하다 보면 장기적인 기억으로 남을 것입니다.

책 《어떻게 공부할 것인가》[2]에는 '인출 연습'이라는 개념이 등장합니다. 배운 것을 콘텐츠로 만들고 전달하는 것은 인출 연습을 실전에 적용한 것과 같습니다. 단순히 읽고, 듣기만 한 지식은 기억에서 곧 사라집니다. 일정한 간격을 두고 퀴즈나 시험 또는 설명(말하기)과 같은 인출 연습을 교육 과정에 반드시 포함해야 망각을 막고 진정한 지식으로 만들 수 있는 것처럼, 우리가 하려는 일을 위해 학습하는 것도 반복적인 '인출'이 필요합니다.

하지만 지속적인 공부법을 위해서는 명확한 목적성과 재미가 있어야 합니다. 그래야 반복할 수 있고, 반복해야 잘하게 되고, 잘하게 돼야 나의 특기가 되기 때문입니다. 이때 비로소 꾸준함을 유지할 수 있는 기본 틀을 갖추게 되는 것입니다.

죽음의 계곡 구간을 남들보다 빠르게 빠져나와 '성과'를 만들기 위해서는 '절대적인 시간'의 투입이 필요합니다. 명확한 타깃을 대상으로 메시지가 결정된 이후에 의식적으로 노력하는 공부는 절대적인 공부 투입의 시간을 즐겁게 만들고 배움에 대한 진지한 태도도 갖추게 해줍니다. 이를 통해 어릴 적 정답만 찾던 공부를 탈피해 솔루션을 찾는 진정한 어른의 공부로 이어지는 효과를 누릴 수 있습니다.

---

[2] 《어떻게 공부할 것인가》(헨리 뢰디거·마크 맥대니얼·피터 브라운 저/김아영 역, 와이즈베리, 2014)

세상에 단 하나뿐인
나만의 스토리 만들기

직접 쓰기는 가장 좋은 학습법

이번 SECTION에 들어가기 전 꼭 지켜야 할 것이 있습니다. 이번 SECTION은 필자와 여러분이 함께 소통하는 '참여형 학습'이 필요한 내용입니다. 비록 강의는 아니지만 이번 SECTION에서 필자는 바로 앞에 여러분이 앉아있다고 생각하고 소통할 것입니다. 따라서 "잠깐 읽기를 멈추고 직접 써보세요."라고 하는 부분에서는 꼭 읽기를 멈추고 책 뒤에 있는 템플릿에 직접 적어보길 바랍니다.

컴퓨터의 워드나 메모장 파일로 타이핑해서 정리하는 것도 좋은 방법이 될 수 있지만, 종이 위에 연필로 꾹꾹 눌러쓰며 사각거리는 소리를 함께 들으면 집중도도 높아지고 감성도 살아납니다. 필자가 추천하는 방법은 1차로 종이 위에 직접 써보는 것이고, 더욱 깔끔하게 정리하고 싶다면 워드나 메모장 파일에 2차로 작성하는 방법입니다.

명확한 메시지가 담긴 퍼스널 브랜딩

필자는 블로그를 시작한 지 10년 차가 되었습니다. 함께 블로그를 시작한 이웃 100명 중 10년이 지난 지금까지 자신의 블로그를 운영하는 사람은 몇 명이나 될까요? 책 집필을 위해 시간을 내어 직접 세어보니 3명이었습니다. 100명 중 3명, 그렇다면 나머지 97명은 왜 블로그를 그만둔 것일지 궁금해졌습니다. 아직도 연락이 닿는 지인, 이웃 블로거, 수강생에게 직접 물어보고, 그럴 수 없는 경우에는 직접 블로그에 방문해서 마지막 포스팅을 살펴봤습니다.

이를 통해 필자는 '메시지의 부재'가 블로그 중단의 가장 큰 요인이었다고 결론을 내렸습니다. 5~10년이 지나도 계속해서 지속되는 블로그는 포스팅, 즉 콘텐츠를 통해 타인에게 전하고자 하는 메시지가 명확했다는 사실을 발견했기 때문입니다. 우리는 앞선 CHAPTER에서 명확한 타깃, 메시지 설정의 중요성에 대해서 충분히 이해하는 시간을 보냈습니다.

▲ 세상에 전하려는 메시지가 명확하지 않다면 퍼스널 브랜딩의 지속성이 줄어든다.

블로그를 비롯해 내가 운영하는 SNS 채널, 이 책을 통해 구축하려고 하는 나만의 업도 '내가 세상에 전하고자 하는 명확한 메시지'가 존재해야 합니다. 이는 곧 퍼스널 브랜딩과 연결됩니다. 브랜딩이라고 하면 세계적인 기업이나 유명인들의 전유물로 여겼지만, 브랜딩은 업을 구축하려는 평범한 개인인 '나'에게도 반드시 적용해야 하는 시대가 된 것입니다.

퍼스널 브랜딩을 거창하고 어렵게 느끼는 독자를 위해 퍼스널 브랜딩을 짧고 임팩트 있게 설명한 정의를 소개합니다. 아마존의 전 CEO이자 워싱턴 포스트의 현 CEO인 제프 베이조스가 강연에서 한 말입니다. "당신의 브랜드는 당신이 자리를 비웠을 때 사람들이 당신을 두고 하는 말이다." 이 말을 듣고 한동안 머리를 강하게 맞은 것만 같은 충격을 받았던 기억이 있습니다. 퍼스널 브랜딩이란 어려운 것이 아닙니다. 타인에게 어떤 사람으로 인식되고 싶은가 역으로 생각해보면 의외로 그 해답을 쉽고 빠르게 찾을 수 있습니다.

필자가 강의 현장에서 제프 베이조스가 정의한 퍼스널 브랜딩을 소개하며 "당신이 자리를 비웠을 때 사람들이 당신을 어떤 사람이라고 이야기할까요?"라고 질문하면 수강생들은 잠시 머뭇거리다 하나둘 대답합니다. 대부분은 끈기 있는 사람, 열정적인 사람, 친절한 사람 등 '나'를 평범한 한 가지 형용사로 꾸며주는 내용을 이야기합니다. 명확한 메시지가 담기지 않은 이런 단순한 수식으로는 퍼스널 브랜딩을 제대로 구축할 수 없습니다.

30~40대의 엄마, 아빠를 대상으로 유아~초등학교 저학년 시기 아동의 문해력에 대한 솔루션을 제공해주며 '어린이 문해력 디자이너'라고 스스로를 포지셔닝했다고 가정해보겠습니다. 전달하고자 하는 메시지까지 명확하다면 내가 자리를 비운 사이, 혹은 타인이 나를 전혀 모르는 다른 사람에게 소개할 때 "이 사람은 아동을 대상으로 어린이 문해력에 대한 학습법을 알려주는 콘텐츠를 만들고 있어."라거나 "어린이 문해력 디자이너야."와 같이 설명할 것입니다.

▲ 필자의 블로그 메인 이미지, 콘텐츠를 통해 전하고자 하는 메시지가 반영되어 있다.

필자의 경우 '30~50대 직장인, 주부, 퇴사·퇴직을 앞둔 사람을 대상으로 나의 지식, 경험, 노하우를 가치 있는 업으로 만드는 데 헤매지 않고, 어려워하지 않고, 쉽게 찾고, 탄탄히 기초를 다질 수 있도록 도움을 드리는 라이프 브랜딩 코치입니다.'라는 명확한 퍼스널 브랜딩의 형태를 갖춘 업과 콘텐츠를 소개하고 있습니다.

나에 대해 스스로 파악하라

여러분이 자리를 비웠을 때 사람들이 여러분에 대해 어떻게 말해주기를 원하는지 진지하게 고민하고 찾아볼 차례입니다. 본격적으로 시작하기에 앞서 '나'에 대해 알아보는 시간을 가져보겠습니다. 뚱딴지같은 소리라고 생각할 수도 있겠지만 나에 대해 가장 모르는 사람이 바로 자신입니다. 소크라테스의 "너 자신을 알라!"라는 명언은 시대를 초월한 진리입니다. 무지하고 부족한 나를 알아야 한다는 단순한 차원의 가르침이 아닌 자신의 혼을 다해 최선을 이루고 살아갈 수 있는 무한 가능성의 존재가 '나'라는 것을 깨우치기 위한 말입니다.

이미 내 안에 있는 원석을 발견하고 갈고닦아 반짝이는 보석으로 만들어야 합니다. 여러분의 능력이 보잘것없이 지천으로 널린 돌멩이가 아니라 보석을 품고 있는 원석이라는 것을 안다면 세상을 바라보고 타인을 대하는 자세, 배움과 그것을 나누고 함께 성장하려는 태도, 마음가짐부터 달라질 것입니다.

스토리텔링을 통한 '나' 찾기 : '나 알아가기' 스토리보드

〈토이 스토리〉, 〈니모를 찾아서〉, 〈인사이드 아웃〉 등 전 세계적으로 사랑받는 작품을 만든 픽사 애니메이션 스튜디오에서 2007년부터 2012년까지 스토리보드 아티스트로 재직했던 엠마 코츠는 2011년 자신의 트위터에 '픽사의 스토리텔링 22가지 법칙'에 대해 게재했습니다.

그중 '4. 글의 구성은 아래처럼 한다' 파트가 우리가 찾고자 하는 진정한 '나 알아가기' 미션에 딱 맞아떨어집니다. 필자가 진행한 강연에서 이 미션을 통해 많은 사람이 진정한 나에 대해서 알아가게 되었고, 퍼스널 브랜딩을 위한 명확한 메시지를 찾는 데도 큰 도움이 되었습니다.

---

① 소개(옛날 옛적에)

② 일상의 반복(매일매일)

③ 사건의 시작(그러던 어느 날)

④ 사건에 의한 사건(그래서)

⑤ 사건에 의한 사건(그래서)

⑥ 결말(결국에, 마침내)

▲ 엠마 코츠의 '픽사의 스토리텔링 22가지 법칙' 중 '4. 글의 구성은 아래처럼 한다'

잠시 책 읽기를 멈추고 6단계의 순서에 맞게 본인의 스토리를 책 뒤에 부록으로 제공한 템플릿에 작성해보길 바랍니다. 이해가 안 된다면 필자가 직접 작성한 아래의 내용을 참고해서 나만의 스토리라인을 만듭니다. 직접 해본 것과 나중에 해야지 생각만 하는 것은 지금 당장에는 큰 차이가 없겠지만 한 달, 반년, 1년 후에는 엄청난 격차로 벌어질 것입니다. 그러니 부디 직접 템플릿에 써보길 바랍니다.

① **소개(옛날 옛적에)** ∣ 회사-집-회사밖에 모르던, 일과 육아로 너무 바쁘게 사는 30대 직장인이 살고 있었습니다.

② **일상의 반복(매일매일)** ∣ 야근과 주말 출근까지 하면서 힘든 날도 많았지만 지켜야 할 가족이 있었기에 늘 긍정적인 마인드로 업무에 몰입하고, 누구보다 그 일을 좋아했습니다.

③ **사건의 시작(그러던 어느 날)** ∣ 열심히 일하던 40대 후반의 선배들이 믿었던 회사에서 권고사직을 당하는 모습을 보게 됩니다. 회사를 나가서 뭘 해야 할지 모르고, 명함 없이는 사회에서 아무런 힘이 없다고 토로하는 것을 듣게 되었습니다.

④ **사건에 의한 사건(그래서)** ∣ 퇴사·퇴직 후가 아닌 회사에 다니면서 퇴사 후 바로 써먹을 수 있는 나만의 개인기를 만들 필요성에 대해 뼈저리게 느끼게 되었습니다. 그러기 위해서 회사에서의 과장, 차장, 부장과 같은 '직'이 아닌 회사 밖에서도 통하는 나만의 '업'을 만들겠다고 결심합니다.

⑤ **사건에 의한 사건(그래서)** ∣ 콘셉트는 그동안 꾸준히 운영했던 블로그와 SNS 채널을 통한 수익화, 퍼스널 브랜딩 방법으로 정하고 자신을 하나의 브랜드로 만드는 과정을 실행하고 기록했습니다. 전문성, 나눔, 책임이라는 핵심 가치를 토대로 비슷한 고민을 하고 있는 30~50대 직장인들을 돕고 나누면서 함께 성장하기로 합니다.

⑥ **결말(결국에, 마침내)** ∣ 책 출간과 더불어 MKYU 퍼스널 브랜딩 대표 강사로 오르게 되고 꿈에 그리던 세바시 TV 프로그램에 출연하며 이름을 알렸습니다. 2025년 연 매출 3억 원의 '브랜드 마케팅 컨설팅' 기업으로 성장하며, 사람들의 변화와 성장을 이끄는 존경받는 인물이 됩니다.

잠시 책 읽기를 멈추고 템플릿에 직접 본인의 스토리를 써보았을 것으로 생각합니다. 직접 써보니 어떤 생각이 드나요? 의외로 내 이야기임에도 쓸 내용이 많지 않다고 느꼈을 수도 있습니다.

엠마 코츠는 픽사의 작품들이 애니메이션임에도 어린이는 물론 어른들의 마음마저 사로잡는 데에는 철저한 스토리라인이라는 기준이 있기 때문이라고 했습니다. 픽사의 스토리텔링 22가지 법칙은 영화, 소설, 에세이 등 스토리가 필요한 모든 분야에 적용할 수 있는 법칙입니다. 물론 22가지 법칙을 모두 퍼스널 브랜딩에 활용하면 좋겠지만 앞선 6단계 순서의 '나 알아가기' 스토리보드만 잘 작성해도 나를 이해하는 데 큰 도움이 될 것입니다.

마지막 6번의 경우 수개월 후의 미래에 대해 상상해도 좋고, 장기적 관점에서 앞선 5단계 스토리라인을 통해 이루고 싶은 목표와 꿈을 써도 좋습니다. 우리는 매년 새해가 되면 1년의 계획을 세우며 월, 분기, 반기 단위의 단기 계획은 잘 세우지만 의외로 3년, 5년 후의 먼 미래에 대한 장기 계획은 잘 세우지 않는 편입니다. 따라서 이번 나 알아가기 스토리보드를 통해 조금 먼 미래의 내 꿈과 목표에 대한 고민도 함께 해보면 좋겠습니다.

브랜드 콘셉트 찾기 4단계

앞선 단계를 직접 적어보면서 끝냈다면 다음 단계로 '나'라는 브랜드의 콘셉트를 4단계로 찾아보는 방법에 대해 배워보겠습니다. 앞에서 알아본 '나 알아가기' 스토리보드와 연결되는 내용이기 때문에 어려워할 필요는 없습니다.

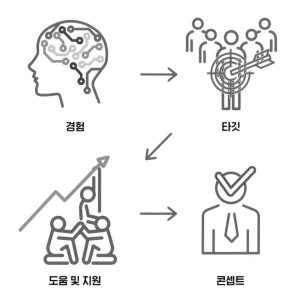

경험   타깃

도움 및 지원   콘셉트

▲ '나'라는 브랜드의 콘셉트 찾기 4단계

   나만의 브랜드를 만들 때 '경험-타깃-도움 및 지원-콘셉트'의 4단계 과정을 거치면 브랜딩이 더욱 명확해지고 구체적으로 변할 것입니다. 순서대로 풀이해보면 다음과 같습니다.

1단계   나의 어떠한 지식, 노하우, 경험을

2단계   누구에게 줄 것이며

3단계   그들에게 어떤 도움 및 지원을 줄 수 있는지

4단계   그래서 나는 그들에게 이것을 알려주는 ○○○이다.

   앞선 단계를 통해서 여러분 스스로를 알아보는 것에 대해서는 어느 정도 감이 잡혔을 것입니다. 이번에는 필자의 예시를 보기 전 짧게라도 좋으니 책 뒤의 부록 템플

릿에 4단계에 대해 직접 써볼 것을 권장합니다. 이번 콘셉트 찾기 4단계에서는 세 번째 단계인 도움 및 지원 부분에 집중해서 작성해봤으면 합니다. 쉬운 이해를 위해 몇 가지 예를 들어보겠습니다.

- 사람들이 이모티콘 작품을 만들어 세상에 내놓을 수 있도록 디지털 드로잉을 통한 작품 제작, 수익화까지 도움을 줍니다.
- 퍼스널 컬러 추천 및 헤어·메이크업을 통해 사람들의 외모와 이미지가 깔끔하고 돋보일 수 있도록 도움을 줍니다.
- 가계부를 써서 불필요한 지출을 줄이는 방법과 하루 커피 한 잔 값으로 시작하는 소수점 주식 거래를 통한 수익화로 주부들의 생활 속 투자 공부에 도움을 줍니다.

콘셉트 찾기 4단계는 도움 및 지원 영역에 초점을 맞추고 직접 템플릿에 적어보기를 다시 강조합니다. 이 모든 것이 나의 업을 만드는 과정이고, 나의 메시지를 만드는 과정입니다. 다른 누가 대신해줄 수 없고, 설령 대신해주더라도 몸에 맞지 않는 옷을

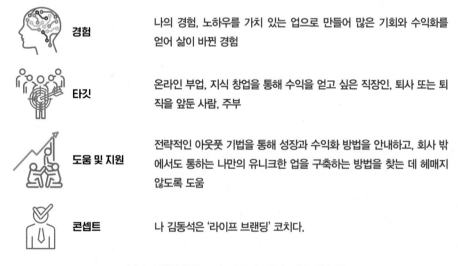

경험	나의 경험, 노하우를 가치 있는 업으로 만들어 많은 기회와 수익화를 얻어 삶이 바뀐 경험
타깃	온라인 부업, 지식 창업을 통해 수익을 얻고 싶은 직장인, 퇴사 또는 퇴직을 앞둔 사람, 주부
도움 및 지원	전략적인 아웃풋 기법을 통해 성장과 수익화 방법을 안내하고, 회사 밖에서도 통하는 나만의 유니크한 업을 구축하는 방법을 찾는 데 헤매지 않도록 도움
콘셉트	나 김동석은 '라이프 브랜딩' 코치다.

▲ 필자가 작성한 '나'라는 브랜드의 콘셉트 찾기 4단계 상세 내용

입은 것처럼 불편할 것입니다. 내가 직접 써보고 치열하게 고민하는 과정이 있어야만 한다는 사실을 명심해야 합니다.

앞의 내용은 지극히 평범했던 필자가 첫 책을 출간하기 전 작성한 브랜드 콘셉트 4단계입니다. 이 콘셉트를 바탕으로 콘텐츠를 확장했고, 생애 첫 책을 분야 베스트셀러에 올려놓을 수 있었습니다. 처음부터 일목요연하고 완벽할 수는 없습니다. 작은 부분에만 집착한다면 전체의 큰 그림을 볼 수도, 그릴 수도 없습니다. 우선 4단계의 뼈대를 빠르게 잡고 전체 그림을 보면서 여러 번 반복해서 써보고 보완하며 나의 브랜드 콘셉트를 더욱 디테일하게 만들 수 있습니다.

SECTION 04

출간 기획서 작성으로 MTS 시스템 준비하기

미래에 대한 확신을 키우는 MTS 시스템

앞선 SECTION에서 직접 템플릿에 쓰며 치열하게 달려왔다면 이제 퍼스널 브랜딩의 핵심이자 꽃인 MTS 시스템의 문 앞에 섰습니다. 이 문을 열고 들어가 필자와 함께 치열하게 고민하고 계속해서 퍼스널 브랜딩을 업그레이드해봅니다. 그러면 대중이 선택하고 사랑하는 콘텐츠를 바탕으로 나만의 업을 만들고, 이를 통한 수익화라는 두 마리 토끼를 잡을 수 있게 될 것입니다.

MTS 시스템의 문을 열기 전 한 가지 당부할 것이 있습니다. 우리가 지금 이 책을 읽고 있는 이유, 평소 자기 계발에 시간과 돈을 투자하는 이유는 당연히 지금보다 더 나은 삶을 살기 위함입니다. 하지만 열심히 해도 늘 제자리걸음 같고, 타인보다 뒤처지고 무언가 잘 돌아가지 않는다는 느낌을 한 번쯤은 경험했을 것입니다. 이런 감정의 근본 원인은 어디에 있을까요? 바로 나 자신에 있습니다.

학창 시절에는 좋은 고등학교, 대학교에 가서 좋은 직장에 취업하기 위해 열심히 앞만 보고 달렸습니다. 좋은 성적을 얻어야 성공한다는 것을 성공 공식처럼 여기며 다수가 걸어간 길, 걷고 싶어 하는 길은 철저하게 표준화되어 있었습니다. 이 표준화 공식에서 성공하기 위해서는 모두와 똑같되, 더 뛰어나야 했습니다. 이후에 취업하고 직장을 다니면서도 좋은 직장인이 되기 위해, 진급과 연봉 상승을 위해 표준화된 공식에 따라 일을 합니다. 지금도 대부분의 직장인이 회사 내의 평판과 고과만 바라보며 기존의 성공 공식과 기준에 맞춰 열심히 일하고 있을 것입니다.

좋은 고등학교, 대학교, 직장에서의 성공 등 표준화된 길을 걸으며 지금까지 스스로 나의 온전한 기준과 판단, 확신을 통해 무언가를 선택해본 경험이 적다면 회사 밖에서 통하는 나만의 업을 만들어야 할 시기가 왔을 때 어려움을 겪는 것도 당연합니다. 스스로 질문을 던지고 답을 찾는 숙고의 과정이 부족하니 작은 어려움이나 뜻밖의 장애물과 마주하면 넘지 못하고 주저하거나 포기하는 것입니다.

지금까지 부모님이나 주변 사람의 시선, 사회에서 정한 기준과 같이 타인에 의한 선택에 익숙해져 새로운 방향성을 가진 도전 과정이 불안에 잠식될 수도 있습니다. 무엇을 원하는지 잘 몰라 답답하고 불안했다면 지금부터 소개하는 MTS 시스템을 통해 스스로 던지는 질문의 시간을 조금 더 길게 가져보길 바랍니다. 이 시간을 통해 자신을 알아가고 미래에 대한 확신을 기를 수 있을 것입니다.

자기결정성 이론에 따른 MTS 시스템의 효용성

자기결정성 이론(Self-Determination Theory)이라는 개념이 있습니다. 사람이 어떤 행동이나 활동을 선택하고 결정하는 원인이 내면적 요인인지, 외부적 요인인지에 따라 전혀 다른 결과가 나타난다는 이론입니다. 흥미나 호기심 등 내면적 요인에 의한 활동의 경우 통제력과 실행력이 가장 높고, 반대로 외부적 요인에 의한 경우 통제력과 실행력이 현저히 낮은 현상입니다.

MTS 시스템은 생각의 저장고와 같은 역할을 합니다. 내가 읽은 책, 소비한 콘텐츠, 수강한 강의, 참여한 세미나 등에서 입력된 정보를 목적과 카테고리에 맞게 분류하면 날것의 정보를 진정한 내 정보로 만들어주는 역할을 할 것입니다. 또한 필요한 공부나 독서 등 콘텐츠 소비에 내면적 요인(흥미와 호기심)을 자극해 스스로 실행력과 통제력을 높이는 역할도 합니다. 이를 통해 SNS 채널 운영, 업 만들기, 콘텐츠 수익화를 이루고 다시 필요한 공부와 독서를 찾게 되는 긍정적 선순환도 기대할 수 있습니다.

여기까지 설명을 들었다면 빨리 MTS 시스템을 만들어보고 싶을 것입니다. 그전에 한 가지 더 이야기하자면, 카테고리 영역별로 정보를 차곡차곡 쌓으면 어느 순간 그것들이 머릿속에서 서로 연결되며 하나의 콘텐츠로 탄생합니다. 다시 말해 흩어진 아이디어가 실현 가능한 결과물로 만들어진다는 뜻입니다. 이는 의식적인 영역, 더 나아가 불현듯 떠오르는 무의식적인 영역에서도 가능해집니다.

이러한 아이디어와 콘텐츠는 나만의 업 만들기에 있어 소중한 재산이 됩니다. 각각의 영역에 정보가 쌓일수록 '나도 한번 해볼까, 나도 할 수 있겠다.'라는 도전의 에너지가 생기게 될 것입니다.

아는 만큼 보인다

"아는 만큼 보인다."라는 말이 있습니다. 가격은 보이지만 가치는 보이지 않습니다. 주식을 하더라도 기업의 가치를 알아야 미래의 성장 가능성이 보이고, 돈이 되는 정보가 보이는 것입니다.

책 역시 마찬가지입니다. 저자의 철학과 메시지를 알아야 책 속의 숨겨진 정보와 가치가 보이고 이를 통해 지식과 내면이 성장합니다. 여러분의 아이디어와 콘텐츠 역시 여기저기 둥둥 떠다니는 날것의 지식이 아닌 같은 영역의 다양한 정보들이 하나로 묶일 때 진정한 앎의 힘이 나오게 됩니다.

여러분이 가진 지식 저장고의 문을 열었을 때 내가 필요한 엄청난 양의 재료와 도구들이 잘 정돈되어 있다면 어떨까요? 지금 당장 필요하지 않아도 늘 창고를 정리하고 새로운 재료와 도구들로 채워나가고 싶은 욕구가 생길 것입니다.

이것이 MTS 시스템이 가진 힘입니다. 한번 잘 구축하면 내 업을 위한 지식과 가치의 저장고를 스스로 매일매일 들여다보고 채우고 싶어집니다. 이렇게 정리하다 보면 어떤 영역의 재료와 장비가 부족한지도 한눈에 들어옵니다. 그럼 모자란 것을 채우기 위해 공부하게 됩니다. 분명한 목적이 있는 공부는 집중도와 몰입감을 높입니다. 결국 매일 공부하는 자연스러운 환경은 스스로 만드는 것입니다.

나만의 출간 기획서를 써보자

본격적으로 MTS 시스템을 구축하기 전 한 가지 필요한 작업이 있습니다. 바로 '나만의 출간 기획서'를 써보는 것입니다. 기본적으로 출간 기획서란 출판사 출간 담당 편집자의 눈길을 사로잡기 위한 기획서입니다. 조금 더 확장하면 내가 집필하려는 책을 시장에서 대중에게 어필하기 위한 기획서라고 볼 수 있습니다.

책을 대중에게 어필하려면 '나'를 핵심적으로 요약하고, 명확한 타깃에게 전하려는 메시지와 가치를 일목요연하게 목차로 명시해야 합니다. 출간 기획서 양식은 출판사마다 형태나 항목이 다릅니다. 필자는 처음 책을 출간하기 위해 100곳 이상의 출판사에 출간 기획서를 작성하고 제출했는데, 여러분이 실습 부록 파일로 다운로드해서 볼 한빛미디어의 출간 기획서 구성이 가장 좋았습니다. 필자는 수강생을 대상으로 콘텐츠, 글쓰기 강의를 할 때 한빛미디어 출간 기획서 양식을 사용합니다.

글쓰기 강의에서 수강생들에게 처음 출간 기획서를 작성해보게 하면 처음에 가졌던 자신감은 온데간데없고 내 메시지를 어떻게 설명해야 할지 몰라 진도를 나가지 못합니다. 여러분도 비슷할 것입니다. 하지만 걱정할 필요는 없습니다. 앎은 비교에서 시작됩니다. 먼저 책 앞부분의 실습 부록 파일 다운로드 안내를 확인하고 출간 기획서를 다운로드해 작성해봅니다. 모든 칸을 한꺼번에 다 채우려고 하지 않아도 됩니다. 하지만 중요한 것은 쓰기 시작하되 어려운 칸은 간단한 메모와 구상을 적고 이후 구체화하는 연습을 해야 한다는 점입니다. MTS 시스템을 이해하고 내 콘셉트를 구축하기 전 날것의 출간 기획서 상태와 개념을 이해하고 구축한 후의 출간 기획서를 비교해볼 수 있는 기회로 가져가야 앎이 시작됩니다. 책을 잠시 덮고 20~30분의 시간이라도 할애해서 꼭 적어보기를 바랍니다.

콘텐츠 기획을 위한 다섯 가지 질문

출간 기획서를 직접 써보니 어떠셨나요? 추상적이고 어렵게 느껴지는 부분이 많았을 것입니다. 아직 빈칸이 더 많다면 내가 전하고자 하는 메시지와 콘텐츠가 조금 더 명확해질 필요가 있다는 의미입니다.

스티브 잡스와 팀 쿡, 빌 게이츠, 제프 베이조스, 손정의, 래리 페이지, 마크 저커버그 등 유수의 CEO들이 가진 공통점은 무엇일까요? 아마 다양한 대답이 나올 것입니다. 필자가 생각하는 이들의 공통점은 '그들에게는 명확한 삶의 목적이 있다'는 것입니다.

이러한 목적은 사람들에게 편리함, 행복함, 즐거움 등의 만족감을 선사합니다. 그리고 이러한 목적을 가진 사람이라면 이어지는 다섯 가지 질문에 명확한 해답을 가지고 있을 것입니다. 이어서 나올 질문에 대해 잠시 생각하는 시간을 가져보겠습니다.

> 첫째 당신은 누구인가?
>
> 둘째 당신은 무엇을 해왔는가?
>
> 셋째 그 일이 누구를 위한 일이었는가?
>
> 넷째 그들은 무엇을 원하고 필요로 했는가?
>
> 다섯째 그로 인해 그들에게는 어떠한 변화가 찾아왔는가?

다섯 가지 질문을 읽고 각각의 질문에 대한 답을 하기 어렵게 느껴지는 것은 당연하다고 생각합니다. 우리는 평소 이런 질문을 스스로에게 던져보거나 생각해본 적이 없기 때문에 막연하고 어렵게 느껴질 수 있습니다.

하지만 걱정하지 않아도 됩니다. 너무 어렵게만 생각하지 말고 필자와 함께 다섯 가지 질문에 대한 답을 생각해보고 찾아나가면 되기 때문입니다. 경험이 없기 때문에 익숙하지 않을 뿐입니다. 그럼 지금부터 여러분의 명확한 삶의 목적을 같이 찾아보도록 하겠습니다.

다섯 가지 질문 대답하기

이번에는 필자가 현장 강의에서 하는 방식 그대로 진행해보겠습니다. 다음에 나올 질문에 대답하며 함께 참여해보길 바랍니다. 여러분은 앞으로 자신의 지식, 경험, 노하우를 바탕으로 누군가를 가르치는 사람이 될 것이기 때문에 필자는 여러분을 선생님이라고 부르겠습니다. 그럼 필자가 질문하고 하나, 둘, 셋 숫자를 세고 나면 여러분이 큰소리로 대답해봅니다.

> 질문1 선생님의 이름은 무엇입니까? (하나, 둘, 셋!)
>
> 질문2 선생님은 무슨 일을 해왔습니까? (하나, 둘, 셋!)

현장 강의에서 첫 번째 질문에 대한 대답은 매우 순조롭게 나오지만, 두 번째 질문에 대한 대답 소리는 현저하게 줄어들고 심지어 얼버무리다 대답을 못 하는 경우도 많습니다. 대답이 명확하게 그려지지 않고, 준비되지 않아서 그렇습니다. 그렇다면 이 질문에 대한 답을 찾기 위해 조금 더 고민해보겠습니다.

우선 여러분이 무엇을 좋아하는지 종이에 써봅니다. 요리, 영어, 글쓰기, 독서, 디자인, 그림 그리기, 말하기, 집 정리 등 무엇이든 좋습니다. 최대한 많이 써보길 바랍니다. 그럼, 여기에 디테일을 더해봅니다. 좋아하는 것 중에서 다음 영역에 해당하는 것이 있다면 동그라미로 표시합니다.

주변에서 이런 걸 잘한다고 칭찬을 들었거나, 이전에는 못했지만 지금은 자신감이 붙은 일, 남들보다 조금 더 낫다고 생각하는 일이 있다면 동그라미로 표시합니다. 만약 처음에 작성한 내용에 포함되어 있지 않다면 추가로 적어도 좋습니다.

> 1단계 지금 잘하는 것 중에서 찾아보기

매일 꾸준히 해서 잘하는지 몰랐던 일은 없나 떠올려봅니다. 앞에 작성했던 리스트 중 여기에 해당하는 것이 있다면 동그라미로 표시합니다.

> 2단계 6개월, 1년 이상 꾸준히 해오는 습관에서 찾아보기

동그라미 표시가 되어있는 것 중 두 개가 그려진 일이 내가 좋아하고 잘할 가능성이 높은 것입니다. 그럼 다시 두 번째 질문으로 돌아가보겠습니다.

> 질문2 선생님은 무슨 일을 해왔습니까? (하나, 둘, 셋!)

분명 아까보다 목소리에 자신감이 생기고 대답 역시 명확할 것입니다. 좋습니다. 다음 질문으로 넘어가보겠습니다.

질문3 선생님은 누구를 위해 그 일을 하고 있습니까? (하나, 둘, 셋!)

여러분은 어떤 대답을 했나요? 아마 둘 중 하나였을 것입니다. '나를 위해 혹은 타인을 위해', 하지만 수많은 사람에게 똑같이 질문했을 때 대다수는 '나를 위해'라고 대답했습니다. 그럼 계속해서 다음 질문으로 넘어가보겠습니다.

질문4 그들은 무엇을 원하고 필요로 합니까? (하나, 둘, 셋!)
질문5 그들은 어떤 변화를 겪게 됩니까? (하나, 둘, 셋!)

세 번째 질문에 대한 대답이 타인이 아닌 나를 위한다는 대답이었다면 네 번째, 다섯 번째 질문에 대해서 대답을 이어나갈 수 없을 것입니다. 우리는 다섯 가지 질문에 대한 답을 찾아보았습니다. 질문1~2는 '내'가 중심이 되지만, 질문3~5는 '타인'이 중심이 되어야 진정한 답을 찾을 수 있는 질문이었습니다.

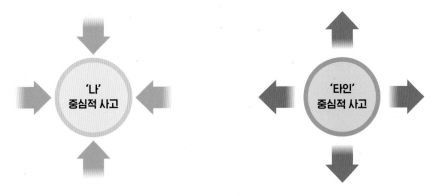

▲ 내가 만든 콘텐츠는 '누구를 위한 것인가'에 대한 고민이 필요하다.

나만의 브랜딩을 구축하고 지식, 경험, 노하우를 통해 수익화를 얻기 위해서는 타인의 어려움과 문제점을 극복하고 해결하는 데 도움이 되는 콘텐츠, 솔루션을 제공해야 한다는 사실을 잊어서는 안 됩니다.

여러분이 열심히 책을 읽고, 강의를 듣고, 경험을 쌓는 이유에는 분명 자기 계발과 성장이라는 목적이 있습니다. 하지만 경험과 배움을 통해 수익화를 실현하고자 한다면 이타성을 가진 메시지와 방향성이 있어야 타인의 마음을 움직이고 그들이 선택하는 콘텐츠를 만들 수 있습니다. 나만의 업의 그릇을 만드는 데 있어 우리가 필수적으로 갖춰야 하는 사고는 '나' 중심적 사고가 아니라 '타인' 중심적 사고라는 사실을 기억하길 바랍니다.

거꾸로 질문해보기

여기까지 함께 참여하며 대답해봐도 아직 대답하기 막막하다면 한 가지 팁이 있습니다. 바로 질문의 순서를 거꾸로 해보는 것입니다. 일본 최고의 경영 컨설턴트인 간다 마사노리는 그의 저서 《비상식적 성공 법칙》[3]에서 "미래로부터 역산해 현재의 행동을 결정하면 벽에 막히는 상황을 제거할 수 있다."라고 했습니다.

다섯째 그로 인해 그들에게는 어떠한 변화가 찾아왔는가?

넷째 그들은 무엇을 원하고 필요로 했는가?

셋째 그 일이 누구를 위한 일이었는가?

둘째 당신은 무엇을 해왔는가?

첫째 당신은 누구인가?

---

[3] ┄┄

《비상식적 성공 법칙》(간다 마사노리 저/서승범 역, 생각지도, 2022)

여러분의 대상 타깃이 내 콘텐츠를 통해 어떠한 변화를 얻게 될지 거꾸로 상상해 보는 것에서 출발해봅니다. 내 덕에 변화될 예비 독자, 수강생, 고객들의 기분 좋은 변화를 떠올려보고 그에 대한 답을 하나씩 적다 보면 내가 만들고 싶은 콘텐츠의 주제와 메시지가 더욱 구체적으로 그려질 것입니다.

본격적으로
MTS 시스템 구축하기

MTS 시스템 이해하기

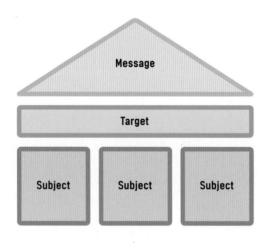

▲ 퍼스널 브랜딩의 핵심이 되어줄 MTS 시스템 구조도

업의 그릇

이제 앞선 SECTION에서 익힌 내용을 바탕에 두고 퍼스널 브랜딩의 핵심이 되어 줄 MTS 시스템 구축을 본격적으로 시작해보겠습니다.

먼저 MTS 시스템의 구조에 대해 설명하겠습니다. MTS 시스템은 처음 보는 사람도 최대한 이해하기 쉽도록 직관적으로 꾸며졌습니다. 전체적인 구조는 우리가 흔히 아는 집 모양으로 보이기도 합니다. MTS 시스템은 Message, Target, Subject의 두 문자 조합으로 나만의 업을 찾고 만드는 데 필요한 필수 요소를 집약적으로 담은 뜻입니다.

필자가 개발한 MTS 시스템 구조도는 블로그, 인스타그램, 유튜브를 포함한 거의 모든 SNS 채널을 운영하고, PDF 전자책 발행, 종이책 출간을 위한 출간 기획서 작성, VOD 클래스 개설을 위한 강의 기획서 작성 등 대중이 선택하는 거의 모든 콘텐츠에 적용 가능한 구조도라고 자부합니다.

만약 여러분이 운영 중인 SNS 채널, 출간하고 싶은 책, 기획하고 싶은 강의가 있다면 앞으로 배울 내용을 바탕으로 MTS 시스템 구조도에 하나씩 대입해보길 바랍니다. 만약 MTS 시스템 구조도의 다섯 개 영역 모두를 채울 수 있는 콘텐츠라면 분명 시장에서 통할 것입니다.

MTS 시스템 구조도 작성하기

지금부터는 그간 쌓아온 실력을 맘껏 뽐내볼 시간입니다. 나만의 MTS 시스템 구조도를 직접 작성해보겠습니다. 책 뒤에 부록으로 제공한 템플릿에 MTS 시스템 구조도를 작성합니다. 아무래도 처음 작성하려면 막막하고 어려울 수 있기 때문에 이어지는 내용에서 MTS 시스템 구조도의 영역별 중요 작성 포인트를 먼저 알아보고 진행합니다.

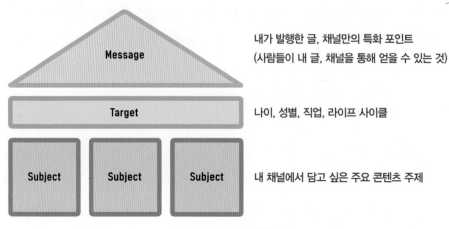

Message	내가 발행한 글, 채널만의 특화 포인트 (사람들이 내 글, 채널을 통해 얻을 수 있는 것)
Target	나이, 성별, 직업, 라이프 사이클
Subject **Subject** **Subject**	내 채널에서 담고 싶은 주요 콘텐츠 주제

▲ MTS 시스템 구조도 영역별 설명

- 메시지(Message) ㅣ 내가 세상에 전하고자 하는 명확한 메시지를 만들어야 합니다. 이 메시지는 아래의 비슷하지만 서로 다른 콘텐츠 주제(Subject)를 하나로 묶는 역할을 합니다.
- 대상(Target) ㅣ 30~40대, 40~50대처럼 연령으로 분류하거나, 직장인, 주부, 육아맘, 남성, 여성 등 특성으로 분류해도 됩니다. 여기서 한 단계 나아가 '퇴사가 두려운 40~50대의 직장인'처럼 연령과 특성이 함께 들어가 디테일해지면 좋습니다.
- 콘텐츠 주제(Subject) ㅣ 내가 세상에 전하고자 하는 메시지에 맞는 삶을 살고, 그것을 얻기 위해서 대상 타깃이 무엇을 해야 할지를 고민합니다. 그들에게 전달할 수 있는 큰 범주에서 세 가지 주제를 작성해봅니다.

위의 작성 포인트를 참고해 직접 MTS 시스템 구조도를 템플릿에 작성해봅니다. 재차 강조하지만 직접 적어본 사람과 그렇지 않은 사람의 차이는 지금 당장은 크지 않더라도 시간이 흐를수록 격차가 벌어집니다. 지금은 작은 눈덩이를 굴리지만 필자와 함께하는 미션을 하나씩 수행하며 치열하게 고민하면 그 눈덩이는 분명 점점 커질 것입니다.

MTS 시스템 구조도가 가진 힘

직접 작성하는 작업이 쉽지 않다는 것을 잘 알고 있습니다. 걱정하지 않아도 됩니다. MTS 시스템 구조도를 그리는 모든 사람이 처음에는 어려워합니다. 여러분이 충분히 고민해 작성했을 거라 믿고 다음 단계를 진행하겠습니다.

주변에 SNS 채널을 운영하는 사람은 생각보다 많지 않을 것입니다. 거기에 SNS 채널을 통해 퍼스널 브랜딩 또는 수익화를 이루는 사람도 극히 일부입니다. MTS 시스템과 같은 성공을 위한 구조도를 만들지 않고, 1일 1포스팅, 1일 1피드 형태로 막연하게 열심히만 운영하고 있기 때문입니다. 놀라운 사실은 여러분이 목표로 하는 SNS 채널 운영자, PDF 전자책 저자, 종이책 출간 저자를 보면 MTS 시스템에 부합되는 내용들이 명확하다는 것입니다.

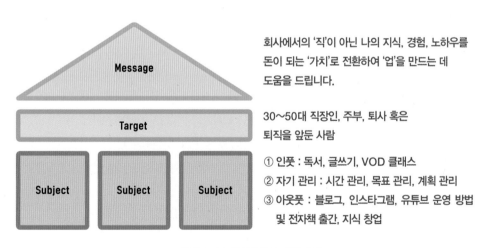

▲ 필자의 MTS 시스템 구조도 적용 사례

위 예시는 필자가 작성한 MTS 시스템 구조도입니다. 우선 구조를 잘 만들면, 여러분은 맨 아래 세 개의 Subject 영역을 다시 3×3 형태로 확장하는 스킬까지 이 책을 통해 배울 것입니다. 이 스킬을 통해 확장성과 깊이감이 가히 폭발적으로 성장할 것입니다.

필자의 MTS 시스템 구조도에 따르면 필자는 "30~50대 직장인, 주부, 퇴사 혹은 퇴직을 앞둔 사람에게 회사에서의 '직'이 아닌 나의 지식, 경험, 노하우를 돈이 되는 '가치'로 전환하고, 나만의 '업'을 만드는 일을 여러분이 헤매지 않고 쉽게 찾을 수 있도록 도움을 드리고 있습니다."라고 말할 수 있습니다.

이 메시지를 본 타깃 대상인 사람이 저에게 "좋습니다. 저도 그런 메시지에 맞는 삶을 살고 싶습니다. 제가 무엇을 하면 될까요?"라고 물을 것입니다. 그럼 필자는 Subject 영역의 세 가지 내용을 바탕에 두고 다음과 같이 대답합니다.

우리는 타인의 책, 콘텐츠, 지식을 소비하기 바쁩니다. 늘 부족하다는 생각에 세미나 참석, 강의 수강, 독서를 통해 열심히 학습만 반복합니다. 하지만 어떤 콘텐츠를 제공할 수 있을지 알지 못해 막연하게 열심히만 합니다. 이제 그 고정관념을 깨트려야 합니다. 회사 밖에서도 통하는 업을 만들고 싶다면 세 가지에 집중해야 합니다.

먼저 아웃풋 관점이 중요합니다. 그냥 막연하게 열심히 하는 것이 아니라 어떠한 결과물을 낼 것인지 먼저 정하고 그에 맞는 인풋이 이루어져야 합니다. 완벽하지 않더라도 우선 아웃풋을 만들어내야 합니다. 이때부터 진정한 변화가 일어나기 시작합니다.

다음으로 선순환 구조를 만들어야 합니다. 아웃풋을 통해 피드백을 받고 부족한 부분이 보인다면 인풋으로 채우면서 완벽에 가까워지고 다시 아웃풋을 만들어내야 합니다. 이를 통해 배움의 선순환, 업의 선순환 구조를 만들 수 있습니다.

마지막으로 이것을 꾸준히 유지하기 위한 수평적 시간 관리와 수직적 시간 관리가 동시에 요구됩니다. 이를 위해서는 명확한 목적과 목표 관리를 통해 일정을 시스템화해야 합니다. 저는 그런 방법을 알려드리는 콘텐츠를 만들고 솔루션을 제공하고 있습니다.

위 내용을 읽는 것만으로도 이 사람이 어떤 콘텐츠를 만들고, 어떤 솔루션과 이득을 제공해줄 수 있을지 바로 이해할 수 있을 것입니다. 명확한 MTS 시스템을 구축하는 것만으로도 상대를 이해시키고 설득할 수 있습니다.

우리가 MTS 시스템 구조도를 통해 만든 세 개의 Subject는 각각 다른 것 같아도 하나의 메시지를 떠받치는 기둥입니다. Subject 기둥의 기본은 세 개이지만 처음부터 세 개 모두를 채우기 힘들다면 하나의 기둥부터 시작해 점차 늘려가도 좋습니다.

출간 기획서 작성을 통해 피드백하기

이제 여러분이 작성한 MTS 시스템 구조도의 구성을 점검할 차례입니다. 피드백은 크게 두 가지 형태로 진행하면 좋습니다. 하나는 출간 기획서 작성을 통한 피드백, 다른 하나는 직접 말로 설명해보는 피드백입니다.

먼저 출간 기획서 작성을 통한 피드백을 해보겠습니다. 이어지는 출간 기획서는 여러분이 지금 읽는 《업의 그릇》의 출간 기획서 중 주요 항목의 내용입니다. 여러분은 이전 SECTION에서 나만의 출간 기획서 작성 미션을 모두 수행했습니다. 이번에는 MTS 시스템 구조도를 바탕에 두고 필자의 출간 기획서를 참고삼아 나만의 출간 기획서를 다시 써보길 바랍니다. 앞에서 썼던 기획서를 수정하는 것이 아니라 비교를 위해 새 파일에 새로운 마음으로 써보길 바랍니다.

출간 기획서

제목(가제)	업의 그릇
기획 의도	우리나라는 고령 사회로 접어들었습니다. 100세 시대인 요즘 우리의 직업 환경은 어떻게 변화하고 있을까요? 평균 50세에 은퇴, 명예퇴직을 하고 있는 실정입니다. 그렇다면 회사 밖에서 남은 40~50년을 나의 퇴직금, 연금만으로 풍요롭게 살 수 있을까요? 이제 회사 밖에서도 통하는, 돈으로 바꿀 수 있는 나만의 '기술'을 만들어야 하는 시대가 왔습니다. 실제 우리보다 10년 먼저 인구 고령화, 노령화를 경험한 일본은 1인 기업, 즉 퍼스널 브랜딩과 관련한 다양한 도서, 강연들이 큰 인기를 누리고 있습니다. 그래서 우리나라에 출간된 1인 기업 관련 도서들은 일본인 저자의 번역서인 경우가 많습니다.

기획 의도	번역서들은 우리나라 상황에 조금은 어울리지 않은 내용들이 보여 아쉬움이 있습니다. 나아가 우리나라 저자들이 집필한 1인 기업 책들은 1인 기업을 왜 만들어 나가야 하는지에 대한 원론적인 부분들을 주로 이야기해 아쉬움이 있습니다. 퍼스널 브랜딩을 준비하는 사람, 현재 1인 기업을 운영하는 사람은 어떻게 자기의 브랜드를 알리고, 나아가 자기만의 브랜드를 통해 어떻게 안정적인 수익 구조를 만들 수 있는지에 대한 실제 경험에서 나온 노하우를 알고 싶어 합니다. 이런 사람들의 상황을 고려해 퍼스널 브랜딩을 구축하기 위한 근본적인 방법을 먼저 구성합니다. 이후 50% 이상의 내용을 블로그 등 SNS 채널 운영, PDF 전자책 출간, 강의 기획 등을 통해 퍼스널 브랜딩을 구축한 후 나아가 수익화까지 하는 법을 안내하는 책, 즉 퍼스널 브랜딩의 이론과 실전을 모두 갖춘 책을 집필하고 싶습니다.
콘셉트	기존 출간된 퍼스널 브랜딩 책들은 이론서 느낌이 강하지만 제가 집필하는 책은 이론서와 실전서가 더해진 책입니다. 퍼스널 브랜딩에 필요한 마인드셋을 갖춘 후 퍼스널 브랜딩을 구축하고 수익화를 얻기 위한 실용적인 방법도 안내하는 내용을 담을 예정입니다.
저자 소개	《네이버 블로그로 돈 벌기》 저자이자 퇴사 없이 직장을 다니며 나만의 업을 만들어 회사에서 받는 급여 외 다양한 제2, 제3의 월급을 받고 있습니다. 첫 번째 책의 콘셉트인 네이버 블로그를 통한 돈 벌기에서 업그레이드하여 '나'를 하나의 브랜드로 만들어 1인 기업가로서, 새로운 영역으로 확장하여 나아가고 있습니다.
대상 독자	독자층은 다양한 연령대가 될 수 있지만 그중에서도 4050의 퇴사를 앞둔 직장인과 경력 단절 주부들이 되겠습니다. 현재 회사에 재직 중인 4050들이 코로나19 이후 직면한 위기 속에서도 회사 밖에서 통하는 경쟁력을 갖추지 못하고 있음에 답답함을 토로하고 있으며 그에 대한 다양한 조언과 정보를 원하고 있습니다.

▲ 필자의 《업의 그릇》 출간 기획서 중 주요 항목 내용

　　필자의 기획서를 참고해 출간 기획서를 다시 써봤나요? 앞선 SECTION에서 쓴 것과 다시 쓴 것의 차이를 확연하게 느낄 것입니다. 메시지와 타깃 그리고 전달하고자 하는 나의 가치가 명확해지면서 퀄리티와 디테일이 달라진 것을 느낄 수 있을 것입니다. 내가 기존에 알고 있던 것과 현재 유효한 것을 구조적으로 비교하고, 새로운 지식을 분해한 후 재구축하면서 우리는 배우고 성장합니다. 이렇게 얻어진 정보와 지식은 온전히 여러분의 것으로 체화될 것입니다.

말로 설명해보며 피드백하기

두 번째로 진행할 피드백은 MTS 시스템 구조도를 대화하듯 설명해보는 것입니다. 그냥 말로 해도 좋지만, 스마트폰으로 말하는 것을 촬영하고 재생해보며 하는 셀프 피드백 또는 친구나 가족들 앞에서 5분 설명회를 열어보면 더욱 효과적입니다.

구조화해 적은 내용을 말로 풀어 설명했을 때 설명이 막히는 부분, 유기적인 연결이 자연스럽지 않은 부분이 있다면 보완이 필요하다는 뜻입니다. 우선 너무 디테일하게 접근하는 것보다는 필자의 '인풋, 자기 관리, 아웃풋'처럼 대분류 카테고리로만 연결고리를 만들어도 충분합니다.

끝으로 MTS 시스템 구조도 구축 사례를 추가로 소개하겠습니다. 해당 내용은 '아빠의 돈 공부'라는 메시지로, 직장인이지만 연차를 내서 공공기관 출강, 책 출간도 준비 중인 필자의 실제 수강생 사례입니다. 여러분이 작성한 MTS 시스템 구조도와 비교해보며 자신의 MTS 시스템 구조도를 추가로 점검해보길 바랍니다.

- 메시지(Message) ┃ 하루 한 잔 커피값의 소액 투자로 시작하는 직장인 아빠의 돈 공부
- 대상(Target) ┃ 40~50대 퇴사가 두려운 직장인 남성
- 콘텐츠 주제(Subject) ┃ ① 자산 파악 기술 및 미래를 위한 경제적 지식 공부를 블로그에 기록

　② 관련 분야 독서, 시간 관리, 신문 스크랩, 용어 정리 등 목표를 이루기 위한 자기 계발

　③ 실제 나의 N잡 파이프라인 구축 실천 사례 및 해외 주식 등의 실행 방법 제시

정보의 홍수 시대에 살고 있는 우리에게 기존에 있던 정보를 내 방식대로 조합하는 능력은 실력이자 경쟁력이 됩니다. 필자는 이것을 카드의 조합이라고 부릅니다. 한 장의 카드만으로는 절대 차별화 전략을 구사할 수 없습니다. 카드는 여러 장일수록 좋습니다.

명확한 메시지와 타깃이 정해지면 삶에서 얻은 경험을 내 데이터베이스와 연결할

수 있는 스토리가 풍부한 사람이 타인의 마음을 움직이는 콘텐츠를 만들 수 있습니다.

MTS 시스템 확장의 기술

　MTS 시스템을 확장하는 방법까지 알아보겠습니다. 앞서 필자는 MTS 시스템 구조도를 통해 30~50의 직장인, 주부, 퇴사 혹은 퇴직을 앞둔 타깃에게 전달할 수 있는 나만의 '업'을 만드는 데 도움을 준다는 Message를 만들었고, 그 하위 Subject로 '인풋, 자기 관리, 아웃풋'이라는 주제를 설정했습니다. 지금부터 이 세 개의 메인 주제를 각각 하나의 서랍으로 정의하고 그 서랍을 열었을 때 잘 정리된 클리어 파일이 들어있다고 생각해보겠습니다.

　먼저 '인풋'이라는 서랍장을 열면 1번 독서 폴더, 2번 글쓰기 폴더, 3번 VOD 클래스 폴더가 정리되어 있을 것입니다. 2번 서랍, 3번 서랍을 열면 마찬가지로 주제에 맞는 폴더가 정리되어 있을 것입니다. 하나의 서랍 안에 들어가는 폴더는 주제에 따라 또는 개인의 관심에 따라 한 개부터 열 개까지 다양한 확장이 가능합니다.

　하지만 기본적으로 처음 MTS 시스템 구조도를 구축할 때는 각 서랍에 세 개의 폴더가 구성되는 3×3 지식 구조화를 추천합니다. 지식 콘텐츠의 기본이 되는 3×3 구조를 만들 수 있다면 추후 이것을 확장하고 변형하기는 수월할 것입니다.

구분	서랍1	서랍2	서랍3
	인풋	자기 관리	아웃풋
폴더1	독서	시간 관리	블로그, 인스타그램, 유튜브 운영
폴더2	글쓰기	목표 관리	브런치스토리 작가, PDF 전자책 출간
폴더3	VOD 클래스	계획 관리	지식 창업, N잡

▲ 3×3 지식 구조화 예시

이런 뼈대가 잡혀야 독서 중인 책, 배우고 있는 강의, 소비한 콘텐츠에서 수집한 유용한 정보를 어디에 정리해야 할지 결정할 수 있습니다.

독서 노트는 폴더별로 작성하자

자기 계발을 위해 읽은 책 내용을 정리해 기록하는 독서 노트는 보통 하나의 독서 노트에 기록합니다. 하지만 특정 주제로 콘텐츠를 제작하기 위한 자료를 찾기 위해 독서 노트를 펼치는 시점에서는 과거의 기록이 현재 필요한 주제의 관점으로 필기된 것이 아니기 때문에 열심히 읽고 적었던 내용도 콘텐츠로 만들 때 활용하기 어려워 무용지물이 됩니다.

이때 여러분이 만든 세 개의 서랍마다 독서 노트가 있다면, 나아가 각 폴더에 각각 다른 아홉 개의 독서 노트가 있다면 어떤 변화가 생길까요? 만약 시간 관리를 주제로 한 책에서 장기적 관점의 목표 관리 내용이라는 내용 A와 새벽에 하는 독서 효과와 몰입이라는 내용 B가 인상적이어서 밑줄을 긋고 노트에 옮겨 적었다고 가정해보겠습니다.

하나의 독서 노트에는 각각의 내용 요약과 여러분의 생각을 순차적으로 적었을 것입니다. 하지만 서랍마다, 폴더별로 다른 독서 노트를 가지고 있다면 같은 책이라도 장기 목표 관리에 관한 폴더에는 내용 A를, 독서의 효과와 효용에 관한 폴더에는 내용 B를 따로 분리할 수 있습니다. 시간 관리에 대한 한 권의 책을 읽더라도 그 안에서 내가 뽑아낼 수 있는 정보를 더욱 세분화할 수 있다는 사실입니다.

여기에 다른 책을 읽으면서 각 폴더에 내용을 계속 쌓습니다. 하나의 주제를 가진 책도 다양한 관점에서 바라본다면, 서로 다른 주제를 가진 책의 내용들이 서로 연결되면서 지식과 내공이 깊어지는 효과를 얻을 수 있게 될 것입니다.

여러분이 책을 읽으며 밑줄 그은 좋은 내용은 물론 열심히 보고, 듣고, 배우는 강의나 콘텐츠도 이렇게 분류해야 합니다. 책, 강의, 콘텐츠의 핵심 내용이 몇 번 서랍,

몇 번 폴더에 정리해야 할 내용인지 판단하기 위해서는 MTS 시스템을 통한 3×3 지식 구조화 만들기가 선행되어야 합니다. 서랍과 폴더의 개수, 분류의 세밀함이 여러분이 만들 업의 그릇이 가질 크기와 깊이로 연결되는 것입니다.

복잡한 내용도 스냅샷으로 정리하자

서랍과 폴더의 개념을 완벽히 이해했다면 이제 그 안에 어떻게 내용을 채워야 할지 알아보겠습니다. 여러분이 폴더를 열었을 때 그 안에는 내용이 잘 정리되어 있어야 합니다. 필자의 경우 각 서랍에 해당하는 실제 폴더가 존재하고 그 안에 각종 메모와 필기 자료를 수집하고 있습니다. 여기에는 필자가 읽은 책의 내용도 글로 정리돼 있습니다. 경우에 따라서 복잡한 내용은 한 장의 그림으로 그려 정리하기도 합니다. 필자는 이것을 '스냅샷'이라고 부릅니다.

여러분도 스마트폰, PC로 뉴스 기사를 보거나, 강의 영상을 시청하다가 나중에 언제든 꺼내 다시 보기 위해서 스크린샷 기능으로 이미지를 저장한 경험이 있을 것입니다. 이런 스크린샷을 촬영하는 작업은 스마트폰, PC뿐만 아니라 생활 곳곳에 적용해야 합니다.

우리는 이미 어려서부터 독후감과 같은 과제로 긴 이야기를 압축하는 스냅샷 연습을 꾸준히 해왔습니다. 단군신화에서 곰과 호랑이가 동굴 안에서 쑥을 먹던 설화를 가지고 아이들에게 끈기에 대한 중요성을 3분 이내로 이야기할 수 있는지 물어본다면 대부분 그렇다고 대답할 수 있을 것입니다. 하지만 안타깝게도 현실에서는 이 압축과 요약의 스냅샷 기술을 잘 사용하지 못합니다.

스냅샷 만들기가 어렵게 느껴지는 이유는 지식의 구조화가 되어있지 않기 때문입니다. 지금 읽고 있는 책의 문장이 너무 좋아서 밑줄을 긋고 메모나 필사를 하고, 나아가 블로그나 인스타그램에 리뷰를 남기면서 감상과 생각을 함께 정리를 하기도 합니다. 하지만 거기서 끝나는 경우가 많습니다.

많은 자기 계발서나 성공한 사람들의 강연을 읽고 들어보면 독서의 중요성을 엄청나게 강조하면서 감명 깊게 읽었던 내용을 삶에 꼭 적용하라고 말합니다. 하지만 밑줄을 긋고 감상평을 적는 것만으로 삶에 적용하기는 매우 어렵습니다. 좋은 문장, 명언, 강의에서 배운 내용을 여러분의 지식 구조에 담고 필요할 때 이것을 꺼내 활용할 수 있어야 합니다.

책에 밑줄을 긋고 메모하는 방식은 내용을 복기하려면 책을 다시 읽어야 합니다. 자고 일어나면 해당 분야의 새로운 책, 각종 커뮤니티에서 추천하는 필독서 리스트가 쏟아지는 상황에서 해당 책을 다시 읽는 것은 여간 어려운 일이 아닙니다. 또 마지막에 서평을 쓰는 작업은 당장의 감상이나 불현듯 떠오르는 아이디어가 휘발되기 쉽습니다.

따라서 밑줄을 긋고 내 생각은 무엇인지 적어보고 끝내는 것이 아닌 내가 이해한 방식대로 그림을 그려 나만의 '스냅샷'을 만들어보는 것입니다. 그 옆에는 텍스트로 책에 나온 내용을 내 업에 어떻게 적용할 수 있고, 내 타깃에게 어떤 방식으로 도움을 줄 수 있을지도 같이 적습니다. 아래 그림은 필자가 한 권의 책을 읽고 정리한 내용입니다. 단순히 책을 읽고 밑줄을 그은 후 메모하는 것보다 이렇게 종이에 적어 정리하는 것이 좋은 방법입니다.

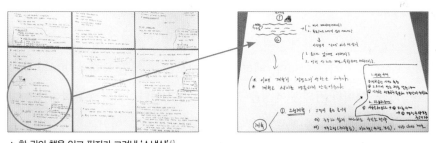

▲ 한 권의 책을 읽고 필자가 그려낸 '스냅샷'[4]

---

[4] 그림 내용은 강의 반대편에서 강을 건너고자 하는(내 서비스를 구매할) 고객이 세찬 물살(환경)로 인해 건너지 못하는 상황이라면 내가 징검다리(위험 회피)를 놓아주어야 한다는 이야기입니다. 이때 단순히 그림과 메모로 끝날 것이 아니라 세찬 물살에 해당하는 환경은 어떤 것이고, 징검다리에 해당하는 대안은 무엇인지 같이 적었습니다. 이렇게 적은 내용은 마케팅, 브랜딩 폴더에 담아 폭넓게 활용하고 있습니다.

따라서 책 한 권을 읽고 나서 그때그때 밑줄을 긋고, 메모를 붙인 뒤 마지막에 서평을 정리하는 것 외에도 앞서 본 그림처럼 중요한 내용은 그때그때 '스냅샷'으로 정리해 내 지식의 폴더에 넣어야 합니다.

소소한 팁도 있습니다. 만약 한 장의 그림으로 정리하기 힘든 내용이라면 책을 읽던 당시 공간에 대한 정보나 그날의 기분, 글을 읽고 들었던 감정을 조금 세밀하게 적어둡니다. 그럼 그 내용을 다시 읽을 때 그날의 장소, 분위기, 감정이 새록새록 떠오르며 한 장의 이미지로 기억에 남게 됩니다. 여행을 가서 찍은 사진만 보아도 여행지의 분위기, 냄새, 소리 등이 떠오르는 것처럼 자기 계발에도 오감을 활용한 연상 작용을 접목하는 것입니다.

처음 몇 번은 스냅샷과 지식 폴더 간의 매칭이 어렵고 힘들겠지만 의도적으로 반복해 작업한다면 내용을 읽음과 동시에 머릿속에 계획이 그려지는 즐거운 경험을 하게 될 것입니다. 필자가 연상 작용을 활용하듯 여러분이 맞는 방식을 개발해도 좋습니다. 다시 강조하자면 이런 스냅샷 작업이 가능하기 위해서는 MTS 시스템 구조도를 만들고 3×3 지식 구조의 뼈대가 탄탄해야 합니다.

정리한 데이터를 범주화하는 메타언어 기술

여러분이 지식을 담는 서랍을 만들고 그 안에 폴더별로 제목을 붙이는 작업을 메타언어(Metalanguage)라고 합니다. 메타언어는 대상을 한 차원 높게 설명하는 추상적 개념어입니다. 데이터 간의 관계성을 엮어내는 것이 메타언어의 중요한 기능이자 역할입니다. 방대한 데이터를 빠르게 분류하는 능력만으로도 여러분은 경쟁자들을 압도할 무기를 하나 가지게 됩니다.

메타언어라고 하면 뭔가 어렵게 느껴지지만 간단한 연상 작용을 떠올려보면 됩니다. 이어지는 제시어 A, B에 주어진 각각 다섯 개의 단어를 보고 이것들을 묶어줄 수 있는 상위 개념의 키워드가 무엇인지 생각해보겠습니다.

제시어 A 가을, 강강술래, 씨름, 보름달, 송편

제시어 B 사탕, 유령, 코스튬(분장), 호박, 축제

제시어 A에 대한 메타언어 키워드는 '추석', 제시어 B에 대한 메타언어 키워드는 '핼러윈'을 떠올릴 수 있을 것입니다. 우리는 이미 메타언어를 추론하고, 맥락상 묶는 능력을 갖추고 있습니다.

SNS 채널에서 메타언어가 어떻게 활용되고 있는지 알아보겠습니다. 우리가 블로그 포스팅을 발행하거나 인스타그램 피드를 발행할 때 붙이는 해시태그도 일종의 메타언어라고 생각하면 조금 더 접근이 쉬워집니다. 내가 발행한 포스팅과 피드가 어떤 영역에 해당하는지 분류하고 묶어주는 것이 태그의 역할입니다. 결국 태그를 잘 부착해야 내가 발행한 콘텐츠에 사람들이 많이 찾아와 트래픽이 증가하기 때문에 이러한 태그를 부착하는 능력, 즉 메타언어 능력이 중요한 핵심 스킬이라는 사실을 기억해야 합니다.

정보의 홍수 속에서는 수집하는 정보도 많아집니다. 여기에 메타언어를 적용하고, 정리하는 능력이 뛰어난 사람은 더 많은 정보를 자기 것으로 만들 수 있습니다. 처음에는 어렵던 메타언어 작업도 계속해서 분류하다 보면 익숙해지고, 분류하는 능력도 업그레이드됩니다. 지금 읽고, 쓰고, 보고, 듣는 정보를 어떻게 분류할지, 여러분의 지식 구조에서 몇 번 서랍, 몇 번 폴더에 넣을지 계획하고 결정하는 과정이 발전하는 것입니다.

각각의 폴더에 포함된 데이터의 관계를 만들어야 메타언어를 진정 활용하는 것입니다. 이런 메타언어 조합 덕분에 타인이 생각해내지 못한 생각을 할 수도 있습니다. 필자 역시 이러한 전략적 기술을 통해 다양한 분야에 관한 강의를 하고, 블로그 수익화, 퍼스널 브랜딩, Web 3.0과 메타버스 등 서로 다른 주제의 도서를 출간 및 출간 계획 중입니다.

필자에겐 19개의 서랍장과 그 안에 속한 약 60개의 폴더가 있습니다. 하지만 자주 들여다보고 활용하는 폴더는 20~30개 정도입니다. 나머지 폴더는 관련 분야의 독서 또는 강의를 들으며 자료를 수집하는 용도로 사용 중입니다. 이런 폴더도 언젠가 자주 활용하는 폴더로 만들기 위해 부단히 노력하고 있습니다.

이렇게 다양한 분야에서 데이터를 축적하다 보면 구조화된 메타언어가 머릿속에 정리됩니다. 이를 통해 텍스트, 이미지, 영상 등 어떤 콘텐츠들을 보고, 듣고, 읽더라도 순간적으로 관련된 메타언어로 연결이 되는 놀라운 경험을 할 수 있습니다.

중요한 것은 흥미를 잃지 않는 것

여기까지 읽었다면 MTS 시스템을 활용해 지식을 구조화하며 메타언어로 정보를 분류하기 위해 여러 개의 서랍과 폴더를 만들고 정보를 꽉꽉 채우겠다는 열정이 넘쳐 날 것입니다. 그러나 하나의 서랍을 제대로 만들기도 어려울 수 있습니다. 하지만 조급할 필요는 없습니다.

초반 세팅이 어려운 것은 당연합니다. 일단 만들고 수정 과정을 거치며 필요한 것은 추가하고, 중복되는 것은 합치며 완성도 높은 구조화를 이룰 것입니다.

나중에 추가하겠다는 생각으로 당장 하나의 서랍, 한두 개의 폴더를 만드는 것은 효과가 없습니다. 서랍과 폴더가 풍부해야 당장 읽고 보는 콘텐츠를 효과적으로 담을 수 있고 서로 조합되면서 새로운 이야기가 나올 수 있습니다.

하지만 무작정 늘릴 것은 또 아닙니다. 나에게 정말 필요하고 흥미로운, 또는 궁금해하는 것을 재미있게 쌓아야 합니다. 억지로 쌓은 데이터베이스와 내가 정말 전하고자 하는 메시지에 부합하는 데이터베이스는 질적으로 엄청난 차이가 있습니다. 폴더화가 중요하다고 하니 폴더 여러 개를 억지로 만들어 억지로 쌓은 데이터베이스는 분명 한계가 존재합니다.

필자도 처음에는 정보 이것저것을 지식 구조화에 쏟아부었지만 결국 오래가지 못하고 필요한 것만 다시 정리하느라 고생한 경험이 있습니다. 좋아서 쌓은 주제의 데이터베이스는 나중에 보면 질적인 차이가 크다는 사실을 몸소 경험했습니다. 좋아서 자료를 쌓은 폴더는 계속 공부하면서 다른 폴더와 합쳐지고, 세분되는 과정을 반복하며 견고해집니다.

재미있는 주제나 카테고리에 열정을 쏟으면 시간 가는 줄도 모르고 즐겁게 공부하게 되고 실력도 함께 성장합니다. 실력이 늘어나면 공부는 더 재미있어집니다. 해당 분야를 처음 시작한 왕초보도 단시간 내로 75%의 왕초보에서 20%의 중수로의 포지셔닝이 가능해지는 것입니다.

지금까지 이해한 이 개념을 내 것으로 만들어야 합니다. 하루아침에 만들어지지는 않겠지만 3개월, 6개월이면 누구나 자연스럽게 적용할 수 있게 될 테니 걱정하지 않아도 됩니다. 이런 시스템이 구축되면 세상의 모든 콘텐츠를 바라보는 관점이 달라집니다. 길을 가다 우연히 보는 광고 문구, 라디오에서 흘러나오는 DJ의 말에서도 나의 아이디어와 나의 서랍과 폴더가 떠오르게 되는 놀라운 경험을 하게 될 것입니다.

영상 강의 QR | 업의 그릇을 넓히는 **특별 강의**

▶ 김동석 저자의 특강

CHAPTER 01~02에서 살펴본 주요 내용과 책에 다 담지 못한 심화 내용을 특별 강의로 제공합니다. 특별한 영상 강의로 책에서 살펴본 내용을 더욱 완벽하게 익힐 수 있습니다.

◀ 1강

◀ 2강

◀ 3강

MTS 시스템 구조도
실제 구축 사례

여러분은 이번 SECTION에서 퍼스널 브랜딩의 핵심이 되어줄 MTS 시스템 구조도를 구축해봤습니다. 이제 막 MTS 시스템 구조도를 구축했다면 이 구조도가 나만의 업의 그릇을 어떻게 넓고 깊게 만들어줄 수 있는지 궁금할 것입니다. 지금부터 필자가 코칭한 실제 수강생이 직접 전하는 MTS 시스템 구조도 구축 사례를 바탕으로, 잘 만든 MTS 시스템 구조도가 나의 업을 어떻게 확장해주는지 알아보겠습니다.

'아는디자이너' 김세진의 MTS 시스템 구조도

안녕하세요? '아는디자이너' 김세진입니다. 2007년 첫째 아이가 태어나자 그동안 해오던 제 블로그는 자연스럽게 '육아 블로그'가 됐습니다. 아이가 자라는 성장 과정과 육아맘들과 나누고 싶은 이야기를 쓰게 됐죠. 그러다 아이가 초등학생이 되고 나니, 이른바 저에게도 '블태기'(블로그+권태기)가 찾아오게 됐습니다. 제가 운영하던 블로그에서 '육아'의 정체성이 약해져 버렸죠. 블태기를 겪으면서도 블로그에 도서 리뷰를 소소하게 올리기도 했지만 이게 저의 퍼스널 브랜딩이 될 수는 없었습니다.

그러다 보니 블로그를 더욱 전문적으로 공부하고 싶은 마음이 들었습니다. 그러던 중에 만난 분이 바로 김동석 저자님이었고, 김동석 저자님의 코칭에 따라 나의 MTS 시스템 구조도를 그려보게 됐습니다.

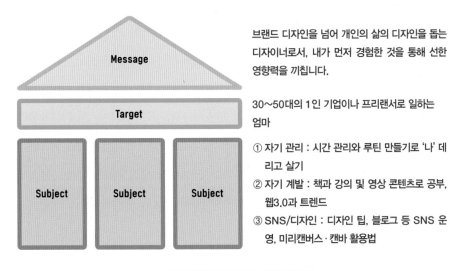

Message

브랜드 디자인을 넘어 개인의 삶의 디자인을 돕는 디자이너로서, 내가 먼저 경험한 것을 통해 선한 영향력을 끼칩니다.

Target

30~50대의 1인 기업이나 프리랜서로 일하는 엄마

Subject **Subject** **Subject**

① 자기 관리 : 시간 관리와 루틴 만들기로 '나' 데리고 살기
② 자기 계발 : 책과 강의 및 영상 콘텐츠로 공부, 웹3.0과 트렌드
③ SNS/디자인 : 디자인 팁, 블로그 등 SNS 운영, 미리캔버스·캔바 활용법

▲ 블로그 운영을 위한 MTS 시스템 구조도

20년 넘게 디자이너로 살아왔지만, 운영했던 블로그에 나의 업과 관련된 글은 하나도 없었습니다. 그래서 관심 분야인 '자기 관리'와 '자기 계발'은 따로 분리하고 나의 업과 관련된 'SNS/디자인'을 추가해서 조금 더 나의 업에 뚜렷한 색이 띄도록 정리했습니다.

MTS 시스템 구조도는 한 번 그리고 끝나는 게 아니라 계속 수정하며 업그레이드해야 한다는 김동석 저자님의 조언을 따라 계속 나의 업을 고민하며 수정했습니다. 처음 MTS 시스템 구조도를 그릴 때만 해도 '엄마'라는 업이 '디자이너'

라는 업보다 크게 영향을 주고 있었습니다. 육아 블로거였기 때문에 엄마라는 타이틀을 버리면 안 될 것 같았습니다. 더욱이 오랜 시간 동안 한 회사에서 디자이너로 살았지만, 나의 본업을 제대로 인식하지 못하기도 했습니다. 이렇게 상황을 파악하고 문제점을 깨달아가면서 하나씩 바꾸어나가기 시작했습니다. 코로나19로 자신을 돌아보고 나의 업에 대해서도 다시 점검해야 하는 시기에 MTS 시스템 구조도를 통해 더 깊은 나를 찾아갈 수 있었습니다.

단순히 내가 운영하는 블로그의 방향성을 정하기 위해 시작했는데 생각지 못한 큰 선물을 받은 기분이었습니다. 메시지(Message), 대상(Target), 콘텐츠 주제(Subject) 세 개가 명확해질수록 나의 퍼스널 브랜딩 기준이 명확해진 것입니다. MTS 시스템 구조도는 블로그 운영뿐만 아니라 퍼스널 브랜딩을 구축하는 데도 매우 큰 도움이 됐습니다. 나아가 다른 관심사가 생길 때마다 MTS 시스템 구조도를 기준으로 집중해야 할 것을 분석하게 되니 정말 좋았습니다.

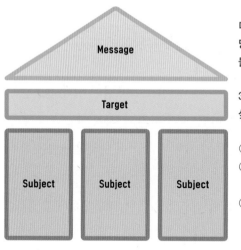

대체 불가능한 작은 브랜딩. SNS로 퍼스널 브랜딩을 만들고 디자인을 통해 자신을 더 빛나게 만들기

30~50대 중 SNS를 통해 자신을 브랜딩하고 싶은 사람들

① SNS : 네이버 블로그·인스타그램·유튜브 운영
② 디자인 툴 : 미리캔버스·캔바 디자인 팁 추천, 디자인 앱 추천
③ 퍼스널 브랜딩 : 브랜딩 북클럽, 책 리뷰, 칼럼, 인사이트

▲ 아는디자이너의 MTS 시스템 구조도

지금은 블로그 운영을 위한 MTS 시스템 구조도가 아니라 나만의 브랜드인 아는디자이너의 MTS 시스템 구조도가 됐습니다. 메시지(Message)도 더 뾰족하게 다듬어졌고, 방향도 나의 업과 맞는 대상(Target)으로 명확하게 바뀌었습니다. 폭이 넓었던 주제도 SNS 디자인을 알려주는 디자이너라는 콘셉트에 맞게 구체적으로 업그레이드됐습니다. 이렇게 되니 '퍼스널 브랜딩을 위한 SNS 디자인'을 알려주는 디자이너라는 나의 색깔에 집중할 수 있었습니다.

지금 '아는디자이너의 MTS 시스템 구조도'는 블로그뿐만 아니라 인스타그램을 운영할 때도 기준이 되고, 나아가 아는디자이너로 활동하는 모든 강의와 챌린지의 기준이 되고 있습니다. 나만의 퍼스널 브랜딩이 완전히 자리 잡힐 때까지 이 MTS 시스템 구조도가 내비게이션이 되어주리라 생각합니다. 만약 제가 MTS 시스템 구조도를 그려보고 업데이트하는 시간을 보내지 않았다면, 여전히 육아 블로그에서 추억을 곱씹으며 나의 업과 관련된 퍼스널 브랜딩과는 먼 길을 가고 있었을 것입니다.

퍼스널 브랜딩 구축의 내비게이션이 될 MTS 시스템 구조도

필자가 코칭한 수강생의 MTS 시스템 구조도 실제 구축 사례를 잘 살펴봤나요? 실제 구축 사례를 통해 MTS 시스템 구조도가 가진 힘을 체감했으리라 생각합니다.

김세진 수강생은 MTS 시스템 구조도를 구축하기 전에는 뚜렷한 목적이나 방향성 없이 블로그를 운영했지만, MTS 시스템 구조도를 구축하고 난 뒤에는 블로그 운영을 넘어 '아는디자이너'라는 퍼스널 브랜딩을 성공적으로 구축해나가고 있습니다.

김세진 수강생이 남긴 "나만의 퍼스널 브랜딩이 완전히 자리 잡힐 때까지 이 MTS 시스템 구조도가 내비게이션이 되어주리라 생각"한다는 말이 인상적입니다. 여러분도 MTS 시스템 구조도를 탄탄하게 구축하고, 계속해서 업그레이드해나간다면 나만의 퍼스널 브랜딩을 탄탄하게 구축할 수 있습니다. 이번 CHAPTER를 읽으며 필자의 안내에 따라 적어본 MTS 시스템 구조도에 만족하지 말고, 앞으로 계속해서 MTS 시스템 구조도를 업그레이드하며 꼭 나만의 업의 그릇을 만들어나가길 바랍니다.

CHAPTER 03

업의 그릇을 만드는 승자의 공식 ② : 6가지 관점학습법

SECTION 01

인생을 바꿀 6가지 관점

창조를 위한 기본기 : 관점

MTS 시스템 구조도와 3×3 지식 구조화의 뼈대를 만들었다면 이제 그 안을 실속 있게 채울 차례입니다. 이번 SECTION에서는 우리의 인생을 바꿔, 우리의 업의 그릇을 실속 있게 채워줄 6가지 관점에 대해 알아보겠습니다.

필자는 '관점'이라는 단어가 지닌 의미를 참 좋아합니다. 관점(觀點, Viewpoint)의 사전적 의미는 '사물이나 현상을 관찰할 때, 그 사람이 보고 생각하는 태도나 방향 또는 처지'를 의미합니다. 관점의 의미를 현실적으로 표현하자면 '내 생각이나 메시지의 방향이나 구조를 바꾸어 무엇인가 새롭게 이해하고 창조하기 위한 기본기'가 된다고 할 수 있습니다.

관점의 중요성

나만의 업을 만드는 과정에서 관점이 중요한 이유는 '다름'에 해답이 있습니다. 창의적이거나 새로운 것을 만들어내는 과정은 지금까지 없었던 또 다른 관점을 찾는 것이라고도 볼 수 있습니다. 모든 사람이 모두 똑같은 관점을 가지고 세상을 바라본다면 누구나 똑같은 답을 내릴 것입니다. 남들과 똑같은 관점으로 세상을 바라보면 새로운 기회도 없는 것입니다. 유니크한 콘텐츠로 먹고사는 1인 기업가로 살아남기 위해서는 다양한 영역에서 나만의 '관점'이 필요합니다. 필자는 이런 관점을 6가지로 나누어 학습했습니다.

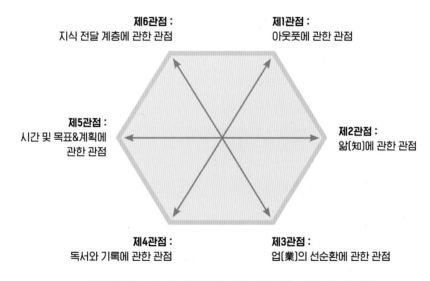

제6관점 :
지식 전달 계층에 관한 관점

제1관점 :
아웃풋에 관한 관점

제5관점 :
시간 및 목표&계획에
관한 관점

제2관점 :
앎(知)에 관한 관점

제4관점 :
독서와 기록에 관한 관점

제3관점 :
업(業)의 선순환에 관한 관점

▲ 나만의 업을 만들고 오늘의 나를 뛰어넘는 무한 성장을 하는 사람들의 6가지 관점

필자는 체육교육학을 전공한 지극히 평범한 직장인이었습니다. 평범했던 필자가 네이버 블로그로 시작해 지금은 퍼스널 브랜딩, 어린이 놀이 발달, 부모 교육, Web3.0, 메타버스, 시간 관리, 글쓰기 등 다양한 영역에서 강의를 하고 책을 출간할 수 있었던 이유는 '6가지 관점학습 도식'을 통해 전략적으로 명확한 계획을 수립하고 실행한 덕

분입니다.

6은 육하원칙에 적용되는 숫자이며 또 자기 자신을 제외한 약수의 합(1+2+3=6)이 자기 자신이 되는 완전수이기도 합니다. 필자는 딱 6개의 관점을 정해보기로 했습니다. 이 관점들은 서로 영향을 끼치고 유기적으로 연결되며 평범한 여러분을 성공하는 개인, 무한 성장하는 사람으로 만드는 데 기여할 것입니다. 이번 CHAPTER에서는 여러분께 6가지 관점의 DNA를 이식하겠습니다. 이 6가지 관점을 알기 전과 후의 생각과 태도는 180도 달라질 것이라 확신합니다.

인생을 바꿀 6가지 관점은 CHAPTER 04~05에서 본격적으로 배울 퍼스널 브랜딩을 구축하고 수익을 올리기 위해 흔들리지 않는 기초 뼈대를 만드는 과정입니다. 앞선 CHAPTER와 마찬가지로 직접 써봐야 하는 부분에서는 잠시 읽기를 멈추고 함께 써보며 차근차근 따라오길 바랍니다. 모든 미션을 같이 수행하고 나면 꿈에 그리던 퍼스널 브랜딩 구축과 더불어 수익화라는 두 마리 토끼를 잡을 수 있는 뼈대를 만들 수 있을 것입니다.

제1관점 :
아웃풋에 관한 관점

인풋과 아웃풋의 우선순위

인풋과 아웃풋 중 무엇이 더 우선일까요? 필자가 강의 현장에서 똑같은 질문을 던지면 99% 수강생은 인풋이라고 대답합니다. 물론 일상에서는 그럴 수 있지만 나만의 업을 만드는 사람에게 우선순위는 인풋이 아닌 아웃풋이 되어야 합니다.

글쓰기를 잘하고 싶은 사람에게 아웃풋이 아닌 인풋이 먼저라면 글쓰기와 관련한 강의를 듣고, 책을 읽거나, 관련 콘텐츠를 우선 소비할 것입니다. 이 모든 것이 인풋의 과정입니다. 그리고 나서야 얻은 지식을 통해 어떤 아웃풋을 만들까 고민하는 게 일반적인 과정입니다.

현장 강의나 코칭에서 만난 수강생과 대화를 해보면 정말 열심히 인풋을 합니다. 예를 들어 부업으로 돈 벌기, N잡 구축이 목표라고 한다면 블로그 수익화, 쿠팡 파트

너스, 인스타그램 공동 구매, 스마트스토어 구축, 퍼스널 브랜딩, PDF 전자책 출간 등 다양한 강의를 들으며 엄청난 양의 학습을 합니다. 그러면 필자는 이렇게 말합니다. "그럼 지난 한 달간 스마트스토어 수익화 강의를 수강하셨는데 이걸로 2시간짜리 강의를 한번 만들어보시겠어요?" 그럼 한참을 눈만 깜빡이다 "네? 강의요? 제가요? 2시간이요?" 하고선 잠시 후 "제가 아직 준비가 안 되어 있어서 조금만 더 준비해야 할 것 같아요." 혹은 "아직 제가 그 정도 수준이 아니라 조금 더 완벽해진 다음에요." 와 같은 대답이 돌아옵니다.

왜 연령도, 성별도, 사회에서의 직업도 다른 수백 명의 사람이 모두 약속이라도 한 듯 똑같은 반응을 보일까 고민한 끝에 필자가 내린 결론은 인풋과 아웃풋의 우선순위 때문이었습니다.

인풋과 아웃풋은 어떤 차이일까

인풋과 아웃풋의 차이를 알아보기 전에 나만의 업을 만드는 과정에서의 인풋과 아웃풋이 어떤 개념인지 먼저 명확히 하고 넘어가겠습니다. 나만의 업을 만드는 과정에서 인풋은 나의 지식, 경험, 노하우가 될 것이고, 아웃풋은 나의 지식, 경험, 노하우를 나만의 '가치'로 전환해 유니크한 '업'으로 만드는 것입니다.

N잡 구축을 위해 스마트스토어 수익화 강의를 수강하기로 했다고 가정해보겠습니다. 그럼 우리에게 아웃풋은 무엇일까요? 대부분은 열심히 수업을 들어 스마트스토어를 개설하고 실제 물건을 판매하는 것을 아웃풋이라고 생각할 것입니다.

하지만 우리는 여기서 한 단계 더 나아가야 합니다. 잘 생각해보면 우리는 이 책을 읽으며 회사 밖에서도 통하는 나만의 업을 만들기 위해 열심히 노력하고 있습니다. 업을 만드는 데 있어 투여되는 지식, 경험, 노하우는 아웃풋이 아닌 인풋에 가깝습니다. 따라서 스마트스토어를 개설하고 판매하면서 얻은 지식과 경험, 노하우는 내 노력이 들어가야 하는 엄연한 인풋입니다.

그렇다면 아웃풋은 어떻게 이해해야 할까요? 내가 인풋을 통해서 얻은 지식과 경험, 노하우가 필요한 사람들에게 '가치'로 전환하여 전달하는 것이 최종적인 아웃풋입니다. 따라서 강의를 수강하기 전 단순히 스마트스토어를 개설하고 얼마를 번다는 목표도 좋지만, '스마트스토어를 개설하고, 판매까지 한 경험을 통해 N잡을 준비하는 40~50대의 수익화를 돕겠다'와 같은 명확한 아웃풋을 목표로 가지고 강의에 임해야 합니다.

이런 아웃풋을 실현하는 데는 여러 가지 방법이 있습니다. 블로그 콘텐츠, 인스타그램 카드 뉴스, 유튜브 영상 콘텐츠 제작, PDF 전자책, 종이책 출간, VOD 클래스나 소규모 세미나 운영, N잡 코칭 등 여러분의 계획에 따라 가능한 것을 실행하면 됩니다.

이런 태도를 취하면 똑같은 스마트스토어 수익화 강의도 다르게 다가올 것입니다. 강의에서 배운 것을 어떻게 내 것으로 소화할 수 있는지에 대한 노하우는 '제2관점 : 앎(知)에 관한 관점'에서 자세한 예시와 함께 설명하겠습니다.

여기까지 읽었다면 "저는 강사가 될 생각이 없어요.", "PDF 전자책, 종이책 출간이요? 저는 글을 잘 못 쓰는데요."와 같은 생각이 들 수 있습니다. 지금 당장 그런 것을 하라는 것이 아닙니다. 하지만 나의 목표가 명확한 사람과 그렇지 않은 사람의 배움에 대한 태도, 이것을 지속하는 끈기에는 분명 큰 차이가 있습니다. 지금 당장 저자나 강사, 코치, 컨설턴트가 되라는 얘기는 아니지만, 최종 목적에 대한 개념은 가지고 있어야 합니다.

무리한 목표라도 명확하게 세우자

누군가 3km 떨어진 목표 지점까지 1시간 이내에 도착하면 10만 원을 준다고 했습니다. 그럼 열심히 걷거나, 가볍게 달려서 대부분 사람이 시간 내에 도착할 것입니다. 너무 쉬운 제안입니다. 하지만 100km 떨어진 목표 지점이라면 대부분 사람이 열심히 달려봐야 절대 도착할 수 없을 것이라고 생각해 금방 포기할 것입니다. 우리의 선택은 어때야 할까요? 달리거나 걸으라는 얘기가 없었다면 최대한 빠르게 도달할 방법, 다른 교통수단을 찾아야 합니다. 우리의 업 만들기도 마찬가지입니다.

쉬운 목표는 열심히 하면 언젠가는 달성할 수 있습니다. 누구나 할 수 있는 목표를 달성하는 것은 경쟁 상황에서는 제자리에 머무는 것과 마찬가지입니다. 가시적인 성과를 내고, 성공하는 사람들은 다른 사람은 무리라고 하는 어려운 목표를 세웁니다. 목표를 세운 이후에는 도달할 방법과 수단을 필사적으로 찾습니다. 명확한 아웃풋을 설정한 후 인풋을 하는 것입니다.

무수히 많은 경쟁자가 참여해 모두가 1시간 안에 3km 거리 목표 지점에 도착해 똑같이 10만 원을 얻는 직장의 월급이라는 목표, 소수의 인원만 도전해 1시간 안에 100km 거리 목표 지점에 도착해 1억 원을 얻는 나만의 업이라는 목표 중 여러분은 어떤 목표에 도전하겠습니까? 선택은 여러분의 결정에 달려있습니다. 다소 무모하고, 무리한 목표를 세워도 목표가 명확하면 기존의 아웃풋이 인풋으로 바뀌고, 더욱 높은 차원의 성공을 향한 아웃풋을 만들어낼 수 있다는 점을 기억했으면 합니다. 변화는 그 순간부터 시작됩니다.

제2관점 :
앎(知)에 관한 관점

진정 아는 것과 안다는 착각

이번 SECTION에서는 제2관점인 '앎(知)에 관한 관점'을 알아보겠습니다. 이 관점을 익히면 보고, 듣고, 읽는 모든 것을 진정한 내 지식, 콘텐츠, 가치로 흡수할 수 있는 방법을 통해 배움에 있어 진정 아는 것과 안다고 착각하는 것을 분별하는 능력을 가지게 될 것입니다.

나만의 업을 만들기 위해 수행하는 보고, 듣고, 읽는 과정을 수동적이고 기계적인 행위로 만들어서는 안 됩니다. 할 수 있는 선에서 최고로 능동적이고 적극적인 활동으로 만들어야 합니다. 이것을 가능하게 하는 것이 바로 질문과 피드백입니다.

사람들이 가장 흔하게 착각하는 것 중 하나가 열심히 책을 읽고, 강의를 듣는 것만으로도 지식이 풍성해지고, 깊이감이 생긴다고 생각하는 것입니다. 하지만 책을 다 읽고, 강의를 완강한 후 얻은 지식을 나의 대상 타깃에게 3분간 설명해보라고 하면 대부분 멈칫하고 망설입니다. 읽고, 듣고, 배웠으니 안다고 착각하는 것입니다. 하지만 타깃에게 내가 배운 것을 설명할 수 없다면 이것은 진정 아는 것이라 할 수 없습니다.

하브루타 학습법

알버트 아인슈타인, 스티븐 스필버그, 하워드 슐츠, 루퍼트 머독, 마크 저커버그, 피터 드러커, 스티브 잡스, 워너 브라더스 등 이름만 들어도 알 수 있는, 자기 분야에서 세계 최고의 성과를 이룬 이 인물들의 공통점은 모두 '유대인'이라는 점입니다. 인구 1,500만 명이라는 적은 숫자에 비해 세계 억만장자 중 약 32%, 노벨 경제학상 수상자 중 42%가 유대인[1]이라는 수치는 보기만 해도 엄청납니다.

이처럼 적은 인구에 비해 많은 유대인이 각 분야에서 세계적인 영향력을 펼치고 있는 가장 큰 이유를 질문하고 토론하는 '하브루타 학습법'에서 찾는 교육 연구자가 많습니다. 하브루타는 짝을 지어 질문하고 대화·토론·논쟁하는 것으로 상대의 이야기를 경청하고, 서로 생각을 나누는 것을 의미합니다.

하브루타는 서로 대화하며 질문과 대답이 이어지고 전문 분야라면 토론으로, 서로 이견이 있다면 논쟁으로도 이어집니다. 어떠한 주제를 새롭게 배우고 그 분야의 75%의 왕초보에서 빠르게 20%의 중수로 오르기 위해서는 하브루타 학습법을 활용해야 합니다. 100분 토론과 같이 하나의 주제를 두고 상반된 의견을 제시하는 논쟁에서 승리하기 위해서는 철저하게 준비해 상대의 논리를 정확하게 파악해야 합니다. 나아가 자신의 주장이 왜 옳은지 치밀하고 전략적인 논리를 세워 상대를 설득해야 합니다. 상대가 허를 찌르는 반문을 할 때 적절한 반박을 하지 못한다면 토론에서 패하게 될

---

[1] "유대인 1퍼센트 부의 지름길....가난하더라도 부자의 줄에 서는 유대인의 부자 습관"(미래한국, 2020), https://www.futurekorea.co.kr/news/articleView.html?idxno=131615

것입니다.

하브루타 학습법의 핵심은 질문으로 시작해서 질문으로 끝나야 한다는 점입니다. 상대의 질문이 좋아야 내 생각도 예리하고 견고하게 다듬을 수 있으며 보완할 부분도 찾을 수 있기 때문입니다.

셀프 피드백

진정 아는 것의 기준은 어떤 것이 있을까요? 적어도 내가 보고, 듣고, 읽고, 배운 내용을 잘 정리하고 구조화해 3~5분 안에 듣는 사람이 이해할 수 있도록 설명할 수 있어야 합니다. 한 단계 더 나아가 그 내용과 관련된 다른 책, 사례, 자료를 여러분의 지식 서랍과 폴더에서 꺼내 연결할 수 있는 단계까지 간다면 진정으로 아는 것이라고 할 수 있습니다. 이렇게 진정 아는 것들은 언제든 꺼내 활용할 수 있는 나만의 지식이 됩니다.

그렇다면 어떤 내용이 온전히 내 지식이 되었는지 어떻게 확인할 수 있을까요? 가장 좋은 방법은 같은 주제, 관심사를 가진 사람들과 함께하는 그룹 스터디, 독서 모임에 참여하는 것입니다. 하지만 바쁜 삶을 살면서 이런 시간과 기회가 매번, 매일 주어지는 것은 아닙니다. 그래서 필자가 최우선으로 추천하는 방법은 스스로 하는 셀프 피드백입니다.

방법은 간단합니다. 예를 들어 하루에 책을 30페이지 읽은 후 주요 내용, 키워드를 메모합니다. 그리고 여러분 앞에 대상 타깃 10명이 앉아있다 생각하고 그들에게 설명하는 장면을 핸드폰으로 촬영합니다. 이때 중요한 포인트는 책의 내용을 줄줄 읊는 것이 아니라 앞서 정리한 주요 키워드의 메모 내용만 참고해 최대한 일목요연하게 설명하는 것입니다.

주요 내용, 키워드를 메모할 때는 그것만 보고도 전체적인 내용을 설명하기 쉽게 여러분의 언어, 나만의 언어로 기록해야 합니다. 이것을 '자기화 기록' 혹은 '자기화 메모법'이라 부릅니다. 우리나라를 대표하는 기록학자이자 《거인의 노트》[2]의 저자인 김익한 교수의 효과적인 메모, 기록법 중 하나로 보고, 듣고, 읽은 정보를 자기화(내가 얻은 지식에 자신의 생각을 덧대어 정리하는 행위)하는 효과적인 방법입니다. 김익한 교수는 자기화 기록의 중요성에 대해 책 《거인의 노트》에서 이렇게 이야기합니다.

> 우리가 매일 접하는 엄청나게 많은 지식이 거의 다 날아가고 있는데 그게 아깝지 않은가? 아까운 정도가 아니라 위기를 느껴야 한다. 우리는 이렇게 하루하루 성장할 기회를 놓치고 있다. 풍부한 지식을 섭취하고 싶다면 무작정 먹기만 해서는 안 된다. 그것을 잘 소화해야만 피가 되고 살이 된다.

앞서 배운 MTS 시스템 구조도를 통한 3×3 지식의 구조화 서랍과 폴더 안에 담길 내용은 책의 내용 그대로가 아닌 내 생각, 내 언어로 변환해 넣어야만 온전히 내 지식이 된다는 것을 명심해야 합니다. 기록의 올바른 활용법은 '제4관점 : 독서와 기록에 관한 관점'에서 자세히 다루겠습니다.

이런 걸 한다고 크게 달라질 게 있을지 의문스러울 수 있습니다. 하지만 셀프 피드백을 해보면 자기 객관화가 가능합니다. 예상보다 말의 전달력이 떨어지거나, 발음이 어눌하거나, 시선 처리, 손동작이 어색하거나 혹은 과하거나, 목소리가 작게 들리는 등 여러 문제가 보일 것입니다. 이러한 피드백 과정을 통해 단점을 파악하고 보완해야 성장할 수 있고, 목표에 가까워질 수 있습니다. 셀프 피드백을 통해 문제점을 파악하고 개선점을 발견해 꾸준히 수정하고 보완해나가는 과정을 반복할 때 우리는 진정한 앎의 단계로 넘어갈 수 있게 되는 것입니다.

2] ··

《거인의 노트》(김익한 저, 다산북스, 2023)

셀프 피드백 연습하기

셀프 피드백은 책 읽기 과정에서만 사용하는 것이 아닙니다. 강의를 듣고 난 후에도 셀프 피드백을 활용할 수 있습니다. 다음 예시는 실제 강의가 아닌 셀프 피드백에 대한 이해를 돕기 위한 예시입니다. 예시를 통해 강의를 듣고 셀프 피드백을 하는 방법을 알아보겠습니다.

강의명 독자의 마음을 사로잡는 매력적인 글쓰기

오늘 배운 내용 5강. 글은 말하듯 술술 써라

주요 내용, 키워드 메모('자기화 메모' 단계)
말하는 것이 어려운 사람은 없다.
우리가 하루하루 살아간 일상의 모든 것이 이야기 주제다.
음성 → 문자 변환 프로그램 활용, 구어체 → 문어체 전환
관련 주제의 책을 찾아 내용 확장하기, 관련 트렌드(기사, 통계 등)로 신뢰도 높이기
명언, 유명인의 사례로 관심 확대하기
나의 경험에서 유사한 사례 찾아보고 마무리 맺기
작성된 초고를 하루~이틀 후 퇴고의 과정을 거쳐 완성도 높이기
여러 번 읽고 다듬기(문장은 간결하게, 한 문장에 25~30자 내외로)
이 과정을 3개월간 주 2회 이상 반복

이렇게 글쓰기 강의를 듣고 중요한 내용과 키워드를 나만의 언어로 기록했습니다. 그럼 이제 메모한 내용을 보고 앞서 설명한 셀프 피드백 촬영을 통해 최소 3분, 최대 5분간 대상 타깃에게 '독자의 마음을 사로잡는 매력적인 글쓰기' 방법을 설명해봅니다. 감이 잘 잡히지 않는다면, 다음의 셀프 피드백 예시를 참고해봅니다.

안녕하세요? ○○○ 강사입니다. 잘 지내셨죠? 독자의 마음을 사로잡는 매력적인 글쓰기

다섯 번째 시간입니다. 평상시 글쓰기가 너무 어렵고 힘들게 느껴졌다면, 오늘 강의를 집중해서 들어주시기 바랍니다. 글을 말하듯 술술 써라, 오늘의 강의를 듣고 나면 지금과 다른 글쓰기의 흥미를 분명 느끼게 될 것입니다.

여러분은 글쓰기가 쉬운가요? 말하기가 쉬운가요? 이 질문에 대부분은 '말하기'를 선택할 것입니다. 우리가 하루하루 살아간 나의 사소한 모든 일상 하나하나가 글쓰기의 소재가 될 수 있고 가족, 친구, 동료와의 평범한 대화도 글쓰기의 주제가 될 수 있기 때문에 어려워할 것 없이 말하듯 글을 쓰면 됩니다.

자! 어떠세요? 이제 조금 부담감을 내려놓을 수 있으신가요? 그럼 말하듯 글을 써보겠습니다.

그 첫 번째 단계로 우리의 음성 언어인 '말'을 녹음해 문자인 '글'로 변환하는 연습을 해보겠습니다. 요즘은 '클로바노트'와 같이 음성을 텍스트로 변환하는 프로그램을 활용해 언제 어디서나 쉽고 빠르게 변환이 가능합니다. 이때 포인트는 변환된 텍스트의 경우 구어체이기 때문에 우리가 읽는 글이 되기 위해 문어체로 전환하는 작업이 필요하다는 것입니다.

다음으로 내가 말하고자 하는 핵심 주제와 관련된 책을 찾아보고, 그 안에서 전달할 수 있는 메시지를 확장한 후 뉴스, 신문, 잡지 기사의 통계 자료, 최신의 트렌드를 추가해 글의 신뢰도를 확보해보는 것입니다.

여기에 명언이나 유명인들의 사례를 통해 글을 읽는 독자의 관심을 끌어 글에 생기를 불어넣는 과정도 필요합니다. 이때 글을 끝맺는 것이 중요한데, 타인의 사례보다는 본인의 경험과 유사한 사례를 찾아보고 그 과정에서 느낀 감정, 생각을 통해 독자에게 전달할 수 있는 메시지로 마무리하면 됩니다.

좋은 글을 쓰기 위한 시작이 초고라면, 완성도 있는 글을 쓰기 위해 담금질하는 과정이 퇴고입니다. 내가 작성한 초고를 하루~이틀 후 다시 꺼내어 읽고 퇴고의 과정을 거치면 완벽한 문장에 대한 부담에서 벗어날 수 있기 때문에 글쓰기의 두려움도 없어지고, 오히려 글쓰기에 재미를 느낄 수 있을 것입니다. 한 마디로 글쓰기의 원동력이 생기는 것입니다.

퇴고는 말 그대로 여러 번 읽으면서 문맥, 어휘, 문법, 맞춤법, 문장, 문단 등에서 틀리거나 부자연스러운 부분을 찾아내 수정하고 보완하는 과정을 거쳐야 합니다. 이때 초보들을 위한 퇴고 팁으로 한 문장은 25~30자 내외로 최대한 간결한 문장으로 만드는 것이 좋습니다.

첫술에 배부를 수 없습니다. 단기간에 좋은 글을 쓸 수 없다는 마인드셋이 중요하며, 묵은지와 같이 글이 익어가는 과정을 거칠수록 나의 글은 완성도가 높아지고 읽는 이로 하여금 감칠맛이 느껴지는 글을 완성할 수 있습니다.

음성 언어를 텍스트로 변환하고 다양한 자료들을 더해 초고를 작성하고 퇴고의 과정을 거치는 작업을 3개월간 주 2회 이상 반복한다면 누구든 사람들의 마음을 움직이는 글을 쓸 수 있을 것입니다. 자신감을 가지세요!

들은 내용을 그대로 구구절절 읊는 것이 아니라 내가 이해한 것을 정리한 자기화 메모를 활용해 그 내용을 토대로 직접 강연하듯 이야기하는 것입니다. 추가로 강의에서 퇴고의 중요성을 강조했다면 글쓰기와 관련된 책, 블로그 포스팅, 유튜브 영상, 신문이나 잡지의 논평, 기사를 참고해 퇴고하는 방법에 대한 자료를 함께 더한다면 나의 지식이 확장하는 부가 효과를 얻을 수 있습니다.

그리고 잘 설명할 수 없는 부분, 다시 들어도 이해되지 않는 내용이 있다면 해당 내용은 제대로 이해하지 못한 내용일 확률이 높아 타인에게 다시 설명할 때도 막힐 것입니다. 이런 부분이 있다면 해당 내용에 관한 추가 공부를 통해 보충합니다.

만약 여러분이 15강의 커리큘럼으로 구성된 강의를 듣는다면 이러한 방식으로 강의 후 15번의 셀프 피드백 과정을 거쳐야 합니다. 이런 보완의 과정을 거친다면 완강한 후에는 셀프 피드백을 하지 않은 사람과 달리 글쓰기를 어려워하는 75%의 왕초보들을 대상으로 강의하는 20%의 중수로 포지셔닝해 PDF 전자책을 만드는 활동 등을 할 수 있게 될 것입니다.

제3관점 : 업(業)의 선순환에 관한 관점

선순환 구조는 무엇일까 : 플라이휠

선순환 구조란 주로 경제 분야에서 사용하는 용어로 좋은 현상이 자꾸 꼬리에 꼬리를 물며 순환하는 현상을 의미합니다. 기본적으로 시장의 수요가 공급을 충분히 흡수하고, 수요가 다시 공급을 이끌어내는 순환이 계속되는 현상을 의미하며, 이를 통해 시장의 크기가 점점 커지는 상태를 뜻합니다. 국가 경제나 기업 브랜드 성장에 있어 중요하게 생각하는 선순환 구조가 이제 개인에게도 중요한 시대가 됐습니다. 특히 회사 밖에서도 통하는 나만의 업을 만드는 사람에게는 더없이 중요한 구조입니다.

선순환 구조를 사용하는 대표적인 전략 모형으로 아마존의 플라이휠(Fly Wheel)이 있습니다. 거대한 물레방아를 움직이기 위해서는 처음에 엄청난 양의 물이 필요합니다. 하지만 물레방아가 돌아가기 시작하면 처음보다 적은 양의 물로도 충분히 돌아갑니다. 즉, 플라이휠은 효율성이 극대화되는 효과를 의미합니다.

아마존은 모든 사업 보고서 맨 앞에 플라이휠 전략을 넣어 사업의 계획 단계부터 선순환 구조에 부합하는지 입증해야 보고서가 통과된다고 합니다. 아마존의 플라이휠은 크게 두 개의 선순환 바퀴가 존재합니다. 하나는 제품 종류(Selection)-고객 경험(Customer Experience)-방문자 수(Traffic)-판매자 수(Sellers)-제품 종류(Selection)로 이어지는 바퀴, 또 하나는 최종 목적인 성장(Growth)에서 출발하는 낮은 비용 구조-낮은 판매 가격이 다시 고객 경험을 거쳐 다시 성장으로 연결되는 바퀴입니다. 아마존은 이러한 유통 혁신을 통해 비용 절감과 효율 상승을 동시에 이루어내는 것입니다.

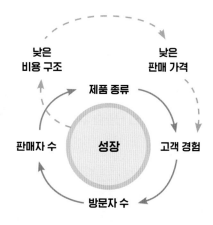

▲ 아마존의 성공을 이끈 플라이휠 전략[3]

---

3) ······

《베조스 레터》(스티브 앤더슨 저/한정운 역, 리더스북, 2019)

업의 선순환 구조

나만의 업을 만드는 우리도 이러한 '업의 선순환 구조'가 필요합니다. 다음 그림은 필자가 회사 안이 아닌 회사 밖에서도 통하는 N잡, 온라인 부업을 통한 수익화를 실행할 때 세운 전략을 바탕으로 구체화한 'LFDS 단계 이론'의 플라이휠 전략입니다. 여러분도 필자의 플라이휠을 참고해 어떤 전략을 세울 수 있을지 같이 고민해볼 수 있길 바랍니다.

업을 만들기 위한 플라이휠 : LFDS 단계 이론

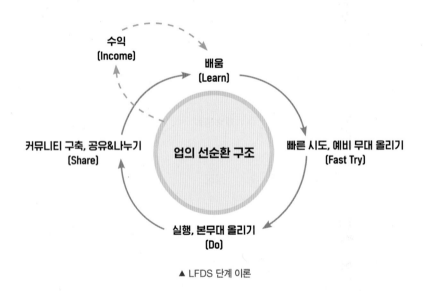

▲ LFDS 단계 이론

물레방아를 돌리기 위해 많은 물이 필요하듯, 업을 만들기 위한 플라이휠을 돌리려면 가장 먼저 많은 배움(Learn)의 과정을 거쳐야 합니다. 앞서 우리가 배운 인풋의 과정이 그러합니다. 그리고 아웃풋으로 넘어가기 전에 한 단계 과정을 먼저 거쳐야 합니다. 바로 빠른 시도, 예비 무대 올리기(Fast Try)입니다.

이러한 개념을 린 브랜딩(Lean Branding)이라고 합니다. 제레마이어 가드너는 그의 저서 《린 브랜드》[4]에서 린 브랜드의 개념을 "기업과 고객 간에 상호 공유할 수 있는 가치를 발견하여 유의미한 관계를 형성하는 것"이라고 정의했습니다. 사실 린(Lean)이라는 개념은 구글, 메타(페이스북), 아마존 등 유수의 테크 기업이 사용한 방식으로, 빠르게 변화하는 시대에 아이디어를 테스트할 시제품을 빠르게 만들고 공개해 시장의 반응을 확인하고 피드백을 받는 과정을 의미합니다. 피드백을 통해 더 나은 제품을 빠르게 만드는 업무 방식의 린 스타트업(Lean Start-up)이라는 단어가 더 익숙한 독자도 있을 것입니다.

우리가 지식, 경험, 노하우를 바탕으로 나만의 업을 만드는 과정을 거칠 때 린 브랜딩의 개념을 잘 활용해야 합니다. 빠른 시도를 통해 고객(타깃)과의 상호작용을 빠르게 체크하고 피드백을 수용하며 더 나은 방식으로 수정하는 것입니다.

아직 준비가 안 되어서, 아직 공개할 수준이 아니라며 합리화할 필요는 없습니다. 준비된 아이디어를 토대로 빠르게 콘텐츠를 만들고, 무료 PDF 전자책, 무료 재능 나눔 강의와 같이 예비 무대 올리기 과정을 거쳐야 합니다. 그래야 피드백을 받아 보완점을 찾아 공부하고, 공부한 것을 적용하는 과정을 반복해 빠르게 다음 단계인 실행, 본무대 올리기(Do)로 도약할 수 있습니다. 여기에서 핵심은 최소한의 아이디어만으로 실행에 옮기는, 아이디어를 빠르게 시장에 내놓겠다는 마인드입니다.

이런 과정이 반복되면 자연스럽게 마지막 단계인 커뮤니티 구축, 공유&나누기(Share)로 이어집니다. 한번 움직이기 시작한 거대한 물레방아는 처음보다 훨씬 적은 양의 물이 필요한 것처럼 나만의 업을 만드는 과정도 동일합니다. 1~2단계의 과정을 최대한 빠르게 시도한다면 3~4단계, 이어서 다음 1~2단계도 훨씬 쉽게 지속할 수 있습니다.

---

[4] 《린 브랜드》(제레마이어 가드너 저/우승우·차상우 공역, TXT PUBLISHING, 2019)

나만의 업 만들기는 LFDS 단계 이론을 통해 성장하면서 성공에 가까워집니다. 처음에는 다소 부족해 보이겠지만 중요한 사실은 빠르게 시도하는 것만으로 업을 만들기 위한 플라이휠의 한 사이클을 완주할 수 있다는 사실입니다. LFDS 단계 이론을 적용한다면 이제부터 하는 모든 배움과 실전의 경험이 진정한 학습으로 전환되고, 동시에 소소한 수익화도 시작될 것입니다.

업을 만들기 위한 플라이휠의 첫 번째 사이클을 경험하면서 얻은 피드백과 문제점을 찾아 두 번째 사이클의 1단계인 배움(Learn)에 나의 시간과 돈을 재투자합니다. 그렇게 세 번, 네 번 사이클을 반복하면 여러분이 도전한 분야는 나만의 업으로 자리 잡을 것입니다.

항상 배움(Learn) 단계를 거쳐라

그러나 문제는 발생하기 마련입니다. 필자 주변의 강사, 수강생도 자주 겪는 사례입니다. 어느 정도 안정화가 되면 매번 똑같은 내용, 슬라이드, 멘트, 사례로 강의하는 것입니다. 스스로 제자리에 머무는 우를 범하게 되면 내가 가진 지식과 정보가 이미 유통기한이 지났을 수도 있다는 사실을 알아차리지 못합니다.

이러한 문제가 발생하는 가장 큰 이유는 다음 사이클을 시작할 때 1단계인 배움(Learn)을 건너뛰고 바로 2~4단계 사이클만 반복하기 때문입니다. 한 번 배워서 본 무대에 올리고 나면 해당 분야에 더 이상 배울 것이 없다고 생각하기 때문입니다. 물론 당분간은 큰 문제가 없겠지만 그런 식으로는 절대로 해당 분야에서 롱런할 수 없습니다. 그러니 해당 분야에서 나의 지식이 쌓이고, 자리를 잡았더라도 배움(Learn)을 지나치는 우를 범해서는 안 된다는 사실을 명심하길 바랍니다.

사람들이 배움(Learn)에 재투자하지 않는 이유는 다양하지만, 필자는 '배운 만큼 활용하는 방법을 모르기 때문'이라고 생각합니다. 배움을 위해서는 소중한 시간과 돈의 투입이 반드시 필요합니다. 배움을 돈으로 바꾸는 방법을 아는 사람은 그렇지 못한 사람보다 배움에 대한 투자에 인색하지 않습니다.

10%의 사람이 되기 위해

나만의 업은 LFDS 단계 이론을 통해 더욱 성장하고 성공에 가까워지게 됩니다. 하지만 이 사이클 한 바퀴를 완주하는 사람은 얼마나 될까요? 보통 40%의 사람들은 1단계에서 포기합니다. 나머지 60% 중 절반은 명확한 목적 없이 열심히만 하다가 2단계에서 포기합니다. 나머지 30%는 그래도 3단계까지 시도하지만 대다수가 사이클을 유지하지 못해 포기하고, 결국 이전의 삶으로 돌아갑니다. LFDS 사이클을 시도한 10%의 사람만 4단계까지 도달해 나만의 업을 만들어냅니다.

여러분은 10%가 될 준비가 되었는지 스스로 질문해야 합니다. LFDS 사이클의 각 단계가 정말 어렵다는 것은 필자가 더욱 잘 압니다. 그럼에도 해야 하는 이유는 물레방아를 힘차게 돌리는 사이클을 만들고 나면 그만큼 엄청난 경쟁력을 갖출 수 있기 때문입니다. 어렵기 때문에 완수했을 때 남들과 다른 경쟁력이 생기는 것입니다. 이 부분을 꼭 명심하고 '내가 세상에 전하고자 하는 명확한 메시지'가 무엇인지 다시 생각해보며 1단계부터 시작해보았으면 합니다.

제4관점 : 독서와 기록에 관한 관점

내 삶의 지혜가 되는 독서

누구나 이름만 들어도 알고 있을 워렌 버핏, 나폴레옹, 데일 카네기, 에디슨, 버락 오바마, 빌 게이츠는 독서광이라는 공통점이 있습니다. 우리나라의 유명한 독서광은 누가 있을까요? 세종대왕과 다산 정약용, 안중근 의사, 대한민국 독서 거인 교보문고의 신용호 회장 등 셀 수 없지만, 도시락으로 세계 시장을 석권한 스노우폭스의 김승호 회장을 이야기하고 싶습니다.

필자는 김승호 회장의 특별 강연에서 독서가 인생을 바꾸는 가장 강력한 마법이라는 것을 알게 되었습니다. 김승호 회장의 스노우폭스 도시락은 미국 여덟 개 주에 걸쳐 150여 개 매장을 운영하며 많은 사랑을 받고 있습니다. 사업 성공에 대한 특별한 노하우가 있냐는 질문에 김승호 회장은 "남들과 다르게 볼 줄 아는 색다른 관점, 생각이 필요하며 그렇게 하기 위해서는 책을 많이 읽어야 합니다."라는 대답을 남겼습니다. 또한 "책에 있는 생각을 그대로 받아들일 경우 자신의 생각이 설 자리가 없어지게 됩니다. 책의 내용 그대로를 따라 쓰는 필사를 하는 사람들이 많은데 거인의 어깨에 올라 그들의 도움으로 세상을 봐야지 거인의 무게에 짓눌리면 안 됩니다."라고 조언을 더했습니다.

책 내용을 자신의 관점에서 이해하고 해석하며 끊임없이 질문을 던지는 독서를 할 때 비로소 책의 정보가 나를 위한 지혜로 전환된다는 말입니다. 독서의 핵심은 저자의 지식을 내 삶의 지혜로 전환하는 과정입니다.

아웃풋 기록 독서법

필자에게 독서 코칭을 받는 수강생 상당수는 월간 독서량이 3~5권입니다. 연간으로 따지면 36~60권 정도의 상당한 독서량입니다. 독서로 그치는 것이 아니라 한 해 읽은 책에서 얻은 지식과 인사이트를 정리해보는 시간도 가집니다.

대다수의 사람은 명확한 목적 없이 독서합니다. 막연히 누군가 추천한 책, 베스트셀러만 열심히 읽으면 언젠가 결과를 얻게 될 것이라 착각하기 때문에 독서 노트 한 페이지나 블로그 포스팅 한 개로 마무리하며 자기만족으로 끝나는 것입니다.

독서는 도착점이 있는 레이스와 같습니다. 책 선정에 명확한 선택 기준이 없다는 것은 출발점이 어디인지도 모른다는 것과 마찬가지이며, 출발점이 없다면 도착점 또한 존재할 수 없습니다. 독서의 출발점을 정하고 결승점까지 안전하고 빠르게 도착할 수 있도록 가이드해주는 것이 바로 '아웃풋 기록 독서법'입니다.

아웃풋 기록 독서법은 크게 책을 읽는 '독서'와 읽기를 통해 얻은 중요한 정보를 메모하고 정리하는 '기록'이 합쳐진 독서 방법입니다. 특히 기록이 매우 중요한 역할을 합니다. 대부분의 사람은 읽기와 쓰기를 다른 영역의 행위로 생각하지만, 명확한 아웃풋을 만들기 위해서는 읽기와 쓰기가 하나의 행위가 되어야 합니다.

읽기로 생각과 지식을 업데이트하고, 머릿속에 쌓은 정보를 밖으로 꺼내 정리(기록)하는 것은 업그레이드해야 비로소 지식을 통해 삶에 변화가 일어나기 시작합니다. 이 변화의 중심에 아웃풋 기록 독서가 있습니다. 이 책을 읽고 있는 여러분이 지금부터 딱 1년간 제대로 된 아웃풋 기록 독서에 집중한다면 다음과 같은 변화가 생길 것입니다.

첫째 인생이 달라진다.
둘째 100세 시대 '직'이 아닌 나만의 '업'을 만드는 제2의 삶을 살게 된다.
셋째 내 이름으로 된 책을 출간해 저자가 된다.
넷째 세상을 바라보는 시각이 긍정적으로 변하고, 세상이 다채롭고 즐거워진다.
다섯째 경제적으로 풍요로워진다.

다시 강조하지만 아웃풋 기록 독서를 시작하면 분명히 지극히 평범했던 어제와 180도 달라진 삶을 살게 될 것입니다.

업을 만들기 위한 독서

그렇다면 나만의 업을 만들기 위한 독서는 무엇인지 알아보겠습니다. 여러 방법이 있을 수 있겠지만 최재천 교수가 그의 저서 《최재천의 공부》[5]에서 남긴 독서에 대한 생각을 읽고 나면 훨씬 이해가 쉬울 것입니다.

---

5)
《최재천의 공부》(최재천·안희경 저, 김영사, 2022)

독서는 일이어야만 합니다. 독서는 빡세게 하는 겁니다. 독서를 취미로 하면 눈만 나빠집니다. 읽어도 되고 안 읽어도 되는 책을 그늘에 가서 편안하게 보는 건 시간 낭비이고 눈만 나빠져요. 우리는 기획서를 작성해서 책을 읽어야 합니다. 치밀하게 기획해서 공략해야죠. 한 번도 배우지 않은 분야의 책을 공략해보는 것도 좋습니다. 한 번도 배우지 않았는데 술술 읽힐까요? 당연히 안 읽힙니다. 하지만 독서량이 늘어날수록 완전 새로운 분야의 책을 접할 때, 전보다 덜 힘들어하는 자신을 발견할 거예요. 학문은 모두 연결되어 있잖아요. 이를 통해서 내 지식의 영토를 넓혀 가는 게 진정한 독서라고 생각합니다. '기획독서'를 하세요. 그저 취미로만 하는 독서보다 훨씬 값질 것입니다. 이젠 '생존 독서'를 하셔야 합니다. 살아보니까 이 세상 모든 일의 끝에는 글쓰기가 있었고, 결국 '글쓰기'로 판가름이 나더라고요."

최재천 교수의 말처럼 누군가 추천해주는 책, 베스트셀러와 같이 유행하는 책을 읽는 것도 좋지만, 내가 모르는 분야도 도전하고 공략하려면 기획 독서를 해야 합니다. 같은 주제로 연관된 책을 기획해서 읽어보면 이전에 읽었던 책의 내용들에 이음이 생기면서 지식의 확장과 인사이트가 생겨납니다. 큰 구멍의 그물이 점점 촘촘하게 되어 더욱 다양한 크기의 많은 물고기를 잡을 수 있는 것과 같습니다. 이때 좋은 연결, 다른 사람들이 생각하지 못한 기발한 창의성을 발휘하기 위해서는 독서와 함께 기록이 필요합니다.

100세 시대를 살아가며 회사 안이 아닌 회사 밖에서 더 오랜 시간 생존해야 하는 우리의 치열한 인생의 현장은 사막과 같습니다. 사막과 같은 우리의 인생에 있는 오아시스를 발견하는 과정이 바로 독서라는 사실을 기억했으면 합니다.

다양한 독서법

그럼 나만의 업을 만들기 위한 독서는 도대체 어디서부터 어떻게 시작해야 할까요? 사람마다 책을 읽는 방법은 가지각색입니다. 이를 '독서법'이라 부르고, 널리 알려진 방법은 대략 10가지 정도입니다. 책의 장르를 가리지 않고 다양한 책을 읽는 다독, 자세하고 세밀하고 주의 깊게 살펴 읽는 정독, 책을 빠르게 읽어 내려가는 속독, 책의 꼭 필요한 부분만 뽑아서 읽어내는 발췌독, 특정 주제나 장르에 얽매이지 않고 다양하게 읽는 남독, 읽었던 책을 다시 읽는 재독, 한 계통의 책을 집중적으로 골라 읽는 계독 등이 있습니다. 그 밖에 관독, 숙독, 묵독, 음독, 낭독, 통독 등 다양한 독서법이 있습니다.

우리는 나만의 지식, 경험, 노하우를 바탕으로 나의 대상 타깃에게 가치 있는 정보와 인사이트를 제공하는 '가이드'이자, 솔루션을 제공하는 '전문가'가 되어야 합니다. 따라서 저자의 지식을 나만의 지혜로 만들어내기 위한 특별한 독서법이 필요합니다. 많이 읽는 다독, 집중해서 꼼꼼히 읽는 정독도 필요하지만 업의 그릇을 키우는 '아웃풋 기록 독서'를 위해서 필요한 독서법은 한 계통의 책을 기획해서 읽는 계독, 관점에 따라 읽는 관독, 다시 반복해 읽는 재독 등 세 가지 독서법입니다. 그럼 각각의 독서법을 어떻게 활용할지 조금 더 자세히 살펴보겠습니다.

첫 번째 독서법 : 계독

독서법은 크게 두 가지 방향이 있습니다. 다양한 장르의 책을 읽어 지식과 관점의 넓이를 확장하는 독서와 어떤 한 분야의 주제를 정해서 그 계보에 따른 책을 기획해 읽으며 지식과 관점의 깊이를 깊게 만드는 독서입니다.

두 독서법 모두 중요하지만 우선순위를 정해야 한다면, 처음에는 깊이를 확보할 수 있도록 계보에 따른 책을 기획해 읽는 계독을 추천합니다. 내가 관심 있는 분야나 전공과 관련한 분야의 책을 기본적으로 20권, 많게는 100권 정도 읽으면 해당 분야의 전반적인 내용을 알 수 있게 됩니다. 100명의 저자, 전문가의 지식과 경험을 얻게 되는 것입니다. 그러면 그 분야에 대해 깊이 있는 사고를 할 수 있으며 독서와 기록을 통해 얻은 정보를 조합해 새로운 관점에서 나만의 철학과 이론을 만들어낼 수 있습니다.

▲ 필자가 책 집필을 위해 계독한 책. 2022년 12월(좌)에서 2023년 7월(우)로 가며 계독을 통해 주제의 깊이가 깊어지고 확장되는 효과를 얻었다.

위 그림은 필자가 블로그로 시작하는 메타버스와 커뮤니티를 주제로 하는 책을 집필하며 계독한 책입니다. 메타버스와 Web 3.0 분야 외에도 다양한 생성형 AI의 활용법, 커뮤니티와 자기 계발에 관련된 책 역시 계독했으며 그렇게 얻은 지식은 책을 집필할 때 쓰였습니다. 공부를 거듭할수록 해당 주제와 관련한 궁금한 사항들이 더욱 많아지고, 이는 자발적이고 지속적인 공부를 하게 하여 늘 손에서 책을 놓지 않게, 독서가 일상이 되는 환경을 조성해줍니다. 필자는 다양한 주제의 계독을 통해 '블로그(Web 2.0)+메타버스(Web 3.0)+커뮤니티'의 조합을 만들어 시장에 없는 새로운 영역을 창조하고 확장 중입니다. 이것이 바로 필자가 강조하는 아웃풋 기록 독서의 효과이기도 합니다.

나만의 이론을 만들어 사람의 마음을 움직이는 콘텐츠를 만들고 싶다면 한 분야의 전문성을 반드시 갖춰야 합니다. 새로운 지식은 한순간에 만들어지지 않습니다. 가장 빠르고 확실하게 전문성을 갖추기 위한 독서법이 바로 계독입니다. 여러분도 앞으로 전문성을 갖추고, 마스터할 분야가 무엇인지 정해졌다면 지금 당장 계독을 시작해보길 바랍니다.

두 번째 독서법 : 관독

같은 책, 노래, 사건을 접해도 사람들은 저마다 다르게 평가합니다. 또 같은 일을 겪고도 어떤 사람은 해결 방법을 찾아내지만, 어떤 사람은 문제의 본질조차 파악하지 못하는 경우를 봅니다. 그 차이가 시작되는 비밀은 바로 '관점'에 숨어있습니다. 어떠한 관점을 가지고 세상을 바라보는가에 따라 부여하는 의미가 달라지고 전혀 다른 결과를 얻는 것입니다.

관점이 바뀌면 지금껏 보이지 않던 것들이 보이기 시작합니다. 이러한 관점을 독서에 접목한 개념이 관독입니다. 관독은 책 《어떻게 읽을 것인가》[6]의 저자 고영성 작가가 만들어낸 개념으로 어떤 궁금증과 특정 관점을 가지고 독서하는가에 따라 같은 책이라도 전혀 다른 내용으로 접근하게 되고, 필요한 정보를 더욱 빠르고 정확하게 얻을 수 있습니다.

여러분은 앞서 MTS 시스템 구조도를 만들어보았습니다. 이 MTS 시스템 구조도에서 내가 세상에 전하고자 하는 메시지(Message)가 큰 범주에서 관독에 필요한 관점이 될 수도 있고, 세부적으로는 콘텐츠 주제(Subject) 하나하나가 관독에 필요한 관점이 될 수도 있습니다.

앞서 소개한 필자가 집필 중인 블로그로 시작하는 메타버스와 커뮤니티 주제의 원고를 쓰며 같은 주제의 책을 계독했습니다. 여기에 자료 수집을 위해 메타버스와 블로그, 커뮤니티의 연결이라는 관점을 가지고 다양한 책, 신문, 잡지를 읽는 관독을 하며 이전에 큰 의미 없이 넘겼던 내용과 이론이 하나로 연결되는 놀라운 경험을 했습니다. 심지어 메타버스나 커뮤니티와 거리가 먼 이론도 스스로 사소한 연결점을 찾아 연결하게 되었습니다.

---

6) ·····

《어떻게 읽을 것인가》(고영성 저, 스마트북스, 2015)

블로그, 메타버스, 커뮤니티라는 관점을 가지고 '구독 경제'와 관련한 책을 읽을 때는 메타버스 세상에서는 어떤 걸 구독하게 될까 고민하게 됩니다. 현실에서는 직접적인 서비스, 제품을 받는다면 메타버스에서는 작지만 유니크한 스몰 브랜드가 진정성 있는 스토리와 세계관을 가지고 있다면 팬, 커뮤니티를 만들 수 있는 시대가 왔다는 정보를 얻어냅니다.

일상을 둘러보면 좋아하는 유튜버의 채널을 유료 구독하며 크리에이터들을 응원하고 지지하는 형태가 기술의 발전으로 무대가 바뀌었을 뿐, 메타버스 세상에서도 계속 지속되고 있기 때문에 Web 2.0을 근간으로 하는 SNS 채널 운영과 애정이웃(SNS 채널에서 활발하게 소통하며 내 채널의 운영 목적 및 메시지가 같은 구독자, 팔로워) 구축을 통한 Web 3.0 메타버스로의 전환으로 커뮤니티형 구독 시스템을 만들어야 한다는 정보와 새로운 지혜를 얻을 수 있는 것입니다.

구독 경제는 언뜻 보면 블로그, 메타버스와 거리가 먼 주제입니다. 하지만 블로그로 시작하는 메타버스라는 관점을 가지고 접근하면 새로운 연결을 발견할 수 있습니다. 이런 개념과 방법을 익힌다면 나만의 업을 새롭게 만드는 것뿐만 아니라 새롭고 유니크한 콘텐츠 제작, 기획 및 아이디어 발굴에도 큰 도움이 됩니다. 책 읽기의 고정관념을 깨트리는 독서법이 바로 관독입니다.

명확한 관점 없이 독서하는 것은 저자의 생각이 정답이라는 결론으로 끝납니다. 이러한 독서의 끝은 건조한 지식과 정보만 남을 뿐 나만의 지혜를 얻을 수 없습니다. 늘 혁신을 이루고, 성공하는 사람은 하드웨어 파워보다도 소프트웨어 파워가 강한 사람입니다. 나의 명확한 관점이 정해졌다면 지금 당장 소프트웨어 파워를 키우기 위한 관독을 시작해보길 바랍니다.

세 번째 독서법 : 재독

같은 책을 두 번 이상 읽는 독서법을 재독이라 부릅니다. 재독을 통해 책을 이해하는 정도가 더욱 깊어집니다. 어떤 책을 처음 읽을 때와 비교하면 재독을 할 때는 처음에 읽을 때 미처 발견하지 못했던 지식이나 사고의 부족으로 빠트렸던 내용까지 찾아서 내 것으로 만들 수 있습니다.

나만의 업을 만드는 데 필요한 독서 방법 중 하나가 바로 재독입니다. 누군가에게 메시지를 전달하고 솔루션을 제공해주는 가이드의 역할을 하려면 다양한 정보들을 머릿속에서 빠르게 끄집어내 말이나 글로써 풀어낼 수 있어야 합니다. 오래 기억하기 위해서는 반복하는 방법이 최고인 것처럼, 이때 필요한 독서법이 바로 여러 번 다시 읽는 재독입니다.

아웃풋 기록 독서 노트

물론 무작정 여러 번 읽는 것이 재독은 아닙니다. 재독은 효율적인 방법으로 해야 합니다. 대부분 재독이라고 하면 책의 주요한 내용에 밑줄을 긋고 그 부분만 다시 반복해서 읽는 방법을 활용합니다. 더 나아가 여백에 읽을 당시 나의 감정과 생각이 휘발되지 않도록 메모하며 읽기도 합니다. 포스트잇과 인덱스를 붙여 중요도에 따라 달리 표시하거나, 중요한 페이지가 나오면 책의 귀퉁이를 접어 표시하는 방법도 있습니다. 이처럼 저마다 재독을 하는 방법은 다릅니다. 필자가 추천하는 재독 방법은 '아웃풋 기록 독서 노트'를 활용하는 방법입니다.

초독할 때 아웃풋 기록 독서 노트를 작성하면 재독의 시간이 최대 1/3로 줄어듭니다. 또한 앞서 설명한 계독을 하기 위해 주제별로 책을 분류하기도 쉬워지기 때문에 관련 주제의 깊이 있는 정보 획득도 가능해집니다. 재독의 시간이 줄어들면 여러 번 반복

업의 그릇

도서 정보			독서 과정	
2023년 누적 권 수	29	독서 타입	완독/발췌독	
서랍명	자기 계발	폴더명	학습/배움	
도서명	배움을 돈으로 바꾸는 기술	기록일	2023. 03. 22.	
분야	성공학	1회독	2023. 03. 15~19.	
저자	이노우에 히로유키	2회독	2023. 03. 20.	
출판사	예문	3회독	2023. 03. 22.	

느낀 점

100세 시대를 살아가는 우리에게 회사에서의 '직'이 아닌 나만의 '업' 만들기가 중요한 요즘 시대 배움을 통해 부의 선순환을 일으키는 방법과 노하우를 잘 설명하고 있다. 인생을 바꾸고 싶다면 지금 당장 수익이 약속된 최고의 투자인 배움(공부)에 투자해야 한다. 업을 만드는 과정에 있어서 다양한 공부는 필수다.

구분	중요 내용 요약
핵심 메시지	부를 끌어당기는 공부의 기술 : 배웠으면 돈을 벌고, 익혔으면 성과를 내라!
챕터1	인생의 모든 문제는 내 안에 있으며, 배움으로 해결할 수 있다. 원하는 결과를 가져다줄 씨앗을 뿌리기 전 씨앗이 잘 자랄 수 있게 땅을 비옥하게(공부) 만들어라!
챕터2	배움은 24시간 ~ing형으로(삶의 최우선 순위를 배움), 언젠가가 아닌 바로 지금이 차이를 만든다. 시간을 지배하라 : 시간은 주어지는 것이 아닌 스스로 만들어내는 것(내 시간을 내가 소중히 여겨라)
챕터3	배움은 수익이 약속된 최고의 투자 : 자산에 투자가 아닌 배움에 투자하라 돈을 잘 쓰면 인생이 바뀐다 : 돈은 의미 있는 데 사용하면 그 이상의 가치로 돌아온다.
챕터4	모든 사람과 잘 지낼 필요는 없다. 시간을 허비하며 강박적으로 인맥을 만들지 마라 경쟁에서 기쁨 찾기 : 배움의 수준과 속도를 높여줄 '호적수' 만들기 배움은 자기만족으로만 끝나선 안 된다. 머릿속에 들어있을 때가 아닌 움직이고 행동할 때 가치로 전환
챕터5	성취 경험을 축적하고 성취감을 온몸으로 체화하기와 어제보다 나은 내일을 만드는 것, 그것이 인생의 임무 나를 만들어주는 세포가 되는 책을 항상 한 권 이상 몸에 지니고 다녀라 포기할 이유를 찾지 말고, 포기하지 않는 습관을 들이기(단 하루도 공부를 거르지 마라)
챕터6	배움을 거듭함으로써 자신만의 희소가치를 만들어라+남을 가르칠 기회를 만들어라(강사 되어보기) SNS를 통해 지식과 깨달음을 꾸준히 공유하기(객관적 피드백을 통해 수정, 보완하여 더 디테일해지기)

문장 필사 (꼭! 기억할 명언)

93페이지	변화를 원하고 발전을 꾀한다면, 어떤 수를 써서라도 변화하고 발전할 시간을 자신에게 만들어 줘야 합니다. 삶의 최우선순위에 배움이 있어야 합니다.
119페이지	전 세계에서 아무리 높은 이익을 가져다주는 투자라 해도 배움만큼 확실한 투자는 없다고 단언합니다. 배움은 수익이 약속된 최고의 투자입니다.

연결 가능한 책

≪어떻게 공부할 것인가≫(마크 맥대니얼), ≪프로페셔널 스튜던트≫(김용섭), ≪폴리매스≫(와카스 아메드), ≪익숙한 것과의 결별≫(구본형), ≪최재천의 공부≫(최재천)

▲ 효과적인 재독을 위해 필자가 실제로 쓰고 있는 '아웃풋 기록 독서 노트', ≪배움을 돈으로 바꾸는 기술≫[7]을 재독하여 기록했다.

7) ⋯⋯

≪배움을 돈으로 바꾸는 기술≫(이노우에 히로유키 저/박연정 역, 예문, 2013)

해서 읽는 통독은 자연스럽게 따라오게 됩니다.

이렇게 개념이 연결되고 배경지식이 쌓이면서 나만의 개념이 새롭게 만들어지는 환경 조성까지, '독서의 선순환' 효과를 누릴 수 있습니다. 처음에는 독서 노트를 작성하는 것이 귀찮고 시간이 더 많이 걸리는 것 같지만 계독과 관독을 통한 15~20권 정도의 책을 아웃풋 기록 독서 노트에 정리한다면 책 속의 정보와 지식이 언제든 꺼내어 써먹을 수 있는 온전한 내 지식이 되는 놀라운 경험을 하게 될 것입니다.

독서 노트는 자기화 기록이다

독서 노트를 작성할 때는 한 가지 중요한 포인트가 있습니다. 저자의 생각이나 책의 내용을 그대로 옮기는 단순한 필사를 하는 것이 아닌 하나의 '관점'을 중심으로 읽은 내용에 대한 나의 생각, 느낌, 시사점 등을 메모하는 '자기화 기록'을 사용해야 한다는 것입니다.

처음 초독할 때는 평상시대로 독서를 하며 중요한 내용에 밑줄을 긋고 왜 그 부분을 중요하게 생각하는지, 어떤 점을 나의 삶에 적용해보면 좋을지에 대한 당시의 생각을 여백이나 메모지에 적습니다. 이때 한 페이지를 읽고 그때그때 메모하면 시간이 오래 걸리기 때문에 보통은 2~3페이지를 읽은 후 자기화 기록을 진행합니다. 처음에는 2~3페이지를 읽고 기록하려다 보면 앞의 내용을 잊어버려 다시 돌아가기도 하지만 반복 연습으로 극복할 수 있습니다.

필자는 처음에는 2페이지로 시작했으나 한 번 읽고 기록하는 페이지 수를 조금씩 늘렸습니다. 물론 3~5페이지를 읽었지만 밑줄을 긋거나 메모를 할 내용이 나오지 않는 부분도 있습니다. 그래서 지금은 10페이지 읽고 두세 줄 요약하기, 한 챕터를 읽고 두세 줄 요약하기처럼 페이지 범위를 점차 늘려나가고 있습니다.

열심히 집중해서 밑줄을 그어가며 독서해도 짧게 스치고 지나가는 정보만으로는 지식의 확장을 기대하기가 쉽지 않습니다. 우리의 생각은 휘발성이 아주 강합니다.

구분	중요 내용 요약
핵심 메시지	부를 끌어당기는 공부의 기술 : 배웠으면 돈을 벌고, 익혔으면 성과를 내라!
챕터1	인생의 모든 문제는 내 안에 있으며, 배움으로 해결할 수 있다. 원하는 결과를 가져다줄 씨앗을 뿌리기 전 씨앗이 잘 자랄 수 있게 땅을 비옥하게(공부) 만들어라!
챕터2	배움은 24시간 ~ing형으로(삶의 최우선 순위를 배움), 언젠가 아닌 바로 지금이 차이를 만든다. 시간을 지배하라 : 시간은 주어지는 것이 아닌 스스로 만들어내는 것(내 시간을 내가 소중히 여겨라)
챕터3	배움은 수익이 약속된 최고의 투자 : 자산에 투자가 아닌 배움에 투자하라 돈을 잘 쓰면 인생이 바뀐다 : 돈은 의미 있는 데 사용하면 그 이상의 가치로 돌아온다.
챕터4	모든 사람과 잘 지낼 필요는 없다. 시간을 허비하며 강박적으로 인맥을 만들지 마라 경쟁에서 기쁨 찾기 : 배움의 수준과 속도를 높여줄 '호적수' 만들기 배움은 자기만족으로만 끝나선 안 된다. 머릿속에 들어있을 때가 아닌 움직이고 행동할 때 가치로 전환
챕터5	성취 경험을 축적하고 성취감을 온몸으로 체화하기와 어제보다 나은 내일을 만드는 것, 그것이 인생의 임무 나를 만들어주는 세포가 되는 책을 항상 한 권 이상 옴에 지니고 다녀라 포기할 이유를 찾지 말고, 포기하지 않는 습관을 들이기(단 하루도 공부를 거르지 마라)
챕터6	배움을 거듭함으로써 자신만의 희소가치를 만들어라+남을 가르칠 기회를 만들어라(강사 되어보기) SNS를 통해 지식과 깨달음을 꾸준히 공유하기(객관적 피드백을 통해 수정, 보완하여 더 디테일해지기)

▲ 필자가 실제로 쓰고 있는 독서 노트 양식 중 챕터별 내용 요약

기록하지 않으면 주먹 안에 쥔 모래가 순식간에 빠져나가는 것처럼 생각도 도망가버립니다. 그래서 필자는 책을 읽으며 바로바로 책 위에 메모하기 시작했습니다. 중요한 내용, 내 생각을 여백에 바로 적기 때문에 언제든 재독하며 반복해 읽을 수 있었습니다. 하지만 책에 기록한 메모에는 두 가지 단점이 있다는 사실을 발견했습니다.

첫째 책은 다시 꺼내 읽기 어렵다.
둘째 책과 책에 담긴 지식을 연결하기 어렵다.

자고 일어나면 하루에도 수백 권의 새로운 책들이 쏟아져 나오기 때문에 지식의 범위가 넓고 깊어지면 읽어야 할 책도 늘어납니다. 여러분의 책꽂이에 꽂혀 있는 올해 샀던 책 중에 다시 꺼내 재독한 책은 몇 권인지, 가지고 있는 전체 책 중 얼마나 재독했는지 세어보면 대부분은 재독하지 않았을 것입니다. 책에 밑줄을 긋고, 인덱스를 부착하고, 메모하는 습관은 아주 좋은 독서 습관입니다. 하지만 현실적으로 그 책을 다시 꺼내 읽을 가능성은 아주 낮다는 사실을 명심해야 합니다.

책을 읽고 내 마음을 움직인, 머리와 가슴을 쿵 하고 때린 좋은 글귀를 한 번만 읽

고 장기 기억으로 남길 수는 없습니다. 물론 천부적인 능력을 지닌 사람도 있겠지만, 필자를 포함한 대부분의 평범한 사람들은 망각의 동물이기 때문에 한 달, 1년이 지나면 아무리 좋은 글귀도 잊어버리기 마련입니다. 앞서 말씀드린 것처럼 배우고 읽었던 내용을 나의 온전한 지식으로 만들기 위해서는 정리와 반복이 필요합니다. 잘 정리한 독서 노트는 변화와 성장의 원동력이 되며 나만의 업을 만드는 데 있어 중요한 도구가 되어줄 것입니다.

융합의 독서 : 읽은 책은 반드시 연결하라

우리가 어떤 한 분야의 전문가가 되기 위해서는 해당 분야에 대한 깊이 있는 지식과 경험이 필요합니다. 전문가는 해당 분야에 어려움을 겪고 있는 사람에게 솔루션을 제공할 수 있어야 합니다. 책 몇 권을 열심히 읽었다고 솔루션을 제공해주는 것은 현실적으로 쉽지 않습니다. 어떤 현상과 문제가 하나의 원인에서 일어나더라도 해결책은 단순하지 않고 복합적일 수 있습니다. 따라서 관련 분야의 책 몇 권을 읽었다고 해서 전문가가 되는 것이 아니라 읽고 배운 내용을 서로 연결할 수 있어야 합니다.

	도서 정보		독서 과정	
2023년 누적 권 수	29	독서 타입	완독/발췌독	
서랍명	자기 계발	폴더명	학습/배움	
도서명	배움을 돈으로 바꾸는 기술	기록일	2023. 03. 22.	
분야	성공학	1회독	2023. 03. 15~19.	
저자	이노우에 히로유키	2회독	2023. 03. 20.	
출판사	예문	3회독	2023. 03. 22.	

⋮

연결 가능한 책
≪어떻게 공부할 것인가≫(마크 맥대니얼), ≪프로페셔널 스튜던트≫(김용섭), ≪폴리매스≫(와카스 아메드), ≪익숙한 것과의 결별≫(구본형), ≪최재천의 공부≫(최재천)

▲ 필자의 '아웃풋 기록 독서 노트' 상단의 '도서 정보', '독서 과정'과 하단의 '연결 가능한 책'을 주목

왼쪽의 그림은 필자의 독서 노트 양식입니다. 상단의 '도서 정보' 영역에는 온라인 서점에 들어가 책과 관련한 기본적인 정보들을 기재합니다. '독서 과정' 영역에는 책을 읽을 때 나만의 분류와 정보를 기재합니다. 특히 눈여겨봐야 할 부분이 '폴더명' 영역입니다.

폴더는 앞서 MTS 시스템 구조도에서 콘텐츠 주제(Subject)에 해당하는 영역으로 '메타태그'의 역할을 합니다. 이렇게 작성한 독서 노트는 출력해 '학습/배움'과 같은 주제로 분류된 책들의 독서 노트와 함께 정리합니다.

독서 노트 양식 하단에는 '연결 가능한 책'이 있습니다. 이 책을 읽고 최대한 비슷하거나, 연결할 수 있는 지점이 떠오른 책을 기록합니다. 그럼 나중에 이 책을 재독할 때 연결 가능한 책도 재독하고, 추가로 연결할 수 있는 책이 또 있다면 재독의 연쇄 작용이 가능합니다.

논문을 작성할 때 연구자는 자신의 생각만 적는 것이 아니라 여러 가지 근거 자료를 연결해 자신이 주장하는 내용의 타당성을 반복해서 입증합니다. 우리의 지식 역시 한 권의 책을 읽으며, 밑줄 긋고 고개만 끄덕이다가 책을 덮고 다시는 펼쳐보지 않는 초독에서 끝나서는 안 됩니다. 언제든 수시로 꺼내 보고 연결할 수 있는 독서를 할 때 비로소 책의 지식이 온전한 내 지식이 되는 것입니다.

태그화 과정을 통해 책을 연결하라

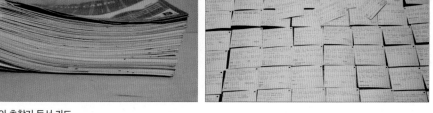

▲ 필자의 초창기 독서 카드

필자도 5년 전에는 한 달에 책 한 권 읽기가 어려운 지극히 평범한 직장인이었습니다. 우연히 김정운 교수의 《에디톨로지》[8]라는 책에서 읽은 "창조란 유에서 무를 만들어내는 것이 아니며 기존의 것들을 새롭게 재구성하는 데서 탄생한다.", "자신만의 관점으로 편집하는 것, 그것이 바로 에디톨로지의 핵심이다."라는 두 문장은 필자의 독서 습관을 긍정적인 방향으로 변화하게 만들었습니다. 변화한 방향 중 하나가 책에 나온 방식을 참고해 나만의 메모 카드를 만들기 시작한 것입니다. 이 메모 카드의 핵심은 읽은 책을 독서 목적에 맞는 상위 개념으로 묶는 것입니다. 이런 과정을 태그화, 범주화라 부릅니다.

30~40대 직장인들에게 '시간 관리의 중요성'이라는 주제로 콘텐츠를 생산하고자 할 때 필요한 인풋(독서)이 있을 것입니다. 이때 효과적인 인풋을 위해 가장 먼저 필요한 것이 태그화 작업입니다. '시간 관리의 중요성'이라는 대주제가 정해졌다면 그에 맞는 소주제를 '① 새벽 기상', '② 체크리스트와 피드백', '③ 동기부여' 정도로 범주화합니다.

이제 소주제와 일치하거나 비슷한 주제를 가진 책을 찾아야 합니다. 오프라인 서점에서 찾아도 좋지만 요즘은 온라인 서점 상세 페이지에 해당 도서의 핵심 내용이 일목요연하게 정리되어 있습니다. 도서 소개 자료를 꼼꼼하게 읽다 보면 해당 카테고리에 들어갈 도서들을 선정하는 것은 그리 어렵지 않을 것입니다.

주제별 도서가 정해졌다면 인풋을 위한 독서를 진행합니다. 책을 읽으며 내가 중요하다고 생각해서 밑줄 그은 내용이 위 영역 중 어디에 해당하는지 태그를 붙여주면 됩니다. 여기까지는 계독과 관독에 해당하는 과정입니다.

이때 같은 책이라도 하나의 소주제에만 포함되는 것이 아니라 어떤 부분은 1번 주제에, 어떤 부분은 2번 주제에, 또 어떤 부분은 1~3번 주제에 모두 해당할 수도 있습

[8]

《에디톨로지》(김정운 저, 21세기북스, 2018)

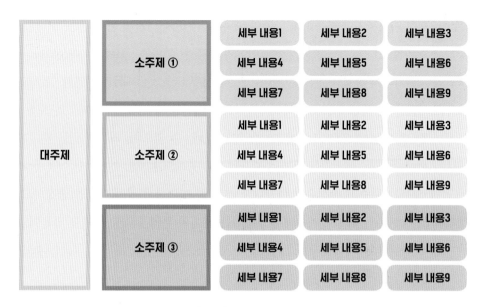

	소주제 ①	세부 내용1	세부 내용2	세부 내용3
대주제		세부 내용4	세부 내용5	세부 내용6
		세부 내용7	세부 내용8	세부 내용9
	소주제 ②	세부 내용1	세부 내용2	세부 내용3
		세부 내용4	세부 내용5	세부 내용6
		세부 내용7	세부 내용8	세부 내용9
	소주제 ③	세부 내용1	세부 내용2	세부 내용3
		세부 내용4	세부 내용5	세부 내용6
		세부 내용7	세부 내용8	세부 내용9

▲ 다양한 태그(범주화)가 존재해야 창의성이 탄생한다.

니다. 이렇게 소주제에 태그하는 독서를 진행하면서 하나의 책에 담긴 내용을 탄탄하게 만들어야 합니다. 예를 들어 '① 새벽 기상'과 관련해 새벽 기상의 효과와 장점, 좋은 결과를 얻어낸 사례, 뇌과학, 생산성, 새벽 기상 루틴 방법, 5분 아침 운동 등 다양한 내용을 연결해 구조화하는 것입니다. 이런 방식으로 2번, 3번 주제도 동일하게 구조화 과정을 거칩니다.

이렇듯 우리가 콘텐츠를 생산하고 인사이트를 제공하는 과정은 지식의 태그를 얼마나 창의적으로 연결하는가에 달려 있습니다. 책의 내용에 태그를 붙여 범주화하더라도 이를 제대로 활용하기 위해서 필요한 것은 아웃풋 기록 독서 노트입니다. 꼭 한 번에 책을 몰아서 읽지 않더라도 그때그때 진행한 계독, 관독을 범주화하고 아웃풋 기록 독서 노트를 작성한다면 지식을 언제든 꺼내 활용할 수 있을 것입니다.

필자도 처음에는 태그를 붙이고 분류하는 것이 힘들었습니다. 하지만 늘 강조하는 것처럼 첫술에 배부를 수 없습니다. 처음에는 방법을 모르기 때문에 누군가의 노하우를 바탕으로 시작하지만 거듭하며 나만의 노하우를 만들어나가면 됩니다.

다른 독서법보다 유독 재독을 많이 이야기한 것은 그만큼 중요하기 때문입니다. 영국의 소설가이자 문학 평론가인 데이비드 허버트 로런스는 재독과 관련된 "독서의 참다운 기쁨은 몇 차례고 그것을 다시 읽는 것이다."라는 말을 남겼습니다.

책을 한 번 읽는 것으로 그 책을 다 읽었다고 말할 수 없으며, 거듭해 읽을 때마다 새로운 책이 됩니다. 개인차는 분명 존재하겠지만 못해도 3개월, 1년 이상 아웃풋 기록 독서 노트를 꾸준히 작성하길 바랍니다. 지극히 평범했던 필자가 책을 출간하고, 강의하고, 새로운 영역으로 계속해서 도전하는 것처럼 분명 놀라운 결과를 만들어낼 수 있을 것입니다.

책 읽기는 종이책으로

대한민국 최고의 데이터 분석가 송길영 대표의 독서 메리트에 관한 이야기가 인상 깊었습니다. "많이 읽다 보면 생각이 증폭될 수 있는 대목이 보이고, 대개 거기서 변화가 시작됩니다. 그러니 미래를 미리 보시려면 많이 읽고 생각하는 훈련이 중요합니다. 책은 누군가가 일정 기간 동안 궁리한 고민의 총량이 응축된 산물이니까요."

송길영 대표는 데이터 분석가로서 온라인 세계에서 수많은 사람의 일상적인 기록이 담겨 있는 빅데이터를 통해 인간의 마음을 읽고 해석하는 것이 일이지만 책만큼은 종이로 읽는다고 합니다.

요즘은 스마트폰이나 태블릿 PC, 전자책 리더기 등으로 책을 읽는 사람들이 증가하고 있습니다. 하지만 송길영 대표나 빌게이츠, 워렌 버핏과 같은 리더들은 여전히 종이책 읽기를 선호하고 또 강조하고 있습니다.

전자책의 등장으로 종이책은 곧 사라질 것이라는 우려가 있었지만, 우려가 무색할 정도로 종이책은 여전히 사랑받고 있습니다. 독자들은 실물로 책을 소유할 수 있으며, 전자책과 달리 눈이 피로하지 않고, 종이책 특유의 냄새와 촉감을 느낄 수 있다는 점 등 종이책의 여러 가지 매력을 말하고 있습니다.

노르웨이 스타방에르 대학교 연구진이 1~8세 아동 1,800여 명의 이야기 이해도와 어휘 습득에 관한 데이터를 분석했습니다. 그 결과 전자책보다 종이책을 읽었을 때 아이들이 책 내용을 더 많이 이해했다고 합니다. 그러니 독서에 흥미를 붙이고 제대로 된 효과를 내기 위해서는 종이책으로 독서를 시작하길 권장합니다.

가장 좋은 독서법은 꾸준히 읽는 것

필자가 앞서 소개한 세 가지 독서법이 하루아침에 완성되는 것은 아닙니다. 아직 독서가 어려운 초보 독서가라면 매일 1시간 이상 꾸준하게 책을 읽어 책과 친해지고, 최소 2~3개월 꾸준히 책을 읽는 습관을 들여야 합니다. 만약 1시간 이상이라는 시간이 부담되거나, 효율이 떨어진다면 하루에 30페이지 읽기처럼 페이지를 목표로 세우는 것도 좋습니다.

강의 현장에서 많이 나오는 질문 중 하나가 "저도 책을 출간해서 강의를 하고 돈을 벌고 싶은데 가능할까요? 얼마나 걸릴까요?"입니다. 그럼 저는 이렇게 대답합니다. "책을 출간하고, 강의를 통해 돈을 버는 일을 한 번에 해결해줄 수 있는 만능열쇠는 존재하지 않습니다. 이러한 결실을 보기 위해서는 '절대적인 시간' 투자가 필요합니다."

필자는 이렇게 시간을 투자하는 시기를 '토지를 비옥하게 만드는 과정'으로 표현하곤 합니다. 풍성하고 달콤한 열매를 얻기 위해서 씨를 뿌리는 작업이 필요합니다. 가물고 황폐한 땅에 아무리 씨앗을 뿌린다고 한들 싹이 자라지 않을 것입니다. 좋은 열매를 얻기 위해선 비옥한 땅에 씨앗을 뿌려야 합니다.

우리가 지금 책을 읽고, 공부하고, 자기 계발을 하는 과정은 비옥한 땅에 물을 주고, 거름을 뿌리며 돌을 솎아내는 과정입니다. 당분간은 결실도 볼 수 없는 인고의 과정입니다. 하지만 이 과정을 거치지 않고서 좋은 열매를 얻을 수는 없습니다. 당장 책을 열심히 읽었다고 당장 책을 쓰고 돈을 벌 수 있는 게 아니라는 사실을 명심하길 바랍니다. 1년, 한 달, 일주일의 계획을 세우고 매일매일 조금씩 독서하고 아웃풋 기록 독서 노트를 작성하며 비옥한 토지를 만들어야 합니다.

SECTION 06

제5관점 :
시간 및 목표&계획에 관한 관점

SMART 목표 설정법

때때로 우리는 계획을 수립할 때 구체적인 목표보다 추상적인 목표를 세웁니다. 글로벌 기업 켈리델리(KellyDeli)의 창업자인 켈리 최 회장은 그의 저서 《웰씽킹 WEALTHINKING》[9]에서 목표 설정에 관한 중요한 기준을 다음과 같이 말했습니다. "명확하고 측정 가능하며 실현 가능한 목표를 정해야 한다. 그렇기 위해서는 목표가 한 줄로 명확해야 하며 데드라인이 있어야 한다."

이러한 목표 세우기 기준을 보고 현대 경영학의 창시자 피터 드러커가 《경영

---

[9] 《웰씽킹 WEALTHINKING》(켈리 최 저, 다산북스, 2021)

의 실제》[10]에서 소개한 SMART 목표 설정법이 떠올랐습니다. SMART란 Specific, Measurable, Achievable, Realistic, Time-based의 두문자 조합으로 각각의 단어가 의미하는 뜻은 다음과 같습니다.

- Specific 목표는 구체적이어야 한다.
- Measurable 목표는 측정 가능해야 한다.
- Achievable 목표는 달성 가능해야 한다.
- Realistic 목표는 현실적이어야 한다.
- Time-based 목표는 시간적 제한이 있어야 한다.

피터 드러커가 제시한 SMART 원칙처럼 켈리 최 회장도 동일한 기준을 제시하는 것입니다. 이렇듯 세계 유수의 기업가들은 SMART한 목표 설정 원칙을 기준으로 삼습니다. 이번 '제5관점 : 시간 및 목표&계획에 관한 관점'에서는 SMART 목표 설정법을 여러분의 삶에 적용하는 방법에 대해서 알아보겠습니다.

그 전에 한 가지 당부하고 싶은 말이 있습니다. 이번 관점을 익히고 난 이후로는 시간이 없다는 핑계는 그만 멈추자는 것입니다. 강의 도중 회사에 다니면서 어떻게 그 많은 일을 하는지 수강생이 질문하면 필자는 이렇게 대답합니다.

"수평적, 수직적 시간 관리를 하나의 종이에 그릴 수 있다면 누구나 가능합니다. 저 역시 여러분과 같이 회사에 다니며 지극히 평범한 일상을 사는 흔한 사람입니다. 하지만 제가 도저히 자기 계발이라는 여유가 없어 보이는 이 일과 속 틈바구니에서 어떻게 시간을 쪼개고 찾아내서 관리하는지 그 방법을 알게 된다면 누구나 가능합니다."

10] ·····
《경영의 실제》(피터 드러커 저/이재규 역, 한국경제신문, 2006)

계획을 세우고 실행을 통해 성공에 이르기 위해서 가장 선행되어야 할 것이 바로 '자원'의 확보입니다. 그중 가장 기본이 되는 자원은 '시간'입니다. 내가 가진 지식과 경험을 바탕으로 강의하고 싶다면 자료를 만들고, 기획안을 만들어 각 기관과 플랫폼에 메일을 보낼 시간을 확보해야 합니다. 강의하는 기술은 그다음 문제입니다. 나의 지식과 노하우를 정리하고, 자료를 취합해 강의 교안을 만드는 데는 상당한 시간이 소요됩니다. 자기 계발을 비롯해 모든 생산적인 활동을 위해서는 절대적인 시간 자원이 투여되어야 합니다.

지금부터 소개할 시간 관리 방법은 평범하게 아침 일찍 일어나 잠들기 직전까지의 하루를 열심히 살아야 한다는 일반적인 내용이 아닙니다. 매일의 노력이 누적되어 한 주, 한 달, 일 년이 되는 것처럼 큰 그림을 그리며 시간의 밀도를 높이는 방법에 대해서 알아볼 것입니다.

필자도 매일 시간이 없다는 말을 입에 달고 살았던 사람입니다. 하루를 30분 단위로 쪼개 계획을 세우고 관리도 해봤지만 그저 하루하루를 열심히 살 뿐 효과적이지 않았습니다. 하지만 앞으로 알아볼 수평·수직적 시간 관리를 통해 하루를 24시간이 아닌 36시간, 48시간으로 사는 것 같은 효과를 얻을 수 있었습니다. 여러분도 이를 실제 내 삶, 계획에 적용한다면 '시간 없음'이라는 핑계의 굴레에서 벗어날 수 있을 것입니다.

수평적 시간과 수직적 시간

하루 24시간 누구에게나 공평하게 주어지는 자원이 바로 시간입니다. 책을 읽는 지금도 시간은 흘러갑니다. 다시 말해 우리에게 주어진 잔여 시간이 점점 줄어든다는 사실을 기억해야 합니다. 시간을 어떻게 효과적으로 쓰면 좋을지 함께 전략을 세워보겠습니다.

가장 먼저 바꿔야 할 개념이 바로 시간에 관한 관점입니다. 아침 6시에 기상해 저녁 12시 잠들기 전까지의 일과를 단순히 시간의 흐름이라 생각할 수 있습니다. 하지만 시간을 제대로 관리하는 사람에게는 두 개의 시간이 존재합니다. 바로 '수평적 시간'과 '수직적 시간'입니다. 이 두 가지를 구분할 수 있어야 우리에게 주어진 시간을 보다 현명하고 효율적으로 사용할 수 있습니다.

그리스어로 '시간'을 의미하는 단어는 크로노스(Chronos)와 카이로스(Kairos) 두 가지입니다. 크로노스는 수평적 시간, 물리적 시간을 의미하며 우리가 흔히 말하는 누구에게나 주어지고 단순히 흘러가는 '하루 24시간' 그 자체를 뜻합니다.

카이로스는 수직적 시간, 논리적 시간으로 순간의 찰나, 때를 의미합니다. 질적인 개념으로 개인이 경험한 사건, 특별한 의미를 부여할 수 있는 시간을 뜻합니다. 이는 누구에게나 똑같이 주어지는 시간이 아닌 개인의 선택에 의해 상대적으로 재구성되는 시간입니다.

수평적 시간(크로노스)은 흘러가는 것을 잡을 수도 없고, 돈이 많거나 강력한 권력을 가지고 있다고 해서 추가로 살 수도 없습니다. 하지만 수직적 시간(카이로스)은 어떠한 생각과 계획을 가지고 선택을 하는가에 따라 개인이 관리 가능한 시간으로 만들 수 있습니다.

시간 관리와 목표 관리는 동시에 이루어져야 한다

시간 관리와 목표 관리를 동떨어진 개념으로 생각하는 것은 잘못된 생각입니다. 본질적인 의미에서의 시간 관리는 우리의 평소 행동을 관리하는 것이며, 행동을 관리한다는 것은 삶의 목표를 관리하는 것이나 다름없습니다. 만약 명확한 목표가 설정된다면 자연스럽게 목표를 달성하기 위해 행동하고, 행동하기 위한 시간을 관리해야 합니다. 하루하루 수평적 시간이 쌓이면 목표에 도달하기 위한 과정들이 다소 서툴고

허술하더라도 언젠가 최종 목적지에 도달할 것입니다.

필자가 강의 현장에서 만난 수강생 대다수의 목표는 상당히 비슷하다는 것을 알수 있었습니다. 하지만 짧게는 3개월 길게는 1~2년 후 전혀 다른 성과, 결과물을 얻는 것을 확인할 수 있었습니다. 이런 차이가 왜 발생했는지 추적하며 확인해보니 목표는 비슷했지만 목표에 접근하는 방식이 다르다는 것을 알 수 있었습니다.

	12월/52주			12월/52주			12월/52주

1월/1주		1월/1주		1월/1주	

A : 1년 52번의 주간 피드백   B : 1년 12번의 월간 피드백   C : 피드백 없음

▲ 좌측부터 A, B, C의 시간 관리 목표 관리 결과 피드백 시트. 수평적 시간 관리와 수직적 시간 관리는 하나의 개념으로 묶어 관리되어야 한다.

위 그림은 A, B, C 세 사람의 시간 관리와 목표 관리에 대한 피드백 결과 시트입니다. 새해가 시작되고 A는 1주 차부터 52주 차까지 매주 52회의 주간 피드백을 진행했습니다. B는 매월 마무리하면서 1년 12번의 월간 피드백을 진행했습니다. 반면 C의 경우 새해 첫날 계획 후 피드백을 진행하지 않았고 연말에만 한 해를 되돌아보고 반성하며 새 계획을 막연하게 세웁니다. 세 사람 중 어떤 사람이 목표를 달성할 확률이 높을지 묻지 않아도 잘 알리라 생각합니다.

필자는 2023년 연간 목표를 세 가지로 정했습니다. ① 퍼스널 브랜딩 수익화 관련 오프라인 강의 6회+온라인 강의 6회 진행, ②《네이버 블로그로 돈 벌기》후속작 출

간하기, ③ '세바시' 방송 출연 및 세바시 랜드 플랫폼 강의 입점하기입니다.

이 세 가지의 큰 목표를 달성하기 위한 올해의 연간, 월간, 주간 목표가 있을 것이고 각각의 목표를 위한 연간, 월간, 주간 목표가 생길 것입니다. 이런 목표가 있어야 명확한 목적을 달성하기 위한 모든 인풋(독서, 배움, 경험 등)에 매일 집중하고 진지하게 임하게 되는 것입니다. 매일 그저 열심히 배우고, 읽으면 언젠가 성공한다는 막연함이 아니라 진지한 태도로 배움의 노력을 쌓아 주간, 월간의 목표를 달성한다면 연간 목표를 달성할 수 있다는 확신과 자신감도 생깁니다.

시간 관리는 목표 관리와 연결되어야 합니다. 목표 관리의 달성을 위한 과정을 잘게 쪼개면 큰 그림의 연간 계획, 12개의 월간 계획, 52개의 주간 계획으로 세분화할 수 있습니다. 이것이 바로 '수직적 시간 관리'입니다. 물론 처음에는 힘들겠지만 한 해, 두 해 반복하면 점차 자신감이 생기고, 목표가 더욱 명확하다면 365개의 디테일한 시간 관리도 어려운 일이 아닙니다. 이런 계획은 디테일해질수록 달성 가능성이 커집니다.

디테일한 시간 및 목표 관리 방법

주위에서 '시간 관리 좀 한다'는 말을 듣기 위해서는 수평적 시간과 수직적 시간을 함께 관리해야 함을 이해했을 것입니다. 그럼 두 관점의 시간을 보다 자세하고 효율적으로 관리하는 방법에 대해 알아보겠습니다. 시간을 제대로 관리하기 위해서는 역산 스케줄링(Backward Scheduling)을 활용하면 효과적입니다.

역산 스케줄링

역산 스케줄링이란 계획한 미래로 가서 역으로 행동을 계산하면 현재 무엇을 해야 하는지 명확해진다는 개념으로 목표를 이루기 위해 꼭 필요한 기술입니다. 일본의 경영 컨설턴트인 간다 마사노리가 말한 역산 스케줄링의 개념을 보겠습니다.

"성공하는 사람들은 미래로부터 역산해서 현재의 행동을 결정한다."

꿈을 이루기 위해 열심히 하면 언젠가 이루어질 것이라는 생각으로 매일 그저 최선을 다해 노력하는 추상적이거나 상투적인 계획이 아니라 명확히 목표가 달성될 시기인 마감일(Deadline)을 우선 정합니다. 그리고 이를 역으로 계산해 각 행동의 기준점(중간 목표)을 정한 후 스스로 행동을 단속하고 객관적으로 피드백하며 실행하는 것입니다.

기간	진행 내용	예상 소요 기간
2023년 11월	책 출간	–
2023년 8월	최종 원고 완료	3개월
2023년 2월	원고 작성	6개월
2023년 1월	목차 작성	1개월
2022년 12월	시장 조사 및 벤치마킹, 자료 수집	1개월
2022년 11월	쓰려는 책의 MTS 시스템 구조도 작성	1개월

▲ 책 출간을 위해 작성한 필자의 역산 스케줄링 계획

필자의 첫 번째 책 《네이버 블로그로 돈 벌기》가 많은 사랑을 받으면서 돈 벌기의 기본 내용을 넘어 확장된 내용을 다룬 업그레이드 도서를 출간해달라는 요청이 많았습니다. 그래서 2022년 3월 회사에서 점심 식사 후 탕비실에 앉아 2023년 11월 출간을 목표로 '책 쓰기 역산 스케줄링'을 시작했습니다. 집필까지 걸리는 이런저런 조율 과정을 제외하고 2023년 11월 출간을 위해서는 적어도 3개월 전인 2023년 8월까지 약 350페이지 분량의 최종 원고를 출판사에 전달해야 합니다. 그럼 필자에게는 6개월 남짓한 원고 작성 시간이 주어지게 됩니다.

원고를 쓰기 전에는 반드시 글쓰기를 위한 사전 조사가 필요합니다. 그래서 목차 작성에 한 달, 자료 수집 단계에서 한 달, 그리고 이 책을 읽는 독자층(타깃)은 누구이고, 그들에게 어떠한 정보들을 전달할지, 책이 전하고자 하는 핵심 메시지에 대한 내용을 고민하면서 MTS 시스템 구조도를 작성하는 단계에 한 달을 써 출간을 위한 1년간의 역산 스케줄링이 완성되었습니다.

흩어진 시간이 영리한 전술 아래 적재적소에서 유기적으로 움직이는 일당백의 군사가 되는 것이라 생각하면 알맞습니다. 생각만 해도 든든하지 않습니까? 역산 스케줄링은 단순히 열심히 노력하는 것과는 차원이 다른 이야기입니다. 비단 이 개념은 1년, 2년에 해당하는 단기간의 목표에 그치지 않고 100세 시대를 살아가는 과정에서 5년, 10년, 20년의 장기적인 목표에 적용해도 좋습니다.

역산 스케줄링은 내 목표에, 나아가 내 삶에 나침반과 같은 역할을 해줄 것입니다. 지금 시점에서 어떤 방향으로 나가야 할지 길을 잃은 기분이 든다면 원하는 결승점으로 미리 가서 출발점을 향해 방향을 정하는 것도 좋은 방법이 될 것입니다.

디테일한 역산 스케줄링 방법

앞서 알아본 것처럼 수평적 시간 관리와 한 주, 한 달, 1년, 그 이상의 장기적 관점에서의 수직적 시간 관리가 함께 이루어져야 합니다. 이때 역산 스케줄링으로 1년이라는 수평적 시간을 더욱 디테일하게 관리할 수 있습니다. 자세한 이해를 돕기 위해 이어지는 표를 확인해보겠습니다.

오른쪽의 표는 쉬운 이해를 위해 1년, 12개월을 기준으로 도서 집필 일정을 정리한 표입니다. 1년을 목표로 도서를 출간하고자 결심하고 하얀 워드 창에 깜빡이는 커서를 보며 어떤 글을 써야 할지, 무슨 내용으로 채워야 할지 고민하는 것이 능사가 아닙니다. 명확한 데드라인과 각 시기별로 명확한 실행 계획이 있어야 합니다.

구분	1월	2월	3월	4월	5월	6월
진행 사항	MTS 작성	시장 조사	목차 작성	원고 작성(~150페이지)		
추가 체크				6개월 월간 집필 계획	1차 투고 (80페이지/A, B급 출판사)	
구분	7월	8월	9월	10월	11월	12월
진행 사항	원고 작성(150~300페이지)			원고 제출	윤문 및 디자인	출간
추가 체크	2차 투고 (150페이지/C, D급 출판사)		출판사 미팅	출판사와 지속적 소통 및 조율		출간 마케팅

▲ 역산 스케줄링은 수직적 시간 관리와 수평적 시간 관리를 연결시켜 준다.

출간이라는 결승점에서 출발점까지 역산 스케줄링으로 계획을 세운 후 1월부터 12월까지 수평적으로 펼치면 목표와 데드라인이 더욱 뚜렷하게 정리됩니다. 필자는 이 단계까지 왔다면 1/3은 성공한 것으로 봅니다. 월 단위 계획도 마찬가지로 역산 스케줄링을 통해 더욱 자세한 주간 계획과 일간 계획으로 목표를 세분화하면 좋습니다.

책 출간을 역산 스케줄링의 예시로 들었지만 강의 기획, 전자책 출간, 솔루션을 제공하는 코칭, 컨설팅 등 나만의 업을 준비하는 모든 과정에 적용할 수 있습니다. 단순히 도전하는 것이 아니라 여러분 스스로 1인 기업, 1인 기획자라는 생각을 가지고 큰 덩어리 계획에서 작은 입자 계획까지 구성해보면 마음가짐도 달라질 것입니다.

정량적 목표 설정의 중요성

단순히 책을 쓰겠다는 계획이 아니라, 역산 스케줄링을 통한 1년의 계획이 12개의 디테일한 월간 계획이 되듯 정밀한 52개의 주간 계획 나아가 365일의 일간 계획 또한 수립해야 합니다. 한 번에 모든 주간 계획, 일간 계획을 작성할 수는 없겠지만 각 월의 시작에 앞서 주간, 일간 계획이 역산 스케줄링으로 디테일하게 작성되면 더욱 좋습니다.

앞선 계획표에서는 4월~9월 사이, 6개월간 약 300페이지의 원고를 작성해야 합니다. 그렇다면 최소 한 달에 50페이지를 작성하고, 한 주에는 최소 12페이지, 일간 으로 따지면 1.7페이지로 하루에 약 2페이지의 원고를 작성해야 합니다. 이때 정량적 실천을 바탕에 두고 계획을 짜고 스스로 점검하면 내 글쓰기 목표에 대한 객관적 평 가가 가능해집니다.

이것이 바로 명확한 기준과 목표, 명확한 데드라인의 제시입니다. 1년 이내 출간이 라는 목표를 달성하기 위해 6개월간은 무슨 일이 있어도 300페이지의 원고를 완성해 야 합니다. 이런 6개월간의 목표를 달성하기 위해서는 일간 목표인 하루 2페이지 이 상의 원고를 매일 꾸준히 작성하겠다는 계획을 세워야 합니다. 아래 진도표 그래프의 빨간색 선은 1일 기준이 되는 2페이지입니다.

▲ 실제 필자가 작성한 집필 진도표

그런데 그래프를 보면 매주 목요일은 독서 모임이 매주 금요일은 동호회 활동이 있어 원고를 집필할 수 없는 상황이 자주 발생했습니다. 이때는 어떻게 해야 할까요? 주말에 앞서 작성하지 못한 주간 목표의 분량을 채우기 위해서 하루 기준량의 2배인 4페이지를 채워야 합니다. 이것이 바로 '정량적 목표 설정'입니다. 내가 매일, 주마다, 달마다 해야 하는 노력을 '양'으로 환산하면 객관적인 피드백도 더욱 쉬워집니다. 객 관적인 피드백이 가능하니 얼마나, 어떻게 해야 할지에 대한 명확한 기준이 생기게 됩니다.

업의 그릇

또한 정량적인 목표는 규칙적으로 달성해야 합니다. 어떤 때는 원고 작성이 탄력을 받는다고 하루 이틀 잠도 자지 않고 10~20페이지를 썼다가 다음날 지쳐 쓰러지거나 무턱대고 쉰다면 규칙적인 글쓰기의 리듬감을 잃게 됩니다. 우리가 업을 만드는 데 있어 중요한 것은 꾸준함을 통해 서서히 속도에 탄력을 붙여나가는 요령입니다. 그래야 그것이 습관이 되고 가속도가 붙는 것입니다.

중간에 멈칫하거나 너무 빠르게 급가속하고 멈춘다면 가속도의 힘은 사라져버립니다. 따라서 6개월, 1년 이상의 장기 목표인 책 쓰기, 업 만들기에서는 수직적·수평적 시간 관리를 통해 매일 조금씩 꾸준히 실행하여 가속도를 붙이고 유지하여 무사히 목적지에 도착하는 것이 중요합니다.

지금까지 그저 막연하게 열심히 해보자, 열심히 하다 보면 언젠가 이루어질 것이라는 생각으로 그저 앞만 보고 달려왔을 것입니다. 그러나 자기 계발에 많은 시간과 돈을 투자하고도 늘 제자리에 머무는 느낌을 받으며 자신이 만든 한계에 스스로를 가두었다면 이제는 그러지 않길 바랍니다. 이번 SECTION에서 설명한 방법으로 필자는 회사 생활을 하면서 한 해에 종이책 출간, 전자책 출간, VOD 클래스 론칭까지 할 수 있었습니다. 여러분도 충분히 가능합니다.

제6관점 :
지식 전달 계층에 관한 관점

지식 전달 계층에 관한 이해가 성공을 좌우한다

앞서 모든 분야에는 '5 : 20 : 75의 법칙'이 존재한다고 배웠습니다. 핵심 전략은 75%의 왕초보에서 20%의 중수로 빠르게 포지셔닝하는 것이라는 부분도 충분히 설명했습니다. 대부분은 75%의 왕초보에서 20%의 중수로 넘어가는 과정에서 타인과 비교, 시간이 없다는 핑계, 나는 안 될 것이라는 낙담과 함께 포기합니다. 반대로 어떤 사람은 원리를 잘 이해해 삶에 적극적으로 적용하면서 제2의 인생을 위한 나만의 업 만들기에 성공합니다.

나만의 업을 만들기 위해 도전하는 사람들의 특징 중 하나가 누구보다 '열심히' 한다는 점입니다. 관련 분야의 책도 많이 읽고, 강의나 세미나에 참여하면서 자신의 돈과 시간을 아낌없이 투자합니다. 투여되는 시간과 인풋의 질에 따라 시간적 차이는 있겠지만 이 정도면 20%의 중수로 도약하기에 충분한 자질을 갖추었다고 생각합니다. 문제는 누군가는 20%의 중수로 도약하지만, 누군가는 계속해서 피라미드 하단의 75% 영역에 오랜 시간 머물러 있다는 점입니다. 차이는 바로 '실행'입니다. 이 실행이 제6관점의 핵심 포인트이자 키워드입니다.

어떤 중수가 될 것인가

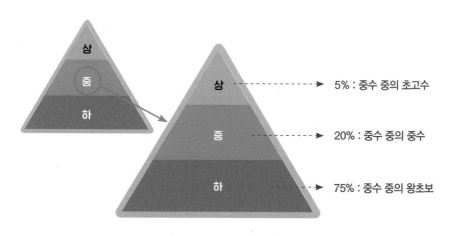

▲ 지식 전달 계층 피라미드, 20% 중수 안에서도 계층이 나뉜다.

위 그림처럼 자기 계발에 진심인 사람의 경우 75%의 왕초보에서 20%의 중수로 올라설 자격을 갖추어도 실제 나만의 업을 만들고 수익을 만들어내는 사람은 20%의 중수 안에서도 25%에 불과합니다. 안타깝게도 우리 주변에 그렇게 열심히 해도 수익화를 달성했고 말하는 사람이 드문 이유입니다.

다른 관점에서 본다면 수익화 방법을 모르기 때문에 누구나 업을 만들고 수익화를 달성하지 못하는 것입니다. 따라서 내가 빠르게 원리를 이해하고 삶에 적용한다면 엄청난 경쟁력을 갖출 수 있다는 의미이기도 하니 낙담할 필요는 없습니다. 다시 그림을 보겠습니다. 여러분이 20%의 중수에 빠르게 도달했다면, 중수 안에서도 25%(20%

의 중수 중의 중수, 5%의 중수 중의 초고수)에 해당해야 합니다.

이때 중수 중의 상위 25% 중수가 되기 위해 필요한 것이 바로 '실행'입니다. 하지만 막상 실행하려고 하면 다음과 같은 질문을 스스로 던지며 멈칫하게 될 것입니다.

- 정말 내가 해도 되는 될까?
- 내가 그런 걸 알려줄 만한 수준이 되는 걸까?
- 이걸 했을 때 어떤 문제가 일어나는 건 아닐까?
- 이걸 했을 때 다른 사람들이 날 어떻게 평가할까?
- 나보다 더 많이 아는 사람이 나타나면 어떻게 할까?

물론 위 다섯 가지 질문은 나만의 업을 만들고 왕초보에서 중수로 넘어가기 전 반드시 스스로 가져야 하는 건전한 의구심입니다. 하지만 질문하는 이유는 보완하기 위해서가 되어야지, 질문 자체에 매몰되어서는 안 됩니다.

만약 주어진 질문에 대한 확신을 갖추지 못한다면 '실행'의 과정에 접어들지 못하고 자신감이 결여되어 '다음에', '언젠가'라는 말에 지배됩니다. 결과는 20%의 중수 중 나머지 75%에 해당하는 중수 피라미드의 하단에 위치해 있을 것입니다. 이런 상황에 오랜 기간 머물러 있던 수강생을 코칭하다 보면 진작에 할 걸, 그때 바로 하는 게 옳았다는 결론에 도달합니다. 남들이 정체 구간에서 헤매고 늦어질 때 먼저 출발해 정체 구간을 벗어나면 그때부턴 빠르게 달리기만 하면 됩니다. 또 성공의 복리 효과도 무시할 수 없습니다. 먼저 성공을 위한 실행이 수반되어야 복리 효과도 빠르게 누릴 수 있습니다. 나중에 100의 이득을 한 번에 얻겠다고 지금 10의 이득을 포기하면 그 복리 효과도 함께 포기하는 것입니다.

이것이 어렵더라도 실행해야만 하는 이유입니다. 여러분이 정말 지금 시작해도 될지 의구심을 떨쳐내고 실행한다면 그때 진작 했어야 했다는 후회도 할 필요가 없습니다. 답도 나오지 않는 질문의 악순환을 끊어내고 과감히 실행하길 바랍니다.

피드백은 최고의 보완, 홍보 수단이다

실행을 위해선 먼저 주변의 반응과 피드백을 두려워하지 말아야 합니다. 피드백을 통해 보완하며 변화하면 됩니다. 필자는 이것을 '시식'에 비유합니다. 여러분의 회사가 새로운 만두를 출시했을 때 아무리 맛이 좋고 가성비가 좋아도 처음 출시한 만두 브랜드는 기존 시장에서 선택받는 게 쉽지 않습니다. 이때 회사에서 내세울 수 있는 전략이 바로 '시식'입니다.

고객의 입장에서 만두를 사기 위해 마트에 갔다면 늘 사던 만두를 본능적으로 집어 듭니다. 그런데 옆에 새로 나온 만두의 시식 코너가 있습니다. 고기 함량비도 높다고 광고하고, 원래 먹던 만두보다 저렴한데 거기에 1+1 행사를 진행하고 있습니다. 하지만 싸다고, 맛이 좋다고 광고해봐야 정작 내 입맛에 맞지 않으면 아무 소용이 없습니다. 이때 바로 옆에 시식 코너가 있다면 직접 맛을 보고 선택할 수 있습니다. 새로운 제품을 선택하기 전 실패의 확률을 줄인다는 것이 가장 큰 장점입니다.

판매자의 입장에서 시식 코너는 명확한 피드백을 받고 보다 디테일한 수정 및 보완 작업을 거쳐 기존 시장에 새롭게 진입한 후 자리를 잡기 위한 중요한 정보를 얻을 수 있는 전략입니다. 시식 코너의 판매 사원들이 그런 피드백을 수집해 전달한다면 여러분의 회사는 그 피드백을 제품에 반영해 업그레이드할 수 있을 것입니다.

이처럼 나만의 업을 만들어 나가는 데 있어 선 실행은 일종의 시식 전략입니다. 생산자, 구매자 모두에게 득이 되는 전략이며 특히 지식, 경험, 노하우를 콘텐츠의 형태로 판매하는 생산자라면 소비자를 직접 대면하고 피드백 받을 수 있는 성장의 밑거름을 얻는 시간이고 과정입니다.

나만의 업을 만드는 과정에서 '시식 코너'의 역할은 무료 PDF 자료, 온라인 무료 강의, 커뮤니티 운영 등이 있습니다. 이에 대한 자세한 내용은 CHAPTER 05에서 다룰 예정이며 여기에서는 지식 전달 계층에 관한 관점으로 우선 접근해보겠습니다.

그러니 지금부터 실행을 통해 피드백을 받아 수정 및 보완하여 진정한 성장을 시작해야 합니다. 현실에 맞서다 보면 무엇이 잘못되었는지, 어떤 부분에서 부족한지를 빠르고 정확하게 파악할 수 있습니다. 그리고 이 과정을 실패가 아닌 성공으로 가는 일련의 과정이라는 긍정적인 마인드는 덤으로 장착할 수 있을 것입니다.

피드백을 통한 지식의 선순환

이런 마인드를 기본으로 장착한다면 인풋에 대한 깊이감도 달라집니다. 75%의 왕초보일 때는 중수로 올라서고 싶은 분야의 책을 읽고, 공부를 하며 지식의 뼈대를 오랫동안 만들어야 합니다. 하지만 직접 도전해본 사람은 다릅니다. 선 경험을 통한 현실적인 피드백으로 뼈대를 만들면 부족한 영역이 보이고, 살 붙이기는 더욱 빠르고 쉬워집니다. 지식이 확장된다는 것을 스스로 느끼니 인풋의 과정이 실제적으로 다가옵니다. 인풋의 과정이 더 이상 고통스럽지 않습니다. 재미있고 몰입도 높아지는 선순환이 만들어집니다.

시작하면 틈이 보인다 : 차별화 전략

여러분이 도전하려는 분야에는 먼저 성공한 사람들이 많을 것입니다. 여러분이 여기에 들어가서 잘 해낼 수 있을지 걱정되겠지만 결론부터 이야기하면 충분히 가능합니다. 하지만 하나의 조건은 필요합니다. 바로 기간입니다. 한 분야에서 자리 잡고 성공하는 과정은 짧은 기간에 승부를 볼 수 없습니다. 그렇다고 막연하게 3년, 5년 길게 보라는 것이 아닙니다. 최소 1년에서 2년까지는 큰 그림을 그리고 하나씩 채워나가겠다는 청사진을 그려야 합니다.

필자의 수강생 중 한 명은 1일 1포스팅 단톡방을 운영하며 블로그 운영을 위한 글쓰기를 도와주면서 글감을 찾는 방법, 일상에서 이미지 자료를 획득하는 방법으로 커뮤니티를 운영했습니다. 이때까지만 해도 '강의'라는 느낌은 없었습니다. 2~3개월 운영을 지속하니 커뮤니티에서 꾸준히 피드백을 받아 진짜 고객들의 궁금한 점을 해소해주기 위해 블로그의 글을 엮고 보충해 PDF 전자책으로 만들고, 브런치스토리 작가에 도전하게 되었습니다. 이런 경험 하나하나가 강의 재료가 되면서 지금은 외부 강의에 강사로 출강까지 하고 있습니다.

앞선 사례를 통해서 알 수 있는 것처럼 일단 뭐든 시작해야 진짜 고객을 만날 수 있습니다. 고객의 니즈를 파악해 그들이 궁금해하는 부분을 해결하면서 나도 함께 성장하고 확장할 수 있는 것입니다. 시간의 흐름에 따라 기존 시장의 지배자들은 다음 단계로 확장하고 앞으로 나아갑니다. 아무리 포화된 시장에서도 선두 그룹 사이에 여러분이 들어갈 틈은 반드시 생깁니다. 시장은 끊임없이 돌고 돌면서 세차게 흐르는 물처럼 역동적으로 움직입니다. 여러분이 진입하고자 하는 분야의 기존 경쟁자들이 다른 분야로 이동하는 경우도 있지만, 더 이상의 흐름을 멈추거나 생업으로 돌아가는 경우도 반드시 존재합니다.

이때를 잘 노려야 업의 물길이 열립니다. 블로그나 글쓰기 관련 강의, 책은 10년 전부터 매년 나왔고, 올해도 계속해서 나오고 있습니다. 아마 내년에도 5년 후에도 계속해서 나올 것입니다. 그때마다 분야를 이끌어나가는 강자는 늘 변했습니다. 이미 그 영역에 진출한 경쟁자, 선구자가 있더라도 여러분이 짐짓 도전을 주저하거나 뒷걸음질할 필요는 없습니다.

중요한 포인트는 차별화 전략입니다. CHAPTER 01에서 융합(融合)의 개념에 대해 익혔던 것을 떠올려보겠습니다. 하나의 카드를 가진 사람과 두 개 이상의 카드를 가진 사람이 만들어낼 수 있는 결과물의 수는 당연히 다를 수밖에 없습니다. 따라서 최상의 조합을 위한 카드를 만들어내는 과정인 MTS 시스템 구조도를 활용해 해당 영역에서 여러분만의 차별점을 만들면 됩니다.

콘텐츠가 없다면 100일의 기적을 만들자

아직 뭔가 내세울 만한 콘텐츠나 가치가 없다는 생각이 든다면 스스로 '100일의 기적 프로젝트'를 만들어 도전하는 것도 좋은 방법입니다. 고조선의 건국 신화에 나온 100일이라는 기간은 특별한 힘을 가집니다. 100일이라는 시간이 만들어내는 의미의 특별함도 그렇지만 우리의 삶에 있어 유의미한 변화를 이끌어내기 위해 충분히 긴 시간이기도 합니다.

어떤 일이든 꾸준히 하면 열정이 생기고 열정은 내 변화의 원동력이 됩니다. 누군가 어떤 일을 100일간 꾸준히 수행했고, 100일 이후에도 여전히 유지한다는 것은 노력과 끈기를 대변합니다. '100일 도전'은 구구절절 설명할 필요가 없습니다. 그렇게 100일간 쌓아 올린 나의 꾸준함이 곧 콘텐츠가 됩니다.

필자의 수강생 중 한 명은 내가 못 하던 것을 잘하게 되는 것을 사례로 찾아보자는 아이디어로 시간 관리를 주제로 100일간 메시지 쌓기 프로젝트에 돌입했습니다. 아침 일찍 일어나는 것보다 잠을 더 좋아하던 그 수강생은 100일간 매일 노력하며 새벽 기상과 시간 관리에 대한 나름의 노하우와 루틴을 만들었습니다.

목표가 생기니 자연스럽게 읽어야 할 책도 변했습니다. 베스트셀러만 골라 읽던 비자발적 독서에서 본인에게 필요한 시간 관리, 동기부여, 자기 계발, 심리학, 뇌과학 등의 도서를 찾아 읽는 자발적 독서로 변화한 것입니다. 독서의 몰입감과 흥미도 이전과는 확연히 달라졌습니다. 책 속에 있는 내용을 자연스럽게 삶에 적용하고 이를 포스팅하니 이웃, 팔로워에게 전달할 수 있는 나만의 노하우, 인사이트가 만들어지고 이제는 출강까지 하는 배움의 선순환 구조를 몸소 경험하고 있습니다.

인증이 곧 콘텐츠가 된다

정보가 넘쳐나는 시대에 특정 분야에서 업을 만들기까지는 의외로 긴 시간이 필요하지 않습니다. 중요한 것은 '객관적인 증명'입니다. 앞서 소개한 100일 새벽 기상 기록·인증을 통해 내가 이 분야에 대해 잘 안다는 것을 증명하면 됩니다.

계속 강조하지만 문제가 있는 사람은 해결책을 제시할 수 있는 사람을 찾기 마련입니다. 100일 새벽 기상을 인증하고 그 과정을 통한 인사이트를 제공하는 블로거라면 충분히 찾아갈 가치가 있을 것입니다. 그렇게 찾아온 고객(타깃)에게 여러분이 할 일은 타깃이 가진 문제에 솔루션을 제공하는 것입니다.

'공통점'은 강력한 마케팅 수단이 됩니다. 해당 문제를 해결하기 위해 고민하고 어려움을 겪고 있는 사람에게 '나도 똑같은 문제가 있었고 이렇게 해결할 수 있었다'는 메시지를 전달할 수 있는 사람이 되면 됩니다. 이때 제대로 된 경험이 있는지 보여주려면 '인증 기록'과 '증언'이 있어야 합니다.

인증 기록은 반드시 남기자

업을 만드는 분야에서는 매일 찍은 사진을 모은 한 장의 이미지가 백 마디 말 보다 낫습니다. 아무리 시간 관리를 잘한다, 시간 관리가 중요하다고 말해봐야 매일 새벽 기상을 인증한 사진, 새벽 일상을 적은 노트 한 권 혹은 기록이 더 큰 신뢰의 힘을 가집니다. 처음에는 이런 기록이 미미해 보이더라도 수십, 수백일 쌓이는 것만으로도 나의 업을 만드는 커리어가 되는 힘을 경험할 수 있습니다.

온라인과 오프라인 기록 중 우선순위를 둔다면 온라인 기록에 더 무게감을 두는 것을 권장합니다. 아무리 노트, 다이어리에 열심히 기록한들 검색할 수 없으면 소용이 없습니다. 온라인 기록은 검색이 가능하니 많은 사람에게 알려지는 효과가 있습니다. 하루하루 사소한 인증 기록이 나의 업을 만들어가는 과정임을 잊어서는 안 됩니다. 오늘부터 어떠한 기록을 꾸준히 남길지 행복한 고민을 해보길 바랍니다.

▲ 필자가 매달 읽은 책들을 인증한 인스타그램 피드 이미지

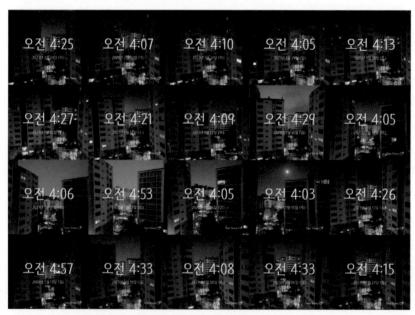

▲ 필자가 타임스탬프를 활용해 매일 새벽 기상을 촬영한 인증 이미지

업의 그릇

증언(후기)의 힘을 믿자

필자가 컨설팅 과정에서 만난 수강생에게 무료 강의, 재능 기부를 제안할 때 반드시 강조하는 것이 있습니다. 바로 무료 강의, 재능 기부를 받은 사람의 후기를 꼭 받으라는 것입니다. 나의 강의를 듣고, 콘텐츠를 보고 만족한 후기가 있다면 반드시 확보해야 합니다. 한 개의 충실하고 진실된 후기가 여러분이 쓰는 백 줄짜리 홍보 문구보다 낫습니다. 후기를 통해 고객은 자신이 처음이 아니라고 안심합니다. '이 강의, 책, 콘텐츠를 통해 효과를 보았다, 성공할 수 있었다'는 정보는 강력한 힘을 가집니다.

한 가지 여러분이 유념하고 꼭 기억해야 할 사항은 증언(후기)을 블로그나 인스타그램에 올려 홍보할 경우 10개를 넘기지 않는 것이 좋다는 것입니다. 필자의 경우 보통 일곱 개 내외를 사용합니다. 잠재적 고객이 후기를 통해 평가할 때는 긴 시간, 많

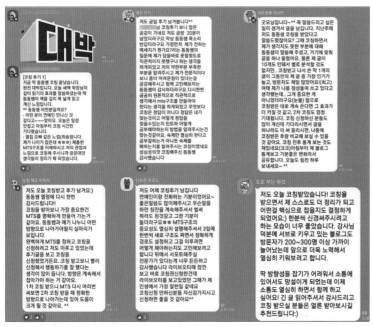

▲ 필자가 코칭 후 수강생들에게 받은 증언(후기) 이미지

은 후기가 필요하지 않습니다. 증언(후기)의 경우 잠재적 고객이 여러분의 능력을 확인할 수 있는 정도의 자료만 제공하면 충분합니다.

사람의 심리상 한번 신뢰가 구축된 이후에는 그 사람에 관해 더 알아보고 싶어 합니다. 따라서 인증 기록, 증언(후기) 남기기 전략을 통해 나를 20%의 중수, 해당 분야의 솔루션을 제공하는 전문가로 포지셔닝해보길 바랍니다.

수상 이력, 가시적인 결과물도 '제대로 된 경험'이 있는 사람인지 보여 주는 좋은 방법입니다. 자격증, 학위 취득, 출간 경험도 좋습니다. 출강한 경험이 있다면 마찬가지로 경력에 적습니다. 이 역시 신뢰도를 높이는 역할을 합니다. 신뢰 또한 복리 효과, 선순환 효과가 발생하는 것입니다.

CHAPTER 03을 마무리하며 끝으로 다시 한번 강조하는 점은 우리의 지식, 경험, 콘텐츠는 5%의 초고수가 아닌, 75%의 왕초보에게 팔아야 한다는 것입니다. 쌓고 모은 지식, 경험, 콘텐츠가 있다면 겁내지 말고 퍼스널 브랜딩 구축과 수익화 모델 구축에 도전해보길 바랍니다.

CHAPTER 04

SNS 채널 운영으로
퍼스널 브랜딩 구축하기

다양한 SNS 채널을
공략하자

업의 그릇에 콘텐츠 채우기

CHAPTER 02의 시작 부분에서 살펴본 나만의 업을 만들기 위한 개인의 성장 단계 그림을 다시 보겠습니다. CHAPTER 02~03을 통해 1단계에 해당하는 내 콘텐츠가 담길 '업의 그릇 만들기' 미션을 완수했을 것입니다. 한 단계씩 따라오며 충분한 고민의 시간을 보냈다면 빠르게 변화하는 트렌드에서 경쟁자들의 도전에도 꿋꿋할 수 있는 업의 그릇을 더욱 넓고 깊게 만들어나갈 수 있었을 것입니다. 이제 CHAPTER 04~05에서는 업의 그릇을 풍성하게 채우는 과정을 세 가지 단계로 나눠 나아갈 차례입니다. 세 가지 단계를 모두 완수하고 나면 회사 밖에서 돈을 담는 나만의 업의 그릇이 완성될 것입니다.

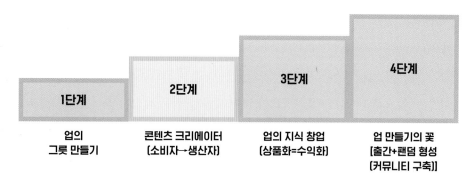

1단계	2단계	3단계	4단계
업의 그릇 만들기	콘텐츠 크리에이터 (소비자→생산자)	업의 지식 창업 (상품화=수익화)	업 만들기의 꽃 (출간+팬덤 형성 (커뮤니티 구축))

▲ 나만의 업을 만들기 위한 개인의 성장 단계

앞으로 여러분은 콘텐츠 크리에이터가 되어 퍼스널 브랜딩을 구축하는 단계와 나의 지식, 경험, 노하우를 가치 있는 상품으로 만들어 수익화 모델을 구축하는 단계를 알아볼 것입니다. 나아가 도서 출간과 커뮤니티 형성을 통해 전문성을 확보해 더 큰 수익을 올리는 방법도 알아볼 것입니다. 먼저 이번 CHAPTER 04에서 알아볼 내용은 2단계, 콘텐츠 소비자에서 벗어나 콘텐츠 생산자로 진입하는 단계입니다.

업 만들기의 예열 단계 : 마인드셋 갖추기

나만의 업을 만들어 본격적인 수익 확장을 이어나가기 전에 꼭 필요한 단계가 있습니다. 바로 '예열하기' 단계입니다. 운동하기 전 가벼운 달리기와 스트레칭으로 몸을 풀고 달궈야 근육과 관절의 가동 범위가 늘어나 부상을 예방할 수 있고, 겨울철 자동차 엔진도 미리 예열해야 제 성능을 발휘하고 잔고장을 예방할 수 있습니다. 업을 만들기 전에도 예열 단계가 필요합니다. 업 만들기에서 예열은 마인드셋 갖추기라고 이해하면 됩니다.

예열(마인드셋)은 목적지까지 잘 도착할 수 있도록 도와주는 가장 기본적인 과정입니다. 업에 대한 명확한 목적과 기준이 없다면 출발점을 찾지 못합니다. 또한 어디서부터 시작해야 하는지 출발점이 명확하지 않다면 도착점까지 가는 경로도 분명하지 않습니다.

이 책을 읽는 독자라면 CHAPTER 01~03을 통해 업을 만드는 데 필요한 방향성을 잡았으리라 생각합니다. 하지만 아직도 뭘 해야 할지 모르겠거나, 내가 만들고자 하는 이 업이 앞으로 내 삶에 정말 필요한 것이 맞을까 싶은 걱정이 앞서는 독자를 위해 조금 더 쉽게 설명해보겠습니다.

내년 이맘때 어학연수를 가겠다는 계획을 세웠다고 가정해보겠습니다. 다음에는 어느 나라의 어떤 도시로 갈지, 비용은 얼마나 필요한지, 사전에 준비할 서류는 무엇인지, 숙소와 연수원 선정 등 해결해야 할 문제가 자연스럽게 나올 것입니다. 문제가 무엇인지 인식해야만 어떤 준비와 노력이 필요한지 명확해집니다.

이 단계가 되면 누가 시키지 않아도 '어학연수를 위해서는 1,000만 원의 돈이 필요해—하지만 지금 모은 돈은 500만 원이야—남은 기간 500만 원을 모아야 해—그러면 한 달에 최소 50만 원은 모아야 하겠지?—지출을 최대한 줄이고 퇴근 후 또는 주말에 아르바이트로 돈을 모으자'와 같은 자세한 계획이 머릿속에 줄줄 나올 것입니다.

이 책에서 다루는 업은 유형적인 물건을 판매하는 것이 아닙니다. 내가 가진 지식, 경험, 노하우를 콘텐츠라는 상품으로 만들어야 합니다. 따라서 판매할 지식, 경험, 노하우가 없다면 배우거나, 앞서 다룬 여러 가지 자기 계발 방법을 통해서 만들어나가야 합니다.

일단 업의 그릇을 만들었고, 해당 분야의 지식 전달 계층을 이해하고 MTS 시스템 구조도까지 완성했다면 무엇이 어떻게 부족하다는 것은 쉽게 알 수 있을 것입니다. 이때 너무 조바심을 내는 것보다는 멀리 내다보며 명확한 목적성을 바탕에 두고 행동하는 것이 좋습니다. 얼마간은 전략 독서, 기획 독서와 같은 깊이 있는 독서와 강의, 세미나에 적극적으로 참여하면서 일단 배우고, 배운 것을 내 것으로 만들면서 해당 분야에서 넓이와 깊이를 확보하기 위한 숙성의 시기라고 생각하길 바랍니다.

명확한 목표와 철저한 계획을 바탕으로 모든 일에 임하는 필자도 처음부터 이랬던 것은 아닙니다. 필자가 단순한 블로그 수익화 콘텐츠를 회사 밖에서도 통하는 탄탄한 나만의 업으로 구축하게 된 과정은 다음과 같습니다. 처음 블로그 수익화 강의를 통해 지식 창업을 시작한 계기는 아주 우연한 기회에 찾아왔습니다. 당시 블로그 운영 5년 차에 첫째가 태어났고 육아 포스팅을 1년간 하루도 빠짐없이 블로그에 업로드했습니다. 또 다양한 육아 용품 리뷰와 서포터즈 활동을 하며 얻은 값진 경험과 노하우도 블로그에 일기로 남겼습니다.

그렇게 육아와 관련한 나의 지식, 경험, 노하우를 블로그에 쌓다 보니 국내 최대 규모의 유아교육 박람회 '서울국제유아교육전&키즈페어'에서 서포터즈를 대상으로 한 SNS 운영 전략에 대한 강의 의뢰가 들어왔습니다. 이 기회로 평범한 블로거였던 필자는 강의 무대에 첫발을 내디뎠고 이후 다양한 곳에서 강의, 개인 컨설팅 의뢰가 들어왔습니다. 이전과는 완전히 다른 삶으로 도약한 것입니다.

블로그 수익화 강의가 입소문을 타기 시작하면서 클래스유, 베어유 등의 VOD 클래스 플랫폼에서 섭외가 들어왔고, 그간의 경험을 전자책으로 만들어 크몽, 프립, 탈잉 등의 플랫폼에서 판매하기 시작했습니다. 이렇게 쌓은 콘텐츠를 바탕으로 한빛미디어에서 《네이버 블로그로 돈 벌기》를 출간하며 저자로 한 단계 성장했고, 이 책을 본 MKYU에서 강의 섭외가 들어와 꿈에 그리던 멘토 김미경 선생님과 한 무대에 서는 영광을 경험할 수 있었습니다.

퍼스널 브랜딩으로 나만의 업을 만드는 것이 누구나 해볼 만한 단순한 과정은 아닙니다. 기회는 누구에게나 찾아오지만 이 기회를 결실로 맺기 위해서는 철저한 준비와 꾸준히 노력하는 자세가 필요합니다. 아무런 준비 없이 섣불리 덤볐다가 낭패를 보는 케이스도 흔합니다. 하지만 겁부터 먹을 필요는 없습니다. 매일 조금씩 성장하며 나아가는 과정에서 필자도 여전히 부족하고 배워야 할 부분이 많지만 지금은 그 시간마저 즐겁고 설렙니다. 이 설렘과 성취감을 여러분도 이 책의 도움을 받아 함께 느낄 수 있을 것입니다.

SNS 채널의 역할

업을 만들기 위해 운영해야 하는 대표적인 SNS 채널은 블로그, 인스타그램, 유튜브가 있습니다. 여기에 커뮤니티 형성을 위한 네이버 카페와 카카오톡 오픈채팅(단톡방) 운영에 대해 이해하고 있다면 누구든 탄탄한 나만의 업 만들기가 가능합니다. 이렇게 다양한 SNS 채널을 배우고 운영해야 하는 이유는 SNS 채널의 역할이 크게 세 가지로 나눠지기 때문입니다.

첫째 내 콘텐츠를 쌓고 확장하는 베이스캠프
둘째 인터넷에 나와 내 업이 검색되게 만드는 도구
셋째 내가 어떤 사람인지 알려주는 소통 창구

비즈니스 마케팅의 흐름은 오프라인에서 온라인으로 이동했으며, 이제는 온라인 마케팅이 마케팅의 주류가 되었습니다. 나와 내 업을 잠재적 고객에게 알리기 위한 성공적인 온라인 마케팅을 위해서 가장 기본이 되는 중요한 재료는 콘텐츠입니다. 콘텐츠를 쌓고 그것이 검색되어야 마케팅이 가능합니다.

핵심은 '검색 노출'입니다. 사람들이 내가 구축하고자 하는 업과 관련된 키워드를 검색했을 때 내 콘텐츠나 채널이 노출되어야 합니다. 더 많은 사람에게 내 이름, 브랜드를 알리는 것이 SNS 채널 운영의 최대 목적입니다. 온라인에는 여러 종류의 SNS 채널이 존재하지만 가장 대표적인 블로그, 인스타그램, 유튜브 세 개의 채널을 중심으로 확장해나가야 합니다. 물론 세 개 채널을 동시에 운영하고 관리하면 좋습니다. 하지만 처음부터 욕심내기보다 블로그와 인스타그램으로 시작해 유튜브까지 확장하는 순서로 운영 계획을 세우는 것이 효율적입니다.

필자는 블로그, 인스타그램, 유튜브 세 개의 SNS 채널 모두를 운영합니다. 세 개의 채널 중에서 유튜브는 영상 편집 기술이 필요한 등 가장 많은 공이 들어갑니다. 유튜브 채널을 먼저 운영하며 콘텐츠 기획까지 동시에 병행하는 것은 현실적으로 매우 어렵습니다. 따라서 텍스트 기반의 블로그, 이미지 기반의 인스타그램을 통해 검증된 콘텐츠를 영상으로 만들어 유튜브 채널에 업로드하는 편이 리스크를 줄이는 데 도움이 됩니다.

다시 찾아오게 만드는 SNS 채널을 구축해 성공하는 것은 아주 어려운 일입니다. 그만큼 많은 시간과 노력이 투입되어야 합니다. 처음부터 세 개의 채널을 동시에 운영하는 것은 시간과 노력을 효율적으로 배분하기 매우 어렵습니다. 따라서 우선순위를 정해 하나가 성공하면 다른 채널로 확장하는 방식으로 진행하는 것이 유리합니다. 개인차가 존재할 수 있지만 오랜 시간 지켜본 결과 가장 이상적인 순서는 블로그-인스타그램-유튜브 혹은 인스타그램-블로그-유튜브 순서였습니다.

물론 정답은 없습니다. 가장 좋은 것은 여러분의 업에 맞는 채널을 선택해 꾸준히 콘텐츠를 쌓는 것입니다. 다시 강조하지만 SNS 채널 운영의 핵심은 '검색' 그리고 '노출'입니다. SNS 채널에 콘텐츠를 쌓고, 검색을 통해 브랜딩이 구축되는 것은 하루아침에 이루어지지 않습니다. 꾸준하게 한다는 가정하에 최소 3개월, 길게는 2년 이상의 시간이 소요될 수도 있습니다. 그러니 당장 부족하더라도 바로 시작하는 것이 중요합니다. 특히 언젠가는 회사 밖에서 나만의 업으로 먹고살겠다는 결심이 섰다면 더 늦기 전에 시작해야 합니다.

후행 지표(방문자 수)가 아닌 선행 지표(콘텐츠의 질)가 우선이다

본격적인 SNS 채널 운영 전략을 배우기에 앞서 질문해보겠습니다. 여러분이 SNS 채널을 운영하는 가장 큰 목적은 무엇입니까? 아마 다양한 대답이 나올 것입니다. 타인과의 소통일 수도 있고, SNS 채널을 운영해 나에게 보탬이 되는, 성공에 도움이 되는 일을 하기 위해서일 수도 있습니다. 누군가는 시간이 남아 취미 생활로 할 수도 있습니다. 아무런 이유 없이 SNS 채널을 운영하고 콘텐츠를 업로드하지는 않을 것입니다. 특히 이 책을 읽는 독자라면 큰 목표와 포부를 가지고 SNS 채널 운영을 시작했을 것입니다.

그렇다면 SNS 채널 운영의 성공 기준은 무엇이 있을까요? 방문자 수, 조회 수, 댓글 수, 좋아요 수, 이웃·팔로워 수 등 가시적으로 확인할 수 있는 수치적 지표라고 할 수 있을 것입니다. 당연히 초창기에는 원하는 만큼의 수치적 결과가 나오지 않기 때문에 하루하루가 실패의 연속처럼 느껴질 것입니다. 예상보다 성과가 나오지 않으니 이게 맞는지 고민하며 그만두고 싶은 마음도 커집니다. 조회 수가 반짝 잘 나오면 뛸 듯이 기쁘다가도 급감하면 하루에도 수십 번 새로고침 버튼을 누르며 우울해합니다.

방문자 수, 구독자 수 등 수치적 결과에만 초점을 맞추니 숫자가 오르락내리락할 때마다 천국과 지옥을 왔다 갔다 하는 것 같은 감정의 롤러코스터를 경험하게 되는 것입니다. 하지만 주의해야 할 점은 결과에만 성공 기준을 맞추면 모든 과정이 실패처럼 느껴질 수 있다는 것입니다. 누적된 실패는 우리를 지치게 만들고 포기하게 만듭니다. 그러니 진짜 성공을 위해선 조회 수, 구독자 수가 성공 지표가 되어서는 안 됩니다. 그럼 진짜 성공은 무엇일까요? 팀 슈러의 저서 《성공의 속성》[1]에 다음과 같은 내용이 나옵니다.

> 돈과 명예 같은 결과를 좇는 것보다 과정과 헌신에 집중하는 게 역설적으로 더 빨리 물질적 성공도 얻는 방법이다. 왜냐하면 수익, 명성, 칭찬 등은 모두 '후행 지표'이기 때문이다. 후행 지표는 대단히 중요한 목표를 추적하는 지표이며, 대개 우리가 가장 간절하게 기원하는 지표들이다. 수익, 이익, 시장 점유율, 고객만족도가 모두 이런 후행 지표에 속한다. 후행 지표를 받아 들었을 즈음이면 그런 지표를 좌우하는 수행은 벌써 지나간 일이다. 후

---

[1] 《성공의 속성》(팀 슈러 저/이은경 역, 윌북, 2023)

행 지표가 나올 때가 되면 돌이킬 수 없고, 그저 자리에서 기다리는 방법뿐이다. 이미 과 거일 뿐이다.

후행 지표를 붙잡고 매달린다고 해서 결과가 달라지거나 바뀌지 않습니다. 경영난을 겪는 회사가 직원들 보너스를 줄이고, 예산을 삭감하고, 원가절감을 위해 값싼 재료를 사용하며 긴축정책을 펼친다고 경영난에서 벗어날 수 없습니다. 지출을 줄이는 것은 잠깐의 임시방편입니다. 문제를 해결하는 본질적인 방법은 더 좋은 제품을 만드는 것입니다. 회사가 할 일은 소비자의 니즈에 귀 기울이고, 변화하는 트렌드에 맞춰 기술을 개발해 더 좋은 제품을 만들어 제품의 질이라는 '선행 지표'를 바꾸는 것입니다.

블로그를 예로 들어보겠습니다. 콘텐츠는 엉망으로 만들고 1일 1포스팅에만 몰두해 나는 열심히 하고 있으니 언젠가 사람들이 알아주는 날이 온다는 생각으로 운영한다면 결과는 뻔합니다. 독자를 위한 콘텐츠가 아닌 자기 생각만 담은 콘텐츠를 만들어 링크를 뿌리고, 이웃을 신청하고, 댓글 품앗이를 하며 방문자 수를 올린다고 블로그가 성공할 수 있을까요? 그렇지 않습니다.

다시 말하지만 방문자 수는 '후행 지표'입니다. 블로그로 성공하려면 일단 콘텐츠가 좋아야 합니다. 콘텐츠 상위 노출 방법까지 익힌다면 더 좋겠지만 우선 콘텐츠를 제대로 만들어야 상위 노출도 가능합니다.

좋은 결과를 만들기 위해 집중해야 할 가장 중요한 선행 지표는 바로 명확한 메시지의 설정입니다. 여러분이 정한 메시지에 부합하는 통일성 있는 콘텐츠로 블로그를 채워가며, 메시지와 결이 맞는 명확한 타깃과 교류하는 노력을 매일매일 해야 합니다. 선행 지표에 의한 노력이 쌓이면 어느 순간 모든 사람이 부러워하는 후행 지표는 자연스럽게 달성되어 있을 것입니다. 이것이 바로 블로그는 물론 인스타그램, 유튜브 등 SNS 채널을 성공시키는 핵심 전략입니다.

더하여 퍼스널 브랜딩을 위해서는 블로그, 인스타그램, 유튜브가 하나의 메시지로 관통되어야 합니다. 일상에서 SNS 채널에 투여할 수 있는 시간은 한정적입니다. 따라서 세 개의 채널이 각기 서로 다른 이야기를 한다면 각 채널을 운영하는 시간도 세 배, 에너지도 세 배 이상을 투여해야 합니다. 시간과 에너지가 모자라면 금방 포기할 수밖에 없습니다.

나만의 업, 브랜드 만들기는 여러분이 지치면 아무 소용이 없습니다. 따라서 하나의 관통하는 메시지를 통해 효율적으로 운영해야 합니다. 나만의 업을 만드는 데 중요한 덕목인 '효율성'은 많은 시간을 투여해 더 많은 일을 하는 것이 아닙니다. 명확한 메시지 아래 효율적으로 많은 것을 이루어야 하는 것입니다. 지금부터 제대로 된 선행 지표를 쌓기 위한 SNS 채널 운영 전략을 자세히 알아보겠습니다. 이번 CHAPTER를 통해 어떤 콘텐츠를 어떤 채널에 업로드하고 꾸준히 쌓아나갈지 필자와 함께 고민하다 보면 달콤한 후행 지표는 어느새 여러분의 것이 되어 있을 것입니다.

SECTION 02

퍼스널 브랜딩의 베이스캠프 : 블로그

텍스트 기반의 콘텐츠가 가진 힘

여러분은 이번 한 주 동안 이미지, 영상, 텍스트 중 어떤 종류의 콘텐츠를 가장 많이 소비했습니까? 필자의 경우 '텍스트'입니다. 여러분은 꼭 텍스트가 아닌 다른 콘텐츠라고 생각할 수도 있습니다. 하지만 지금 읽는 책, 블로그의 포스팅, 유튜브의 스크립트, 인스타그램의 피드 등 우리가 소비하는 콘텐츠는 모두 텍스트로부터 시작됩니다.

텍스트는 콘텐츠의 근간이 됩니다. 글을 쓸 수 있다는 것은 콘텐츠의 소비자가 아닌 생산자가 될 수 있다는 것을 의미하기도 합니다. 따라서 나만의 업을 만드는 과정, 블·인·유(블로그·인스타그램·유튜브)를 운영하는 전략도 모두 텍스트로부터 시작해야 합니다.

SNS 채널 중에서 텍스트를 중심으로 하는 블로그가 업 만들기, 퍼스널 브랜딩의 베이스캠프가 되는 이유이기도 합니다. 블로그는 텍스트 콘텐츠로 가치와 정보를 전달하고, 사람들과 소통할 수 있는 SNS입니다. 텍스트는 이미지나 영상에 비해 주요 내용을 빠르게 전달하는 데 유리합니다. 이미지 기반인 인스타그램에서도 중요한 내용이나 메시지를 전달할 때는 텍스트를 기반으로 한 카드 뉴스 형태의 콘텐츠를 사용합니다.

왜 네이버 블로그로 시작해야 할까

필자는 여러분의 퍼스널 브랜딩 구축을 위해서 네이버 블로그 운영을 우선 추천합니다. 네이버 블로그는 2023년 기준으로 서비스 출시 20주년을 맞이했습니다. 다양한 형태의 SNS 채널이 유행처럼 나타나고 사라지기를 반복하는 20년 동안 가장 안정적으로 운영된 SNS 채널이기도 합니다.

필자가 강의 현장에서 만난 수강생 대다수는 네이버 블로그에 관심이 많으면서도 지금은 블로그보다 유튜브를 하는 게 맞지 않은지, 네이버 블로그의 시대는 끝났다는 내용의 글을 봤는데 그렇지 않은지를 묻는 경우가 많습니다. 하지만 네이버는 월간 순이용자 수가 3,000만 명 이상에 달하는 국내 최고의 포털 서비스라는 것은 누구도 부정하지 않습니다.

네이버는 매년 연말이 되면 블로그 서비스에 1년간 축적된 데이터로 '블로그 리포트'를 만들어 공개합니다. 2022년 발표된 리포트에 따르면 2022년 한 해에만 200만 개의 네이버 블로그가 신설되면서 누적 3,200만 개의 블로그가 개설됐으며, 그중 10~30대의 젊은 세대가 전체 블로거의 76%에 달하는 것으로 나타났습니다. 월평균 사용자 통계를 보면 모든 사용자 연령대에서 고른 성장세가 눈에 띕니다. 10~20대 사용자는 전년 대비 17% 증가했고, 30~40대, 50~60대도 평균 10%가량 늘어났습니다. 전체 블로그 활성 창작자 수도 전년 대비 약 11% 증가했습니다.

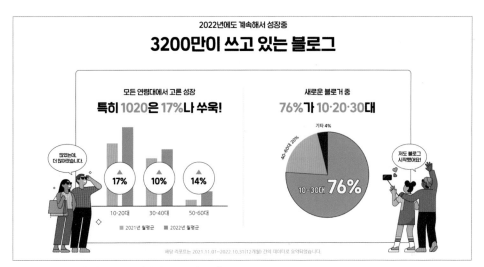

▲ 네이버가 공식 발표한 2022년 네이버 블로그 리포트[2]

압도적인 점유율

네이버 블로그의 가장 큰 장점은 국내 소비자들이 가장 많이 사용하는 포털이자 압도적인 검색 점유율을 가진 플랫폼에서 서비스되고 있다는 점입니다. 네이버는 여기서 멈추지 않고 블로그 채널 영향력을 활용한 커머스 시스템인 인플루언서 영역과 전문가 플랫폼 엑스퍼트 영역을 블로그에 접목해 진화를 거듭하고 있습니다. 이러한 사실만 보더라도 네이버가 자체적으로 블로그 서비스를 매우 중요하게 여기고 있으며, 내부적인 서비스도 계속해서 확장해나가고 있다는 것을 알 수 있습니다. 그러니 여러분도 이런저런 소문에 흔들리는 것보다 빠르게 블로그를 퍼스널 브랜딩 구축의 베이스캠프로 만드는 것이 훨씬 바람직합니다. 만약 블로그를 시작하고 싶지만 블로그 운영에 기초 지식이 없어 시작하기 어렵다면 필자가 유튜브에 업로드한 블로그 기초 강의를 시청해 도움을 얻을 수 있습니다.

2]

"2022 네이버 블로그 리포트", https://campaign.naver.com/2022blog/blogreport/

유튜브 검색창에 **N잡하는 직장인 아빠동동**을 입력해 검색하거나, 브라우저 주소 입력란에 **https://www.youtube.com/@abbadongdong**를 입력하면 필자의 유튜브 채널에 접속할 수 있습니다.

필자의 유튜브 채널에 접속했다면 [재생목록]을 클릭해 필자가 업로드한 영상의 재생목록을 확인합니다. 그중 '네이버 블로그 왕초보' 재생목록에 블로그 운영에 기초 지식이 없는 분들이 참고할 수 있는 블로그 기초 강의가 있습니다.

블로그 기본 에디터를 설정하고, 블로그 스킨부터 세부 디자인을 설정하는 방법, 왕초보도 쉽게 따라 하는 홈페이지형 블로그 만들기 방법 등 다양한 영상 강의가 있으니 폭넓게 참고해 블로그를 시작하는 데 도움을 얻길 바랍니다.

블로그 하나만 잘 키워도 쉽고 빠르게 여러분을 브랜딩할 수 있습니다. 잠재적 고객을 직접 찾으며 알리지 않아도 검색에 노출만 된다면 사람들이 알아서 찾아오게 만들 수도 있습니다. 블로그를 잘 구축하면 여러분 대신 여러분을 홍보해줄 온라인 마케팅 직원을 한 명 고용한 효과를 누릴 수 있는 셈입니다.

전문가가 아니어도 블로그는 할 수 있다

블로그로 성공하려면 해당 분야의 전문가가 되어야 하는 것은 아닌가 생각할 수 있습니다. 하지만 우리는 앞서 지식 전달 계층에 대해 살펴보며 그렇지 않다는 것을 배웠습니다. 여러분이 잘 알고 있는 분야로 시작하면 좋지만, 새롭게 알게 된, 혹은 흥미를 느끼기 시작한 분야로 시작하는 것도 가능합니다. 처음에는 블로그에 공부한 내용, 알게 된 것, 기사 스크랩 등 여러분의 생각을 정리한 콘텐츠를 꾸준히 포스팅합니다. 그렇게 하면 해당 주제에 관심이 있고 궁금한 사람이 들어와 읽고 도움을 얻어 갈 것으로 생각하고 가볍게 접근하면 됩니다.

좋은 콘텐츠를 만들어야 한다고 해서 처음부터 너무 잘 쓰려고 부담을 가질 필요가 없습니다. 여러분이 맛집을 주제로 블로그를 운영한다면 식당을 방문해서 식사 후 메뉴와 가격, 분위기부터 반찬과 메인 요리의 맛, 식당의 위생 상태, 서비스 만족도 등의 정보를 콘텐츠로 만들 것입니다. 그렇다고 블로그 방문자가 불쑥 "맛집 칼럼니스트도 아닌 당신이 무슨 자격으로 식당을 평가하고 리뷰합니까?"라고 말하지는 않습니다.

여러분의 포스팅을 보는 사람은 해당 식당이 궁금해서 정보를 얻기 위해 검색해 들어온 사람이 분명합니다. 따라서 여러분의 경험이 담긴 리뷰는 그 식당을 방문하고자 하는 사람에게는 분명 도움이 될 것입니다. 다시 말해 나의 지식, 경험, 노하우를 꾸준히 블로그에 쌓아놓으면 해당 주제에 관심 있는 사람은 반드시 검색해 들어와 도움을 얻을 수 있습니다.

네이버 블로그에서 금융, 경제를 다루는 블로거 모두가 투자 분석가, 애널리스트인 것은 아니고 영화, 드라마를 다루는 블로거 모두가 문화 평론가, 칼럼니스트인 것은 아닙니다. 각자 자기가 좋아하는, 관심 있는 분야를 꾸준히 공부하고 콘텐츠를 만들어 소통하는 사람들입니다. 따라서 여러분도 충분히 가능합니다.

그럼 이제부터 본격적으로 퍼스널 브랜딩을 위한 블로그 운영 방법을 다음 세 가지 원칙으로 알아보겠습니다.

첫째 매일 써라

둘째 방문자&조회 수를 높여라

셋째 전환율을 높여라

첫째, 매일 써라

우리나라의 VOD 클래스 플랫폼인 클래스101에는 다양한 주제의 강의가 존재합니다. 그중에서도 글쓰기와 관련된 강의는 늘 인기 주제입니다. 글쓰기, 카피라이팅, 스토리텔링, 메모법, 기록법, PDF 전자책 쓰기, 도서 출간 등 글쓰기와 관련된 주제는 정말 다양합니다. 이런 강의는 평소 글쓰기에 자신 없는 사람이 듣기도 하지만 대부분은 글로 사람을 모아야 하는, 글쓰기를 브랜딩과 수익화에 연결하고자 하는 사람들이 주로 듣습니다.

글쓰기를 어려워하는 사람이 많지만, 나만의 업을 만들어 수익을 올리기 위해서 글쓰기는 꼭 필요하며 넘어야 하는 존재입니다. 그래서 필자는 이제 막 블로그를 시작한 사람이라면 최소 100개의 콘텐츠가 쌓일 때까지 1일 1포스팅을 통해 매일 글을 쓰는 힘을 기르라고 조언합니다.

초반 운영은 힘을 빼자

블로그를 이제 막 시작하려고 한다면 꼭 당부하고 싶은 것이 하나 있습니다. 바로 '힘을 빼자'는 것입니다. 오늘부터 블로그를 운영해보겠다고 결심하면 처음부터 무언가 거창하게 시작하려는 사람이 대부분입니다. 하지만 처음부터 힘을 너무 들이면 금방 지치기 마련입니다. 처음 포스팅은 가볍게 써도 좋습니다. 우리가 업을 만들고 콘텐츠를 쌓는 일은 하루 이틀에 끝날 게 아닙니다.

본격적으로 운동을 시작하면서 가장 먼저 해야 할 일은 운동하는 습관을 들이는 것입니다. 어지간한 체력이 아니고서야 바로 수십 km를 목표로 달린다면 일주일을 넘기지 못하고 포기하게 될 수 있습니다. 처음에는 가까운 공원에서 짧은 거리를 가볍게 달리며 흥미를 붙이고 쓰지 않던 근육과 약한 심폐 지구력을 단련해야 합니다. 그렇게 서서히 거리를 늘리면서 기록을 단축하겠다는 목표를 세워야 추후 마라톤 완주와 같은 장기적이고 새로운 목표도 함께 세울 수 있습니다.

글쓰기도 마찬가지입니다. 장기적 블로그 운영을 통해 수익화까지 도달하지 못하고 포기하는 여러 이유 중 하나가 애초에 너무 거창하게 시작해 스스로 포기할 수밖에 없도록 만들기 때문입니다. 여러분은 앞선 사람들의 실패를 반복하지 말아야 합니다. 블로그를 이제 막 시작했다면 포스팅이 짧아도 좋습니다. 1일 1포스팅하는 습관을 통해 글쓰기 근력을 키워보길 바랍니다.

블로그를 비롯한 SNS 채널은 콘텐츠 업로드를 멈추는 순간부터 잠재적 고객의 기억 속에서 잊혀집니다. 따라서 조급함은 내려놓고 6개월, 1년 이상의 큰 그림을 그리고 매일 포스팅하면서 꾸준히 운영하길 바랍니다.

타인의 눈치를 보지 말자

블로그를 운영할 때 중요한 또 한 가지는 타인의 눈치를 보지 않는 것입니다. 블로그 운영 초반에는 필요한 정보를 찾아보고 타인의 조언을 듣기도 합니다. 이때 키워드가 어떻고, 최적화가 어떻고, 상위 노출이 중요하고, 저품질 블로그 위험을 피해야 한다는 둥 단골처럼 등장하는 말들이 있습니다. 이런 말들은 물론 장기적인 블로그 운영에 필요한 내용이긴 하지만 퍼스널 브랜딩을 위한 블로그 운영 초반에는 앞서 강조한 것처럼 꾸준한 1일 1포스팅으로 글쓰기 근육을 단련하는 것이 중요합니다. 눈치를 보면서 타인의 조언만 듣고 블로그를 운영하면 운영의 중심이 엄한 곳으로 쏠립니다. 블로그 운영에 실패하는 사람은 운영에 원칙이 없습니다. 그래서 여기저기 흩어진 말을 주워듣고 끌려가게 됩니다.

물론 배움과 성장에 있어 타인의 이야기와 조언에 귀 기울이는 것은 중요합니다. 하지만 더 중요한 것은 누구의 말에 귀를 기울이는가입니다. 이슈성 키워드 위주로 포스팅하고 방문자를 늘려 애드포스트 수익을 높이려는 블로거, 제품을 협찬받아 체험단을 운영하는 블로거 입장에서는 당장 오늘의 방문자 수, 비싼 제품 협찬과 높은 원고 단가가 중요합니다. 이런 블로거는 방문자가 줄거나 원고 단가가 떨어지면 블로그가 제대로 운영되지 못한다고 생각할 수밖에 없습니다. 3년, 5년 뒤를 바라보며 나만의 업을 만들고 퍼스널 브랜딩을 구축해 수익화를 만들 장기적 계획과 관점을 가진 블로거와 다른 방식으로 블로그를 운영하는 것입니다.

나와 다른 목적을 가지고 블로그 운영에 임하는 사람들의 말에 휘둘리면 절대 나만의 업을 구축할 수도, 퍼스널 브랜딩을 만들 수도 없습니다. 업을 만들고 수익화를 달성하려는 사람은 블로그 운영 목적을 정확히 이해하고 실천해야 합니다. 따라서 인터넷에 흩어진 정보를 모두 주워들 게 아니라 나에게 꼭 필요한 조언, 정보만 취사선택해 블로그 운영에 확신을 키워나가야 합니다.

이것이 블로그를 오랫동안 운영하는 원동력이 됩니다. 목적이 명확하면 블로그의 시대는 끝났다, 지금 블로그를 시작해서는 답이 없다는 말에 흔들리지 않습니다. 지금 당장 방문자 수가 적고, 상위 노출이 안 되는 것은 여러분의 업 만들기와 아무 상관이 없습니다. 더 중요한 것은 글쓰기 습관과 실력 향상, 내 블로그에 나만의 업으로 만들 주제의 콘텐츠를 축적하는 것이라는 사실입니다.

블로그 운영 목표와 방향성, 규칙을 정할 때 다른 사람을 따라 하고, 주변에서 들려오는 이야기에만 집중하면 초반에는 반짝 수익화를 이룰지 몰라도 업 만들기라는 분야에서는 승리할 수 없습니다. 글쓰기의 기본기를 잘 다지고 콘텐츠 만들기를 습관화해야 업의 그릇을 온전히 만들고, 업의 그릇에 콘텐츠를 담아 수익화를 이룰 때까지 블로그 운영을 유지할 수 있습니다.

3개월이 넘는 시간 동안 100개의 포스팅을 쓰면 어느덧 글을 쓰는 습관이 자리 잡을 것입니다. 1일 1포스팅으로 100개의 콘텐츠를 작성했을 때 첫 번째 포스팅과 백 번째 포스팅을 나란히 놓고 품질을 비교해본다면 발전한 부분을 스스로 느낄 수 있을 것입니다.

둘째, 방문자&조회 수를 높여라

아무리 장기적인 관점에서 나의 업을 구축하기 위함이라고 해도 블로그를 운영하다 보면 한 가지 현실적인 문제와 마주할 수밖에 없습니다. 열심히 공부하고 자료를 수집해 글을 써도 읽는 사람이 적다면 힘이 빠진다는 점입니다. 그렇다면 글쓰기에 어느 정도 자신감이 붙은 상태에서 블로그의 글을 조금씩 노출해 잠재적 고객에게 다가갈 차례입니다.

블로그의 방문자 유입을 늘리기 위해 필요한 것은 '키워드'와 '수요량'입니다. 키워드란 데이터를 검색할 때 특정 내용이 포함된 정보를 찾기 위하여 사용하는 단어를 뜻합니다. 그렇다면 네이버 블로그에서 키워드란 무엇을 의미하는지 먼저 알아보겠습니다. 어렵게 생각할 것 없이 우리가 궁금한 것이 생길 때 검색창에 입력하는 단어를 키워드라고 이해하면 편합니다.

황금 키워드를 추출하자

네이버는 검색 포털인 만큼 키워드에 의해 움직입니다. 네이버 블로그의 규모만큼 다양한 키워드 추출 도구, 서비스가 존재합니다. 블로거들이 널리 활용하는 여러 키워드 추출 도구 중 필자가 가장 추천하는 '블랙키위' 사용 방법에 대해 알아보겠습니다. 이 도구의 활용법을 익히고 적절히 사용하면 누구나 키워드 포스팅을 통해 방문자 수와 조회 수, 두 마리 토끼를 잡을 수 있습니다.

네이버 검색창에서 **블랙키위**로 검색하거나 브라우저 주소 입력란에 **https://black kiwi.net**을 입력해 접속할 수 있습니다. 블랙키위는 빅데이터를 기반으로 네이버 키워드를 분석하는 플랫폼으로 회원가입 후 로그인하면 무료로 사용 가능합니다.

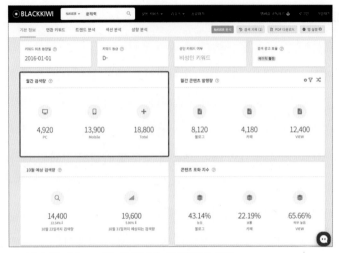

▲ 빅데이터를 기반으로 키워드를 분석하는 플랫폼 블랙키위[3]

그렇다면 블랙키위를 어떻게 활용할 수 있는지 알아보겠습니다. 위 그림은 자기계발 키워드 중 하나인 '문해력'으로 검색한 결과입니다. 다양한 데이터가 결과로 나타나기 때문에 얼핏 복잡해 보일 수 있습니다.

우리가 블로그에 활용할 부분은 [월간 검색량]입니다. 월간 검색량은 해당 키워드를 한 달간 몇 명이 검색했는가에 대한 수치입니다. 해당 키워드가 한 달에 얼마나 많이 조회되는지가 중요한 포인트입니다.

내가 쓰고자 하는 글을 포스팅하기 전 블랙키위로 키워드를 검색해 동일한 주제라도 수요가 높은 키워드를 선택해야 방문자의 증가를 노릴 수 있습니다. 위 그림을 보면 PC에 비해 모바일 검색이 압도적으로 높은 비중을 차지한다는 것도 알 수 있습니다.

오른쪽 그림의 연관 키워드는 포스팅을 위한 키워드 가이드이자 새로운 키워드의 발굴 소스가 됩니다. 이처럼 하나의 키워드에 대한 다양한 연관 키워드를 조합해 키워드를 바라보는 시야를 넓힐 수도 있습니다. 키워드 검색 영역에서 [월간 검색량

3]

블랙키위 키워드 검색 화면, https://blackkiwi.net

▲ 블랙키위의 연관 키워드 자료 해석과 활용

(Total)]을 더블클릭하면 검색량이 많은 순서대로 키워드가 정렬됩니다. 여기에서 블로그 총 발행량은 적지만 월간 검색량은 많은 키워드를 찾는다면 수요에 비해 공급이 적은, 블로거들이 흔히 '황금 키워드' 또는 '로열 키워드'라고 부르는 키워드를 찾은 것입니다. 끊임없이 키워드를 검색 및 조회하고 필요에 따라서는 내 업의 주제와 관련한 황금 키워드를 찾고 정리하는 것은 블로거에게 아주 중요한 기본 자질입니다.

포스팅 상위 노출을 위한 몇 가지 팁

블로그 운영에 있어 상위 노출은 아주 중요합니다. 사람들이 찾고자 하는 키워드를 검색하면 해당 키워드의 관련도에 따라 블로그 포스팅이 노출되는데 이때 내 글이 상단에 위치해야 더 많은 방문자가 내 블로그에 유입됩니다. 노출 순위는 랭킹 알고리즘에 따라 계속해서 바뀝니다. 키워드, 제목, 본문, 태그, 이미지 등 상위 노출을 결정하는 요소는 다양하지만, 상위 노출을 위해 꼭 지켜야 하는 내용 세 가지를 알아보겠습니다.

① 제목

블로그 포스팅에 들어갈 키워드를 결정했다면 우선 제목에 키워드가 포함되어야 합니다. 이때 여러 개의 키워드를 제목에 모두 넣는 것은 추천하지 않습니다. 블로그 운영에서 키워드가 워낙 중요한 이슈라 검증되지 않은 소문도 많습니다. 지금부터 이야기할 내용은 네이버 검색의 공식 블로그인 〈NAVER Search & Tech〉에서 공식 발표한 내용을 중심으로 설명하겠습니다.

일반적으로 문서가 검색 결과에 나오려면 검색 사용자가 입력한 검색어가 문서의 제목이나 본문에 포함되어야 합니다. 하지만 단순히 검색어를 글에 넣는다고 검색 결과에 잘 나오는 것은 아닙니다.

블로그에서 제목은 글의 내용이 무엇인지 알려주는 것은 물론 글의 품질을 판단하는 기준이 되기도 합니다. 따라서 검색 사용자가 검색 결과 중에서 문서를 선택할 때 가장 먼저 그리고 중요하게 보는 것이 제목입니다.

검색 결과에서 좋은 제목이란 검색 사용자가 입력한 검색어의 의도를 이해하고, 원하는 정보가 이 문서에 있음을 잘 표현할 수 있어야 합니다. 그러기 위해서는 가급적 명확하고 간결한 제목이 좋습니다.[4]

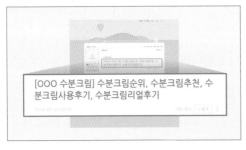

[OOO 수분크림] 수분크림순위, 수분크림추천, 수분크림사용후기, 수분크림리얼후기

◀ 잘못된 상식으로 제목에 검색어를 반복 사용한 블로그 포스팅 예시

---

[4]

"검색어를 고려한 블로그 글쓰기"(NAVER Search & Tech),
https://blog.naver.com/naver_search/220736004033

왼쪽의 그림은 네이버에서 제시한 예시로, 네이버는 특정 키워드를 반복하거나 지역명이나 제품명이 제목에 포함된다고 해서 반드시 상위 노출되는 것은 아니라고 이야기합니다. 제목에 검색어를 나열하지 않더라도 본문 텍스트를 활용하면 검색 결과에도 반영되고, 정보 전달력을 높일 수 있어 훨씬 효과적이라고 네이버는 설명합니다.

실제 네이버에서는 사용자 보호 및 검색 품질 향상을 위해 낚시성 문서를 스팸, 어뷰징 문서로 분류합니다. 또한 검색 결과에 그러한 문서가 나오지 않게 알고리즘도 고도화하고 있습니다. 그렇다면 네이버는 낚시성 문서를 어떻게 정의하고 있을까요?

> "검색 의도와 관계없는 내용을 검색 결과에 노출하기 위해 의도적으로 특정 키워드들을 포함하여 게시한 문서"[5]

왼쪽의 그림처럼 제목에 검색어를 나열한다고 무조건 낚시성 문서라고 보기는 어렵겠지만 사실과 다른 내용을 제목이나 본문에 삽입하는 경우에는 낚시성 문서로 분류될 수 있으니 유의해야 합니다.

② 본문

내가 포스팅을 작성해 발행하는 순간부터 네이버 AI 로봇이 내 글을 분석하고 랭킹 알고리즘에 맞춰 검색 순위를 부여합니다. 이때 가장 먼저 고려하는 것이 제목이고 그다음이 본문입니다. 앞서 설명한 것처럼 내가 상위 노출하고 싶은 키워드를 정했다면 1~2개의 키워드가 포함될 수 있는 명확하고 간결한 제목을 작성한 후 나머지 키워드가 본문에 적절히 들어가는 것이 좋습니다.

인터넷에는 본문 글자 수 1,000자당 키워드 한 개씩이 좋기 때문에 3,000자의 경

---

[5] "네이버 검색이 생각하는 좋은 문서! 나쁜 문서?"(네이버 다이어리).
https://blog.naver.com/naver_diary/150153092733

우 3~5개, 5,000자의 경우 5~6개 키워드를 본문에 넣어야 한다는 이야기도 있습니다. 하지만 이는 근거 없는 이야기입니다. 네이버 검색의 공식 블로그는 내용과 연관성이 적은 문구를 제목에 사용한 경우, 엄밀히 따져 사용자에게 혼란을 줄 경우 낚시성 문서로 분류될 수 있다고 말하고 있습니다. 다시 말해 키워드의 개수가 중요한 것이 아니라 제목과 일치하는 내용으로 본문을 작성하고 사용자가 읽기 편하게, 문맥의 흐름에 맞게 적절히 키워드를 배치하는 것이 중요합니다.

③ 키워드 배치

마지막으로 고려할 것은 키워드 배치입니다. 필자의 경험상 제목 바로 아래 첫 문단과 마지막 문단에 메인 키워드를 포함할 때 상위 노출에 유리했고, 본문에서 서브 키워드의 개수보다 메인 키워드의 개수가 더 많을 때 상위 노출에 유리했습니다. 이 부분을 참고해 포스팅을 작성해보길 바랍니다.

셋째, 전환율을 높여라

전환율을 높이는 작업은 앞서 소개한 방문자&조회 수를 높이는 것과 상반될 수도 있는 내용입니다. 결론부터 말하면 퍼스널 브랜딩과 나만의 업을 만드는 데는 방문자&조회 수보다 전환율이 더 중요합니다. 물론 방문자 수와 조회 수가 높으면 더 좋겠지만 업을 만드는 과정이라면 전환율에 더 주목해야 합니다. 업의 그릇을 만들기 위해 블로그를 시작했음에도 적은 일일 방문자에 적잖게 스트레스를 받으며 블로그 운영을 포기하는 사람을 많이 보았기 때문에 강조하는 것입니다.

필자는 10년간 누적 방문자 2,500만 명, 네이버 선정 이달의 블로거 수상, 약 1,770만 개의 네이버 블로그 중 전체 41위, 육아 분야 카테고리 전체 랭킹 2위를 기록하며 블로그를 활발히 운영했습니다. 2021년 중순에는 전체 포스팅 중 70~80%가 검색 상위 노출 순위 1~2위에 올라가며 일일 방문자가 2만 명에 달하는 소위 0.1% 탑 블로거였습니다. 하지만 떠올려보면 일일 방문자의 대부분은 그저 스쳐 지나가는 유입자인 경우가 대부분이었습니다. 소통보다는 키워드를 검색해 정보만 훑고 지나가는 사람들이었던 것입니다.

전환율이 중요한 이유

필자가 블로그를 운영하면서 다양한 육아용품 업체와 함께 SNS 마케팅을 협업하며 겪었던 사례 중 전환율이 중요하다고 느낀 사례를 하나 소개하고자 합니다.

물티슈 브랜드와 함께 블로그 공동 구매 이벤트를 진행할 때의 일입니다. 일일 방문자 수 1만 명 이상인 블로거 네 명과 방문자 수는 1,000명 내외지만 다른 육아 블로거와 활발한 소통을 하는 블로거 한 명을 포함해 총 다섯 명의 블로거와 함께 이벤트를 진행했습니다.

시장 최저가로 공동 구매를 진행하면서 휴대용 물티슈를 추가로 증정하는 매력적인 이벤트였어서 모두 좋은 결과가 있을 거라 생각했습니다. 3일간의 모객 후 결과가 공개되었습니다. 가장 많이 판매한 사람이 50개, 가장 적게 판매한 사람이 한 개를 판매했습니다. 누가 1위를, 누가 꼴찌를 했을까요? 모두의 예상을 깨고 일일 방문자 수가 1,000명 내외인 육아 블로거가 50개를 판매했고, 반대로 일일 방문자 수가 1만 명 이상인 블로거가 한 개를 판매하는 데 그쳤습니다.

왜 이런 결과가 나왔을까요? 방문자 수가 많은 것보다 나와 결이 맞는 이웃들과 소통해 전환율이 높은 것이 더 유리하기 때문입니다. 즉, 방문자 수가 적더라도 내 주제와 결이 맞는 이웃들과 진짜 소통을 한다면 충분한 수익을 낼 수 있습니다.

결국 내가 판매하려는 물품을 구매해주는 사람도, 주변에 알려주는 사람도 결이 맞는 이웃입니다. 나아가 이들은 나와 진정한 소통을 하며 끈끈한 신뢰가 구축된 애정이웃으로 발전할 가능성이 큽니다.

▲ 나와 결이 맞는 애정이웃의 스크랩 참여가 늘어날수록 홍보 효과가 극대화된다.

애정이웃은 각자의 애정이웃이 있고 이들 역시 신뢰로 연결되어 있습니다. 만약 내가 PDF 전자책을 출간하거나, 오프라인 강의를 론칭하면 내 주제와 결이 맞는 애정이웃은 나의 팬, 영업 사원이 되어주고, 내 글을 스크랩해서 홍보도 해줍니다. 이런 흐름이 활발하고 다양해지면 내가 모르는 새로운 사람에게까지 내 콘텐츠가 전파되며 이곳저곳에 홍보 자료를 뿌린 효과를 얻게 됩니다.

왜 블로그를 핵심 채널로 만들어야 하는가

나만의 업을 만들어 퍼스널 브랜딩을 구축하고 확장하는 데 네이버 블로그가 핵심 채널이 되는 이유는 다음 두 가지입니다.

첫째 블로그 이웃 대상으로 마케팅 이메일 및 뉴스레터 발송 가능
둘째 블로그의 전문성으로 인플루언서 도전 및 엑스퍼트로의 확장 가능

업의 그릇

첫 번째 이유는 블로그 이웃 대상으로 마케팅 이메일 및 뉴스레터 발송이 가능하기 때문입니다. 나만의 업을 만들거나, 판매하는 물건, 서비스를 알리는 데 효과가 좋은 방법 중 하나로 이메일 마케팅을 뽑을 수 있습니다. 이메일 마케팅은 한 번에 여러 사람과 소통할 수 있어 잠재 고객을 자신의 고객으로 만들 때 매우 유용한 전략입니다. 또한 1일 발송 한도 내에서는 무료로 이용이 가능하기 때문에 하지 않을 이유가 없습니다.

▲ 네이버 메일 기능을 활용해 내 블로그에 추가된 이웃들에게 메일을 보낼 수 있다.

네이버 메일 [메일 쓰기]에서 [주소록]을 클릭하면 [블로그 이웃]이라는 항목이 있습니다. 여기에서 내 블로그 이웃의 메일 주소를 선택해 마케팅 이메일 및 뉴스레터 발송이 가능합니다. 필자는 새로운 강의를 개설하거나, 전자책이 출간되면 카드 뉴스 형태의 정보와 할인 쿠폰, 상담이나 구매로 넘어갈 수 있는 링크를 첨부해 이메일 마케팅을 진행합니다.

이메일 마케팅을 진행할 때 중요한 팁은 빈도입니다. 아무리 유용한 내용도 너무 자주 보내면 받는 사람이 부담을 느끼거나 스팸 메일, 폭탄 메일을 받고 있다고 느낄 수 있습니다. 받는 대상이 누구이고 어떠한 내용의 메일인지에 따라 다를 수 있지만 필자의 경험상 카드 뉴스 형태의 정보 전달이라면 주 1회, 강의나 콘텐츠 또는 제품의 할인 행사는 시작할 때 한 번, 끝나기 전 한 번이 적당한 편입니다.

나만의 업을 만들어 퍼스널 브랜딩을 구축하고 확장하는 데 네이버 블로그가 핵심 채널이 되는 두 번째 이유는 인플루언서 도전 및 엑스퍼트로 확장이 가능하기 때문입니다. 네이버에서 2020년 2월 출시한 인플루언서 서비스는 분야별 전문 창작자의 포스팅을 네이버 검색 결과에 직접 노출되도록 만들어 전문적이고 최적화된 검색 결과를 제공해주는 창작자 중심 검색 서비스입니다.

네이버는 카테고리별로 주요한 키워드를 선정해 인플루언서의 키워드 챌린지로 확대하고 있습니다. 분야별 전문 창작자를 우대해 주요 키워드에 대해 더욱 전문성 있는 콘텐츠를 공급하고 검색 이용자들의 만족도를 높이려는 노력의 일환입니다. 인플루언서 활동은 블로그, 포스트, 네이버TV, 인스타그램, 유튜브 등 기존에 업로드된 콘텐츠를 지정된 키워드에 맞게 끌어오는 방식으로 운영되고 있습니다.

[여행]	[스타일]	[푸드]	[테크]	[라이프]	[게임]
여행	패션	푸드	IT테크	리빙	게임
	뷰티		자동차	육아	
				생활건강	

[동물·펫]	[스포츠]	[엔터테이먼트]	[컬쳐]	[경제·비즈니스]	[어학·교육]
동물·펫	운동·레저	방송·연예	공연·전시	경제·비즈니스	어학·교육
	프로스포츠	대중음악	도서		
		영화			

▲ 네이버 인플루언서 카테고리

인플루언서 서비스 초기에는 10가지 주제로 시작해 현재는 여행, 스타일, 푸드, 테크, 라이프, 게임 등 12가지 주제 아래 20개의 세부 카테고리로 확장되었습니다. 분명한 사실은 앞으로도 네이버가 전문 창작자 중심의 인플루언서 영역을 더욱 확대할 것이라는 점입니다. 네이버 인플루언서가 되면 검색 상위 노출에 유리하고, 프리미엄 광고 부착으로 애드포스트의 수익도 늘어난다는 장점도 있지만 네이버 엑스퍼트로 활동한다는 것이 가장 큰 장점입니다.

▲ 다양한 카테고리 중 나의 전문 분야에서 상담 및 클래스 제공이 가능한 네이버 엑스퍼트 서비스[6]

네이버 엑스퍼트는 본인의 전문 분야를 기반으로 상담 혹은 강의를 진행해 수익을 낼 수 있는 서비스입니다. 네이버 엑스퍼트에 등록하면 우리나라 1위 검색 포털인 네이버가 인증하는 전문가가 되는 셈입니다. 하지만 네이버 인플루언서 대부분이 엑스퍼트 연동에 대해서 인지하지 못하고 블로그 포스팅을 통한 퍼스널 브랜딩 및 수익화

[6] ⋯⋯⋯
네이버 엑스퍼트 서비스 소개 화면, https://expert.naver.com/expert/introduction

에 집중하고 있습니다. 경쟁자가 적을 때 하루라도 빨리 엑스퍼트를 활용한 퍼스널 브랜딩 및 수익화에 도전한다면 좋은 기회를 선점할 수 있습니다.

▲ 엑스퍼트가 되면 확장할 수 있는 분야[7]

엑스퍼트에는 네 가지 유형의 서비스가 있으며 각각의 주제와 콘셉트에 맞춰 다양한 활동이 가능합니다. 네이버 엑스퍼트 신청 자격 조건은 분야별로 요구하는 전문 자격이 다릅니다. 자세한 카테고리별 자격 요건 및 필요 조건에 대한 자세한 사항은 네이버 엑스퍼트 신청 안내에서 확인할 수 있습니다. 네이버 엑스퍼트 신청 안내는 브라우저 주소 입력란에 **https://expert.naver.com/expert/introduction?tab=guide**를 입력해 접속하여 살펴볼 수 있습니다.

---

7)

필자의 MKYU 네이버 엑스퍼트 강의 상세 페이지 화면,
https://www.mkyu.co.kr/course/course_view.jsp?id=55784&cid=&#course-view-55784

전문가가 아니라도 당장 시작하자

현직 기자로 일하고 있는 후배를 만나 이야기를 나눈 적이 있습니다. 대학에서 국어국문학을 전공했지만 취재하는 분야의 스펙트럼이 넓은 친구였습니다. 필자는 전공도 아니면서 다양한 주제의 전문성 있는 기사를 작성하는 방법이 궁금해 물었습니다. 후배의 대답은 의외로 간단했습니다. '기사에 필요한 자료 수집과 공부의 연속'이라고 말입니다.

기자들은 탐사 기사 주제가 정해지면 해당 주제와 관련하여 국내는 물론, 해외 자료를 조사하고 전문가를 섭외해 자문을 구한다고 합니다. 또 필요에 따라 관련 법령을 찾아보며 공부한다고 합니다.

다양한 주제의 기사를 쓰는 기자나, 블로그 포스팅을 작성하는 여러분이나 가장 중요하게 선행해야 하는 작업이 바로 자료 수집입니다. 해당 주제에 대해 이제 막 시작했더라도 사람들의 니즈가 있는 분야라면 공부하고 연구하면서 정리한 것을 포스팅으로 쌓아야 합니다. 이런 포스팅을 통해 타인에게 도움을 줄 수 있고, 하나하나의 포스팅이 내 미래의 업을 위해서 씨를 뿌리는 과정입니다.

블로그의 또 다른 장점 중 하나는 바로 스피드와 전파입니다. 내가 열심히 공부하고 기록한 내 생각과 정보를 워드 파일로 수십, 수백 개 저장한다고 사람들이 전문성을 알아주지 않습니다. 하지만 내용이 단순하더라도 블로그에 올리는 순간 검색으로 노출됩니다. 노출된다는 것은 내 글이 열린 공간, 시장에 나왔다는 것을 의미합니다. 따라서 매일 꾸준히 포스팅하는 것만으로도 더 많은 사람이 나를 알아주게 될 것입니다. 나와 내 브랜드를 알릴 수 있는 기회의 공간인 블로그에 여러분이 포스팅이라는 씨앗을 많이 뿌릴수록 나와 내 채널이 세상에 알려질 확률이 높아지게 된다는 점을 명심하길 바랍니다.

Tip 초심자가 블로그 포스팅을 쓸 때 던져봐야 할 세 가지 질문

여러분이 블로그를 꾸준히, 성공적으로 운영하는 데 유용한 팁을 제공합니다. 나만의 업을 만들기 위해 블로그를 시작했지만, 점차 흥미를 잃어간다면 다음 세 가지 질문을 스스로에게 던져보길 바랍니다.

1) 오늘도 썼나요?

블로그 포스팅은 책을 출간하려고 쓰는 게 아니니 너무 잘 쓰려고 하지 않아도 됩니다. 일단 매일 쓰며 나만의 글쓰기 리듬감을 찾는 게 중요합니다.

2) 오늘도 끝까지 완성했나요?

한두 문단이라도 좋으니 길게 써야 한다는 부담감을 버려야 합니다. 매일 한 가지 주제로 끝까지 쓰는 게 중요합니다. 글다운 글은 끝까지 쓸 때 나온다는 사실을 기억하길 바랍니다.

3) 오늘도 발행했나요?

작성한 글은 저장하는 게 아니라 꼭 발행해야 합니다. 블로그 운영 초반에 정말 중요한 것이 포스팅 발행을 통한 누적의 재미를 깨닫는 것입니다. 특히 의지가 약해 블로그를 장기간 운영할 자신이 없다면 이 효과를 잘 활용해야 합니다. 내 글을 읽어주는 사람이 생긴다는 성취감은 글을 쓰는 재미를 고취합니다.

OSMU라는
똑똑한 전략

블로그를 내 업의 베이스캠프로 구축했다면 다음으로 'OSMU(One Source Multi-Use)' 전략을 활용합니다. OSMU 전략은 기본적으로 하나의 소재를 서로 다른 장르에 적용해 파급 효과를 노리는 마케팅 전략입니다. 나만의 업을 만드는 과정에서 핵심 콘텐츠를 다양한 방법으로 재가공해 많은 채널에 확산하는 방법은 매우 유용합니다. 중요한 포인트는 '핵심 콘텐츠 하나'입니다. 필자는 가장 먼저 네이버 블로그에 핵심이 되는 콘텐츠를 발행합니다. 그리고 티스토리 블로그, 인스타그램, 브런치스토리 등에 콘텐츠를 발행하기 전 여러 개의 SNS 채널을 띄우고 네이버 블로그에 작성했던 포스팅을 각 플랫폼에 알맞은 형식으로 변환해 쉽고 빠른 원고 작업을 합니다.

OSMU의 두 가지 활용 전략

네이버 블로그에 작성한 포스팅은 두 가지 방법으로 활용할 수 있습니다. 첫째는 대부분 사람이 생각할 수 있는 OSMU 전략으로 네이버 블로그에 작성한 포스팅을 동일한 내용으로 티스토리 블로그나 브런치스토리, 인스타그램 콘텐츠로 만들어 업로드하는 방식입니다.

둘째는 필자가 자주 활용하는 방식으로 블로그에 발행했던 과거 자료를 모아서 편집해 새로운 콘텐츠를 만드는 방법입니다. 100세 시대를 살아가기 위해 필요한 능력과 노력에 관한 다섯 편의 연재 글을 아래와 같은 다섯 가지 주제로 블로그에 포스팅한 사례가 있습니다.

① 독서와 메모(기록의 중요성) ② 시간 관리와 목표·계획 관리 ③ 피드백(셀프 피드백, 타인에 의한 피드백) ④ 재무적 사고의 필요성 ⑤ 멘토의 필요성과 멘토를 만나기 위한 노력

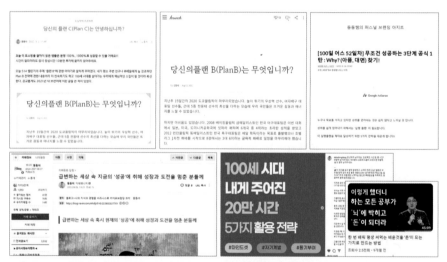

▲ 필자가 OSMU로 하나의 포스팅을 여러 개의 콘텐츠를 동시에 발행한 예시

이때 OSMU 전략을 활용하면 '100세 시대를 살아가는 데 있어 꼭 필요한 능력들'이라는 주제로 세 개 또는 다섯 개의 블로그 포스팅을 조합해 콘텐츠를 만

들 수 있습니다. 인스타그램에는 "100세 시대 내게 주어진 20만 시간 5가지 활용 전략"이라는 주제로 카드 뉴스 콘텐츠를 만들고, 브런치스토리에는 "당신의 플랜B(Plan B)는 무엇입니까?"라는 콘텐츠를, 유튜브에는 "이렇게 했더니 하는 모든 공부가 '뇌'에 박히고 '돈'이 되더라"라는 강의 형태의 콘텐츠로 확장했습니다. 텍스트는 모든 콘텐츠의 기본입니다. 잘 만든 블로그 콘텐츠들을 서로 연결하는 것만으로도 새로운 콘텐츠를 만들 수 있습니다.

새로운 콘텐츠를 만드는 것은 창작의 고통이 따릅니다. SNS 채널에서 무엇을 이야기할지 고민된다면 OSMU 전략을 잘 활용하길 바랍니다. 동시에 여러 채널을 운영하기가 훨씬 쉬워지고, 시간도 단축될 것입니다. 다양한 채널을 운영한다는 것은 콘텐츠를 소비해주는 잠재적 고객들이 더 다양해지고 많아진다는 뜻이니 나만의 업을 만들고자 하는 여러분에게는 OSMU가 꼭 필요한 능력입니다.

각각의 채널에 최적화된 OSMU 전략이 필요하다

필자가 OSMU 전략을 구사하면서 발견한 사실은 네이버 블로그 구독자와 브런치스토리 구독자, 인스타그램 팔로워가 선호하는 콘텐츠의 스타일이 다르다는 것입니다. 같은 글도 어떤 글은 블로그에서 반응이 좋고, 어떤 글은 브런치스토리에서, 인스타그램에서 반응이 좋습니다. 따라서 같은 글이라도 각 채널에 맞게 스타일을 바꿔서 발행하는 것이 나와 내 업을 알리고 잠재적 고객들과 만나는 데 훨씬 유리합니다.

OSMU 전략을 활용하면 네이버 블로그의 애드포스트, 티스토리 블로그와 유튜브의 애드센스 수익을 매월 정산받을 수 있습니다. 나아가 필자는 이 콘텐츠들을 모아 정보의 큐레이션 역할을 해주는 카카오뷰 채널을 활용하여 매거진 형태로 발행해 더 많은 잠재적 고객과 만나 퍼스널 브랜딩 확장을 계획하고 있습니다. 나아가 이렇게 큐레이션한 정보를 일주일에 한 번 뉴스레터 형태로 구독자들에게 발행하는 방법까지 있으니 내가 세상에 전하고자 하는 메시지가 명확해지고 내 업의 주제와 카테고리가 명확해지면 하나의 포스팅이 불러오는 파급효과가 엄청나다고 할 수 있습니다.

텍스트형 채널 구축 전략 :
블로그

이제부터 이어지는 SECTION에서는 SNS 채널을 크게 텍스트형(블로그), 이미지형(인스타그램), 영상형(유튜브) 세 가지로 나눠 각각의 SNS 채널을 구축하는 전략을 알아보겠습니다. 먼저 텍스트형 채널 구축 전략입니다.

앞선 SECTION 02를 시작할 때 글을 쓸 수 있다는 것은 콘텐츠의 소비자가 아닌 생산자가 될 수 있다는 것이라고 이야기했습니다. 하지만 많은 사람이 나만의 업을 만들 때 어려움을 겪는 부분 중 하나가 바로 콘텐츠 생산, 글쓰기입니다. 이를 해결하기 위해 글쓰기가 어려운 이유를 알아보고 글쓰기 능력을 키울 수 있는 방법을 알아보겠습니다. 평소 A4 용지 한 장 정도의 글쓰기도 어려웠다면 다음 방법을 꼭 적용해보길 바랍니다. 필자가 소개하는 글쓰기 3단계 전략을 차근차근 따라 하면서 연습하고, 내 기술로 만든다면 누구든 글쓰기에 재미를 붙일 수 있습니다. 나아가 글 하나로 사람들의 마음을 움직이는 콘텐츠 생산자가 될 수 있습니다.

글을 잘 쓰기 위한 3단계 전략

타고난 능력이 없으면 글을 잘 쓸 수 없다고 생각하지만, 성공적인 글쓰기를 위한 효율적인 방법만 안다면 누구든 쉽고 재미있게 글을 쓸 수 있으며, 탄탄한 글쓰기 실력을 바탕으로 콘텐츠의 기획력까지 향상할 수 있습니다.

글쓰기가 어렵다면 한 가지 팁이 있습니다. 바로 '생각의 정리'입니다. 글을 잘 쓰기 위해서는 글을 쓰기 위한 생각, 소재를 정리해야 합니다. 생각을 정리하기 위해서는 다음 세 단계를 거치는 것이 가장 효율적입니다. 여러분도 글쓰기를 할 때 다음 세 단계를 거치고 있는지 확인해보길 바랍니다.

1단계 끄집어내기(나열)

2단계 끼리끼리 묶어주기(분류)

3단계 동선에 맞게 정리하기(재배치·조합)

텍스트 기반의 콘텐츠 만들기, 글쓰기를 잘하기 위해서는 먼저 생각을 끄집어내는 단계가 필요합니다. 필자가 컨설팅한 수강생 중 글쓰기에 어려움을 토로하는 수강생들은 끄집어내기, 나열의 단계를 거치지 않고 바로 글쓰기 작업에 들어간다는 사실을 알 수 있었습니다. 나열, 분류 작업 없이 곧바로 글을 쓰는 재배치·조합 단계로 넘어가니 글쓰기가 어렵고, 뭔가를 쓰고 있어도 지금 쓰고 있는 내용이 무엇인지 헷갈리는 지경에 이릅니다.

타인의 마음을 움직이는 글을 쓰고 콘텐츠를 만들기 위해서는 내 생각을 정리하는 세 단계 '나열–분류–재배치·조합'을 꼭 기억하길 바랍니다. 그럼 각각의 단계를 자세히 알아보겠습니다.

1단계 : 나열, 머릿속 키워드를 종이 위에 던지자

나열에 가장 좋은 방법은 메모입니다. 메모의 핵심은 앞선 '6가지 관점학습법'에서 상세히 설명한 '자기화 메모'입니다. 어떤 콘텐츠를 만들지 본격적으로 기획하기 전 해당 주제와 관련된 내 생각을 종이 위에 끄집어내길 바랍니다. 필자의 경험상 사소하다고 생각했던 작은 조각 단어들의 연결이 번뜩이는 아이디어로 이어지는 경우가 많았습니다.

글을 쓰기 위해 책상에 앉아 진지하게 고민하는 것도 좋지만, 일상에서 번뜩 떠오르는 아이디어가 있다면 바로바로 메모하는 습관을 지녀야 합니다. 아이디어와 생각이 휘발되지 않도록 빠르게 메모해야 합니다. 가방에 늘 작은 메모장을 넣고 다니는 것도 방법이지만 필자는 카카오톡 '나와의 채팅' 기능을 활용해 그때그때 떠오르는 내용들을 기록하고 저장하는 것을 추천합니다.

글쓰기가 어려운 이유 중 하나는 글감의 재료(분야와 관련된 지식, 경험 등)가 부족하기 때문입니다. 관심 있는 분야, 새롭게 배우는 분야에 대한 책을 읽고, 강의를 듣고, 콘텐츠를 통해 기록한 메모가 많으면 그 내용을 바탕으로 쓰고 싶은 글이 늘어납니다.

2단계 : 분류, 끼리끼리 묶으면 보이지 않던 것이 보인다

열심히 메모한 내용이 온전한 글로 확장되지 못하는 이유는 지식을 분류하지 않았기 때문입니다. 2단계 분류 작업의 핵심은 분산된 정보를 끼리끼리 묶는 것입니다. 그저 많이 읽고, 다양한 방법으로 학습만 해서는 지식의 가치가 커지지 않습니다. 우리가 다양한 경로로 얻은 정보와 지식, 경험을 분류하고 묶는 집단화, 체계화를 거쳐야 진정한 가치가 생깁니다.

이전 단계에서 글을 잘 쓰기 위해 글감의 재료를 수집했다면, 분류 단계에서는 범주화, 메타언어화 작업을 거쳐 콘텐츠 제작에 필요한 재료로 한 단계 업그레이드해야

합니다.[8]

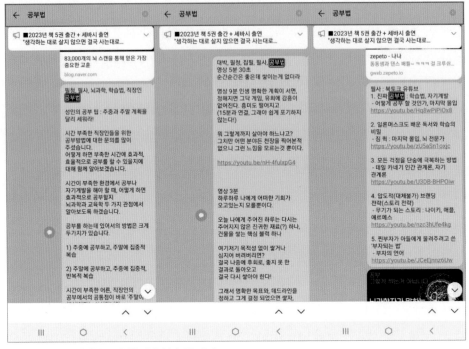

▲ 필자가 카카오톡을 활용해 정리한 나만의 '자기화 메모'

위 그림은 필자가 카카오톡에서 '나와의 채팅' 기능을 메모장으로 활용해 자기화 메모를 한 예시입니다. 단순히 필요한 내용만 메모하는 것이 아니라 상위 개념의 단어까지 태그화, 메타언어화해서 기록합니다. 그래야 관련된 글을 쓰거나 콘텐츠 원고를 작성할 때 쉽게 찾을 수 있고, 해당 콘텐츠에 적합한 생각과 정보를 빠르게 끄집어 낼 수 있기 때문입니다.

8] 메타언어의 중요성과 활용 방법에 대해서는 CHAPTER 02-SECTION 05 중 'MTS 시스템 확장의 기술'(102페이지)에서 자세히 다루고 있습니다. 글쓰기를 위한 범주화 기술이 잘 이해되지 않는다면 해당 부분을 다시 정독하길 권합니다.

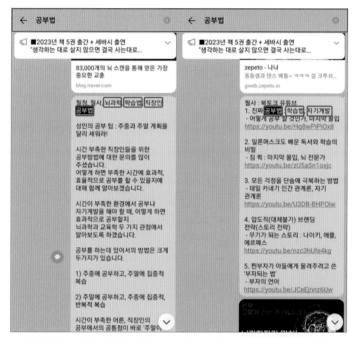

▲ 출근길에 책을 읽으며 정리(좌)하고, 저녁에 영상 콘텐츠를 보면서 정리(우)한 필자의 '자기화 메모'

이러한 분류 작업은 한 가지의 태그, 메타언어로 그룹화되는 것이 아닙니다. 위 그림의 예시처럼 '공부법'과 관련된 내용도 '뇌과학', '학습법', '직장인', '자기계발' 등 다양한 주제에 활용할 수 있는 정보라고 판단되면 얼마든지 추가할 수 있습니다. 다시 말해 하나의 내용에 반드시 하나의 태그, 메타언어만 있어야 하는 것이 아닙니다. 내가 가진 메타언어의 분류 기준이 다양하다면, 하나의 메모라도 여러 개의 메타언어를 추가할 수 있습니다.

3단계 : 재배치·조합, 핵심은 의미와 정보의 연결

세 번째 단계는 재배치와 조합으로 결과물을 만드는 단계입니다. 기존 지식에 색다른 시각을 더해 나만의 콘텐츠로 만드는 것이 경쟁력인 시대입니다. 메모와 기록을 통해 얻은 재료를 연결하고 편집해 새로운 것을 창조하는 에디톨로지 능력은 나만의 업을 만들 때 필수적인 능력입니다.

지금은 정보가 부족한 것이 아니라 넘쳐나는 시대입니다. 많은 정보 중에서 필요한 정보만 엮어 새로운 지식으로 편집하는 능력은 곧 강력한 힘이 됩니다. 이러한 에디톨로지 능력이 큰 화두가 되는 것은 챗GPT와 같이 정보의 참과 거짓을 판단하기 어려운 인공지능이 가지지 못한 능력이기 때문입니다.

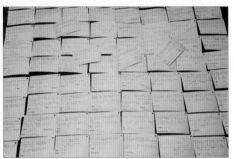

▲ 필자의 초창기 독서 노트 카드

위 그림은 앞서 소개했던 필자의 초창기 독서 노트 카드입니다. 카드의 상단에는 적게는 두 개, 많게는 일곱 개까지 메타언어를 기록했습니다. 3단계 재배치·조합의 핵심은 의미와 정보의 연결에 있습니다. 재배치·조합 작업은 이러한 카드(메모)를 펼쳐놓고 메타언어를 조합해보는 것입니다. 의외의 조합에서 사람들의 마음을 움직이는 새로운 콘텐츠가 탄생할 수 있습니다.

필자가 이러한 방식으로 콘텐츠를 만들 때 정보를 어떻게 연결하는지 3단계 예시를 보겠습니다. 최근 경제가 어려워지면서 비자발적 퇴사가 증가 추세에 있으며 정년 50세 선이 무너졌다는 기사를 보게 되었습니다. 직장인 대상의 콘텐츠를 만드는 입장에서 직장인들이 퇴사·퇴직 이후에 회사 밖에서도 돈을 벌 수 있도록 돕는 콘텐츠를 만들겠다고 생각했습니다.

1단계 : 종이를 꺼내 연상되는 단어 쓰기

> 퇴사, 자기 계발, 취미, N잡(수익 파이프라인), 부의 추월차선, SNS 운영

처음에는 간단히 머릿속에 떠오르는 키워드를 적습니다. 평소에 관심을 가지고 정보를 많이 찾아봤다면 더 많은 키워드를 적을 수 있을 것입니다. 당장 떠오르는 키워드가 몇 개 없어도 상관없습니다. 너무 걱정하지 말고 바로 다음 단계로 넘어갑니다.

2단계 : 메모를 확인해 추가로 연결 가능한 단어 보충하기

> 퇴사, 자기 계발, 취미, N잡(수익 파이프라인), 부의 추월차선, SNS 운영, 디지털 노마드, 커뮤니티(소통), 재무적 사고, 부캐, 100세 시대, 생각 정리, 변화, 긱 이코노미

다음은 1단계 키워드에 해당하는 자기화 메모를 확인해 추가로 연결할 수 있는 키워드를 보충합니다. 만약 그때그때 학습하고 소비한 내용을 기록하지 않았다면 여섯 개의 키워드로 끝났을 것입니다. 하지만 기록을 통해 생각이 확장됩니다. 이처럼 메모와 기록으로 지적 생산성이 향상하며, 추가 정보를 획득할 가능성이 높아집니다. 이런 사소한 습관이 글을 잘 쓰고, 좋은 콘텐츠를 만드는 선순환 구조를 만드는 것입니다. 가진 정보에 부족한 부분이 있다면 검색과 독서를 통해 보완합니다. 글과 콘텐츠의 명확한 방향성이 결정되면 필요한 정보만 빠르게 검색할 수 있습니다.

3단계 : 생각과 단어를 구조화하고 문장으로 풀어내기

글에서 중요한 요소 중 하나가 바로 문맥입니다. 문맥이 없으면 내용이 이해되지 않습니다. 쓰는 사람도 이해되지 않는 글은 방향성과 목적성을 잃기 쉽습니다. 본격

적인 글을 쓰기 전 단어 사이의 연결 고리를 발견하고 구조화하여 아래와 같이 대략적인 문장을 만듭니다.

- **회사 생활을 즐겁게 하는 팁** ｜ 급여가 나올 때 새로운 도전을 해야 실패하더라도 타격을 최소화할 수 있다. 회사에서 제공하는 교육 프로그램, 도서·교육 지원비를 적극적으로 활용하라. 최대한 다양한 부서와 소통해 다양한 업무를 경험하라. 이 모든 것이 회사 밖에서의 경쟁력이 된다. 지금까지 답답하고 지루했던 회사에서의 일과 경험을 내 자산으로 만든다면 회사 생활이 즐거워질 것이다.

  키워드 : #퇴사 #자기 계발 #커뮤니티(소통) #100세 시대 #재무적 사고

- **퇴사도 똑똑하게 선언한다** ｜ 퇴사는 가급적 회사 밖에서도 통하는 기술이 있을 때 선언한다. 회사를 다니면서 시뮬레이션해보라. 사업자등록증은 하루면 나온다. 하지만 내 업은 오늘 시작한다고 내일 완성되지 않는다. 회사에 다니면서 여가 시간, 주말을 활용해 나의 이야기를 SNS에 축적하자. 이야기가 차곡차곡 쌓이면 내 자산이 된다.

  키워드 : #부캐 #SNS 운영 #디지털 노마드 #자기 계발

- **당신의 플랜B(Plan B)는 무엇인가** ｜ 100세 시대, 평생직장의 개념은 사라졌다. 제대로 준비해 불안을 줄이자. 내가 나를 고용하는 시대가 온다. 앞만 바라보고 왔다면 지금부터 조금씩 시야를 넓혀 플랜B, 플랜C를 상상하고 만들어보자. 이러한 시대를 살아가는 우리에게 요구되는 능력은 무엇인가? 평생직장도 평생 직업도 사라지는 시대, 내가 가진 모든 것을 동원해 최고의 기회를 만들어야 하는 시대가 왔다.

  키워드 : #100세 시대 #스스로를 고용하는 시대 #긱 이코노미

콘텐츠를 기획하고, 글 쓰는 순서를 단계별로 확인했으니 이제 글쓰기에 감이 오리라 생각합니다. 하지만 3단계만큼 중요한 것은 처음부터 완벽한 글을 쓰려는 욕심을 버리는 것입니다. 필력이 모자라도 좋습니다. 세상에 완벽한 글은 없다는 생각으로 앞선 3단계에 맞춰 글을 끝까지 완성하고 발행하는 연습을 먼저 해야 합니다. 블로그에 쌓은 글은 나중에 큰 자산이 됩니다. 글의 품질은 책, 강의, 유튜브 영상 등 여

러 콘텐츠로 확장할 때 보완할 수 있습니다.

당신의 플랜 B(PlanB)는 무엇입니까?
지난주 15일간의 2020 도쿄올림픽이 마무리되었습니다. 높이 뛰기의 우상혁 선수, 여자배구
대표팀 선수들, 근대 5종 전웅태 선수의 최선을 다하는 모습에 우리 국민들은 뜨거운 감동과…

댓글1 · Aug 11. 2021

퇴사도 똑똑하게 선언해야 한다!
퇴사 준비를 일찍 시작했으면 좋겠습니다. 며칠 전 동기 녀석이 오랜만에 점심시간 등기들을
호출했다. 원래 이렇게 나서서 모임 자리를 만드는 친구가 아닌데 무슨 일일까? 결혼 발표라…

댓글0 · Aug 05. 2021

회사생활을 즐겁게 하는 팁!
나는 당신이 퇴사 준비를 시작했으면 좋겠습니다. 처음 우리가 회사에 입사 면접을 볼 때를 떠
올려보자. "뽑아만 주시면 무엇이든 열심히 하겠습니다!!" 열정을 가지고 일을 하지만 물가…

댓글1 · Aug 05. 2021

▲ 직장인들이 퇴사·퇴직 이후에 회사 밖에서도 먹고 살 수 있는 준비를 회사에 다니면서 미리 해야 한다는 아이디어에서 출발
해 3단계의 글쓰기 과정을 거쳐 필자가 브런치스토리에 작성한 3편의 연재 글

　　매 타석 안타를 치는 야구 선수는 없고, 매 경기 점수를 내는 축구 선수도 없습니다. 하지만 배트를 많이 휘두르고 많은 슈팅을 시도해야 성과를 낼 수 있는 것처럼 글쓰기에도 양질 전환의 법칙이 존재합니다. 글의 양이 늘어날수록 글쓰기에 대한 흥미와 자신감은 자연스레 늘어납니다.

블로그의 목적성 : 브랜딩 구축 vs 즉각적 수익화

　　글쓰기 연습이 충분히 됐다면 이제 빨리 글을 써서 발행하고 싶다는 의욕이 충만할 것입니다. 하지만 아직 블로그를 시작하지 않았다면 네이버 블로그, 티스토리 블로그 중 어떤 플랫폼에서 시작하는 것이 좋을지 고민될 것입니다.

　　국내 블로그 서비스로 가장 먼저 떠올리는 플랫폼은 대부분 네이버 블로그와 티스

토리 블로그입니다. 두 플랫폼의 서비스는 비슷해 보여도 목적성에는 큰 차이가 있습니다. 네이버 블로그가 브랜딩에 적합하다면 티스토리 블로그는 전략적 키워드를 통한 정보 전달에 적합합니다.

또한 수익성 측면에서도 차이가 있습니다. 예전부터 '애드센스로 1,000만 원 벌기'와 같은 자극적인 주제의 강의가 큰 인기를 끌고 있습니다. 네이버의 시대는 끝났고, 이제는 티스토리로 옮겨야 한다는 이야기도 많았습니다. 어떤 블로그 플랫폼이 수익성 측면에서 더 좋을지 궁금해하는 것은 당연합니다. 필자도 네이버와 티스토리 블로그를 모두 운영 중이지만 어느 한쪽이 수익이 더 좋다고 이야기하기엔 상당히 유동적입니다.

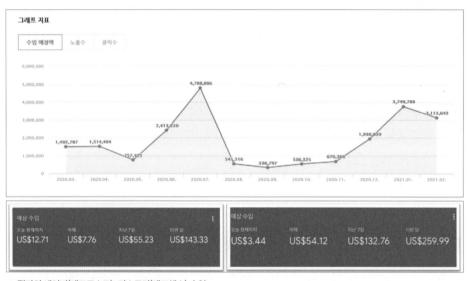

▲ 필자의 네이버(애드포스트), 티스토리(애드센스) 수익

다시 말해 블로그 플랫폼을 고려할 때 나만의 업 만들기라는 측면에 집중한다면 수익성 문제보다는 각자에게 맞는 채널을 선택하는 것이 더 좋습니다. 그러니 여러분도 SNS 채널을 운영하려는 목적과 방향성에 맞춰 꾸준히 콘텐츠들을 쌓아갈 수 있는

업의 그릇

플랫폼을 선택하길 바랍니다. 반복해서 이야기하지만 차근차근 내 업을 만들어가면 수익화는 자연스럽게 따라옵니다.

단도직입적으로 이야기하면 나만의 업을 만들고 퍼스널 브랜딩을 하기 위해 콘텐츠를 쌓아 이웃과 소통하는 것이 목적이라면 네이버 블로그를 우선 시작한 후 티스토리 블로그로 확장하는 것을 추천합니다. 티스토리 블로그로도 브랜딩은 가능하지만 국내 검색 점유율 1위인 네이버 검색에 쉽게 노출되지 않는 점, 전략적 키워드 선정을 통한 정보 전달과 수익성에 더 무게를 두는 채널이라는 점을 고려해야 합니다. 따라서 네이버 블로그는 업 만들기 초기 콘텐츠 쌓기와 소통 목적으로, 티스토리 블로그는 정보 전달 콘텐츠 발행 목적으로 운영한다면 효과가 좋습니다.

방문자 수에 집착하지 말자

블로그를 처음 운영할 때 90% 정도의 사람들은 한 가지 현실적 어려움을 맞이합니다. 바로 '방문자 수'라는 벽입니다. 주식 투자에서 수익률 그래프가 꾸준히 우상향하면 투자에 대한 공부가 재미있어지는 원동력이 되는 것처럼, 블로그도 방문자 수가 꾸준히 우상향하면 블로그 운영에 원동력이 됩니다.

일일 방문자 수 100명 이하에서 300, 500명에 도달하면 포스팅에 대한 흥미도, 글쓰기에 대한 추진력도 얻습니다. 하지만 장시간 100명 이하 혹은 300, 500명에 머무른다면 블로그 운영에 흥미를 잃기 쉽습니다. 하지만 10년간 블로그를 운영하고, 많은 블로그 운영 코칭을 거치면서 얻은 결론은 3년, 5년 후 나아가 10년 후 살아남는 블로그의 비밀은 방문자 수에 집착하는 것이 아니라 우직하게 본인만의 콘텐츠를 쌓아가는 것이었습니다.

방문자 수가 중요하지 않다는 게 아닙니다. 다만 집착해서는 안 된다는 것입니다.

당장 수익화를 노리는 것도 누군가에게는 중요한 일입니다. 이는 블로그라는 SNS 채널을 바라보는 관점에 따라 의미를 다르게 둘 수 있습니다. 하지만 필자가 강조하고 싶은 메시지는 블로그 운영에 방문자 수를 최우선 운영 원칙 혹은 기준으로 삼지 않길 바란다는 점입니다. 나만의 업을 만들기로 결심했다면 1년, 3년 후에 활용할 포트폴리오를 만들어나간다고 생각하며 운영하길 바랍니다. 이런 운영 원칙은 블로그를 스트레스를 유발하는 존재로 여기는 게 아니라 내 이야기, 커리어를 쌓고 같은 생각을 하는 사람들과 소통하는 즐거운 공간으로 여기게 만듭니다. 또 방문자 수보다는 본인의 관점과 철학을 가지고 블로그를 운영하는 사람들이 더 오래 양질의 콘텐츠를 만듭니다. 그래야 방문자 수의 꾸준한 증가, 나의 진정한 가치를 알아주는 이웃과 팬이 늘어나고, 그들과의 끈끈한 관계도 유지할 수 있습니다.

MTS 시스템 구조도 구체화하기 : 양질 전환의 법칙

블로그 운영에 대한 결심이 섰다면 단순히 생각으로 그치지 말고 바로 실행으로 옮겨야 합니다. 지금 템플릿에 여러분의 MTS 시스템 구조도를 다시 적어봅니다. 이때 중요한 포인트는 MTS 시스템 구조도를 수정 및 보완하는 것이 아니라 머릿속에 떠오르는 MTS 시스템 구조도를 다시 써보는 것입니다. 이전에 작성한 내용 중 기억나지 않는 부분이 있어도 괜찮습니다. 작성을 마쳤다면 이전에 작성했던 내용과 지금 작성한 내용을 비교해봅니다.

아마 대부분은 이전보다 생각과 지식이 확장되어 조금 더 디테일한 내용이 되어 있을 것입니다. 이렇게 생각의 발전 흐름을 객관적으로 확인할 수 있는 것이 MTS 시스템 구조도 작성의 매력이기도 합니다. 새 종이에 며칠 간격으로 MTS 시스템 구조도를 그려보고 일주일, 한 달, 3개월 전과 비교하다 보면 머릿속에 디테일한 구조도가 생생하게 그려질 것입니다.

구조도를 머릿속에 생생하게 그릴 수 있을 때면 어떠한 콘텐츠를 소비해도 구조도의 어디에 해당 지식을 넣을지 순간적으로 떠오르는 경험을 하게 될 것입니다. 누군가 질문을 던지거나, 새로운 대화 주제가 생겨도 MTS 시스템 구조도의 주제 폴더에서 생각을 꺼내 바로 대답하거나 대화를 이어나갈 수도 있습니다.

▲ 필자가 1대1 컨설팅을 위해 사전에 제출된 수강생의 MTS 시스템 구조도(우)를 보며 관련 분야의 시장 조사부터 코칭 양식지(좌)까지 작성한 화면

필자는 1대1 컨설팅 의뢰가 들어오면 가장 먼저 의뢰자의 이야기를 최대한 많이 듣고, MTS 시스템 구조도를 스스로 적어보도록 코칭합니다. 그리고 적어도 3~5회 이상 업데이트된 MTS 시스템 구조도를 가지고 컨설팅의 방향성을 잡기 위한 조사와 공부를 시작합니다. 경우에 따라 일주일이라는 준비 기간에 최소 10번, 최대 30번까지 의뢰자의 MTS 시스템 구조도를 같이 씁니다. 그래야 본격적인 코칭에 들어가기 전 의뢰자의 니즈에 맞는 결과물을 명확히 제시해줄 수 있습니다.

MTS 시스템 구조도를 스스로 만들고자 한다면 2~3일 간격으로 30~50회 이상 작성합니다. 처음에는 초라하고 빈약해도 이 과정을 거치면 더욱 디테일한 결과를 얻을 수 있습니다.

　MTS 시스템 구조도와 글쓰기, 블로그 운영 사이에 무슨 관계가 있나 궁금할 수 있습니다. 하지만 MTS 시스템 구조도를 디테일하게 만드는 과정은 앞서 글쓰기를 위한 3단계, '나열-분류-재배치·조합'의 과정에서의 1~2단계인 나열과 분류의 과정을 더욱 탄탄하게 만듭니다. 잘 짜인 MTS 시스템 구조도와 평소 메모한 내용을 바탕으로 3단계인 재배치·조합만 조금 신경 쓴다면 변화하는 트렌드에 빠르게 대응하고, 경쟁자들과는 차별화되는 경쟁력까지 얻을 수 있습니다.

　볼링을 칠 때 스트라이크를 위해 반드시 넘어트려야 하는 1번 핀을 킹핀이라 부릅니다. 1번 핀에 공을 정확하게 맞혀야 나머지 핀들이 연쇄적으로 넘어가기 때문입니다. 나만의 업을 만들 때 1번 핀이 MTS 시스템 구조도라는 사실을 명심하길 바랍니다. 잘 짜인 MTS 시스템 구조도는 블로그를 통해 세상에 전하고자 하는 메시지와 블로그 운영의 명확한 방향을 제시해줄 것입니다.

이미지형 채널 구축 전략 : 인스타그램

목적과 방향을 먼저 설정하자

모든 SNS 채널이 동일하지만 인스타그램도 목적과 방향 설정이 선행되어야 합니다. 여러분은 일상을 공유하기 위해 분위기 좋은 카페에 가서 찍은 사진, 좋은 책에 대한 내용, 여행에서 발견한 맛집 등을 올리며 인스타그램 채널을 운영하고 있을지도 모릅니다. 하지만 나만의 업을 만드는 사람이라면 인스타그램을 통해 전달하려는 메시지가 무엇인지 스스로 질문하는 것부터 시작해야 합니다.

인스타그램을 운영하지 않더라도 블로그, 유튜브 등을 할 때 블로그 이웃으로 추가하거나 유튜브 채널을 구독하는 이유를 생각해보면, 궁금증이 해결되거나 도움을 얻었고 앞으로도 유익할 것 같기 때문입니다. 인스타그램도 마찬가지입니다. 여러분이 발행한 피드를 통해 다른 사람이 어떤 도움을 얻을 수 있을까요?

인스타그램 수익화, 브랜딩이라는 이야기에 혹해 일상 소재의 피드를 이것저것 올리고 #맞팔 #선팔 #선팔맞팔 등의 해시태그를 넣어 팔로워 늘리기에 집착할 필요는 없습니다.

5,000명을 먼저 팔로우하고 3,000명의 팔로워를 확보해도 콘텐츠가 좋아서 그랬다는 보장은 없습니다. 물론 몇 명은 여러분의 일상을 보고 싶어 팔로우했을 수도 있지만 대부분은 아닐 것입니다. 이렇게 만들어진 3,000명의 팔로워가 향후 나만의 업을 만드는 데 얼마나 도움이 될지는 냉정하게 생각해볼 필요가 있습니다.

내 인스타그램의 운영 목적 찾기

잠시 책 읽기를 멈추고 나는 무엇을 하는 사람인지, 인스타그램 운영 목적은 무엇인지 적어보길 바랍니다. 앞서 MTS 시스템 구조도를 그려보았다면 쉽게 답을 찾을 수 있을 것입니다. 채널의 목적을 스스로 점검해야 다른 사람들이 여러분을 팔로우하는 이유와 어떤 콘텐츠를 기대할지 알 수 있습니다. 명확한 목적 설정은 명확한 타깃 설정으로, 타깃을 위해 어떤 콘텐츠를 만들지에 대한 전략 세우기로 이어집니다.

인스타그램 운영 목적을 모두 적었다면 앞서 그린 MTS 시스템 구조도의 메시지, 타깃과 방향성은 일치하는지, 앞으로 내가 만들 업의 목적과 부합하는지도 함께 체크해봅니다. 남들이 다 하니까, 화려한 인플루언서를 보며 인기를 얻고 싶다는 단순한 목적보다 타인에게 도움이 되는 이야기와 같은 뚜렷한 목적과 메시지를 가질 때 인스타그램을 통한 브랜딩이 완성된다는 사실을 잊어서는 안 됩니다.

인스타그램의 단점을 보완하자 : 블로그 연계

오른쪽의 그림은 필자가 운영하는 인스타그램 채널인 〈너겟상식 연구소〉입니다.

해당 그림을 보고 팔로워 입장에서 이 인스타그램의 계정 주인은 누구인지 한번 유추해보겠습니다.

▲ 필자가 운영 중인 인스타그램 채널 〈너겟상식 연구소〉

만약 여러분이라면 이 인스타그램 계정 주인의 성별, 연령을 알 수 있을까요? 물론 일상 사진이 담긴 계정이라면 가능하겠지만 이런 채널의 경우 아마도 '시사 상식에 관심이 많은 남자, 30대?' 정도로만 유추할 수 있을 것입니다. 그럼 이 채널의 팔로워는 어떤 이유에서 팔로우했을까요? 다양한 이유가 있겠지만 주로 시사·일반 상식과 관련된 내용을 매일 접하고자 하는 필요성에 따라 팔로우했을 것입니다. 그리고 여기에서 좋은 정보를 얻었다면 당연히 소개에 있는 다른 SNS 채널로도 유입될 가능성이 큽니다.

인스타그램 채널의 단점과 보완 방법

각각의 SNS 채널에는 장단점이 존재합니다. 그래서 하나의 채널을 운영하는 것보다 다양한 채널을 운영해야 시너지 효과가 커집니다. 특히 나만의 업을 만들고 싶다면 블로그, 인스타그램, 유튜브 세 개의 SNS 채널이 하나의 메시지를 가지고 유기적으로 돌아가도록 만들어야 합니다. 그래야 더 많은 곳에, 더 많은 사람에게 나와 내 브랜드를 알릴 수 있습니다.

나만의 업을 만들 목적으로 인스타그램 채널을 제대로 운영하기 위해서는 인스타그램의 두 가지 단점을 먼저 확인해야 합니다.

첫째 계정 주인이 누구인지, 어떤 일을 하는 사람인지 자세한 소개와 관심사, 전문 분야 및 콘텐츠의 방향성, 메시지 등을 담기에는 프로필 영역이 매우 제한적이다.

둘째 검색 기능과 피드 자체에 링크 기능이 없어 콘텐츠의 소비 기한이 짧고, 과거 피드를 검색하기 어렵다.

인스타그램 사용자의 90% 이상이 모바일 환경에서 사용합니다. 모바일 애플리케이션 기준으로 인스타그램 채널 메인 화면에서 프로필은 상단 3줄 정도만 노출됩니다. 또 한 화면에는 평균 여섯 개의 피드만 메인 화면에 노출됩니다. 사용자 입장에서 상단에 있는 여섯 개의 피드가 마음에 들었다면 사용자의 프로필에서 [더 보기]를 터치해 프로필을 확인하거나, 화면을 내려 아래에 있는 피드를 추가로 보기도 합니다. 하지만 프로필 글자 제한 때문에 소개 글을 자세하게 작성하기 어렵고, 피드 내용 검색 기능이 없어 과거의 피드를 볼 때 매우 불편합니다.

이 두 가지 단점을 보완해주는 것이 바로 블로그입니다. 포인트는 '해결'이 아닌 '보완'입니다. 블로그와 인스타그램은 패키지와 같다고 생각해야 합니다. 하나의 동일한 메시지지만 각각 텍스트, 이미지 기반이라는 플랫폼의 성격이 다를 뿐입니다. 결국 두 채널의 운영 목적은 내 콘텐츠를 통해 같은 주제에 관심을 가지는 다양한 사람들과 함께 소통하고 가치를 나누는 것에 있습니다. 두 채널을 모두 사용하는 사용자가 한 채널에서 만족할 콘텐츠를 소비했다면 다른 채널로 유입될 가능성은 매우 커집니다.

인스타그램 채널 운영 시 이것만은 꼭 지키자

인스타그램 계정 메인 화면은 아래 그림과 같이 상단에는 프로필 이미지, 팔로워·팔로우 정보, 아이디, 소개 글, 링크 등 다양하게 구성되어 있습니다. 그리고 아래에는 계정에서 업로드한 콘텐츠 피드가 3열 격자로 노출됩니다.

▲ 필자의 인스타그램 메인 화면

대부분 사용자는 추천 게시물에서 피드를 확인한 후 인스타그램 계정 메인 화면으로 들어옵니다. 그리고 계정 주인의 정보, 콘텐츠를 확인하고 팔로우하기 때문에 메인 화면의 첫인상은 매우 중요합니다. 이 화면을 어떻게 구성하는지에 따라 사용자의 팔로우 여부가 결정됩니다.

인스타그램 채널 메인 화면 구성하기

처음 확인해야 할 부분은 인스타그램 아이디입니다. 인스타그램 아이디는 되도록 기억하기 쉽게 만들어야 합니다. 물론 여러 채널을 함께 운영한다면 전략적으로 하나의 아이디로 통일해 만드는 것이 좋습니다.

다음은 프로필의 소개 글 부분입니다. 소개 글은 세 가지만 기억하면 됩니다. 간단한 자기소개, 채널 운영 목적과 전달하는 콘텐츠의 메시지, 주로 다루는 키워드입니다. 이 세 가지가 프로필의 한 화면에서 보여야 합니다.

마지막은 피드 구성입니다. 보통 계정에 방문한 사용자는 피드를 스크롤하면서 콘텐츠를 탐색합니다. 이때 탐색의 시간이 길수록 계정에 대한 관심도 상승합니다. 피드의 내용이 마음에 들었다면 팔로우를 할 것입니다. 결국 어떤 피드를 만들고 구성하는지가 팔로우를 결정하는 중요한 요소입니다. 인스타그램 피드 상단 고정 기능을 이용해 타깃이 좋아할 콘텐츠를 메인 화면 상단에 고정하는 방법도 전략적으로 활용할 수 있습니다.

효과적인 인스타그램 피드 만들기

다음으로 인스타그램의 콘텐츠가 모인 피드에 대해 알아보겠습니다. 인스타그램 콘텐츠는 이미지와 짧은 동영상으로 이루어집니다. 오직 비주얼로 소통하는 인스타그램의 특성 때문에 여러 콘텐츠가 혼재된 추천 게시물에서 사용자의 선택을 받으려면 스크롤을 멈추게 만드는 이미지 또는 카드 뉴스 형태로 정보를 전달하는 콘텐츠를 만들어야 합니다. 이런 피드를 만들기 위한 세 가지 포인트가 있습니다.

첫째 방문자의 니즈 해결
둘째 통일감을 주는 톤 앤드 매너
셋째 눈에 띄는 레이아웃

인스타그램 사용자가 필요한 정보를 찾는 방법은 검색 혹은 추천 게시물에서 피드를 발견하는 방식입니다. 따라서 여러분이 운영할 채널의 타깃에 맞는 콘텐츠로 기획·구성해야 합니다. 하나의 채널에 이러한 콘텐츠 외에 맛집, 음식 사진 등이 혼재

되어 있다면 방문자들이 외면할 가능성이 커집니다.

방문자들의 니즈를 충족할 콘텐츠를 기획했다면 보기 좋게 꾸미는 것도 전략적으로 접근해야 합니다. 콘텐츠의 주제만큼 중요한 것이 비주얼입니다. 이때 톤 앤드 매너와 레이아웃이 계정의 첫인상을 결정합니다. 구성에 따라 계정이 전달하는 느낌은 완전히 달라집니다. 멋진 이미지를 만드는 기술적인 능력은 단기간 안에 업그레이드하기가 쉽지 않습니다. 하지만 레이아웃을 깔끔하게 맞춰 보기 좋은 피드를 구성하는 방법은 빠르게 익힐 수 있으며 피드에 즉각적인 변화를 만듭니다.

▲ 필자가 운영 중인 인스타그램 채널 중 자기 계발 채널(좌)과 일반·시사상식 채널(우) 피드

위 그림은 필자가 운영 중인 인스타그램 채널들의 피드입니다. 모바일, PC 모두 화면은 3열 격자 구성입니다. 자세히 보면 두 채널의 피드 구성은 차이가 있습니다. 왼쪽 자기 계발 채널은 '여러분의 자기 계발에 도움을 드립니다'라는 메시지를 중심으로 책 리뷰, 동기부여 한 장 그림, 카드 뉴스로 구성했고, 오른쪽 채널은 '하루에 하나의 상식으로 지식을 쌓아 드립니다'라는 메시지를 중심으로 통일된 카드 뉴스 형태로 구성했습니다. 여러분도 채널 특성에 따라 조금 더 눈에 띄는 피드 구성을 연구하고

적용해보길 바랍니다.

나만의 업을 만들기 위한 운영 방향 정하기

나만의 업을 만들기 위해서 두 가지의 인스타그램 채널 운영 방식을 고려해볼 수 있습니다. 첫 번째는 퍼스널 브랜딩 채널입니다. 말 그대로 새벽 기상 인증, 독서 인증, 어떤 사람을 만났고, 어떤 것을 배우고 있는지 간단한 나의 일상, 모임 인증 사진, 자격증 취득, 출간 소식, 출강 정보 등 해당 분야의 전문성을 갖춘 모습을 보여주며 나를 알리고 신뢰를 쌓는 채널 운영 방식입니다.

두 번째는 특정 주제의 콘텐츠 채널입니다. 아래 그림의 피드를 보는 순간 책을 리뷰하는 계정이구나 하는 생각이 바로 떠오를 것입니다. 방문자가 책을 좋아하거나, 읽고 싶은 책을 추천받고 싶다면 해당 채널을 팔로우할 것입니다. 패션 관련 콘텐츠라면 방문자에게 패션 코디 정보와 착용샷, 육아용품 관련 콘텐츠라면 육아 아이템

▲ 필자가 운영 중인 도서 및 자기 계발 관련 인스타그램 피드

소개가 될 수 있습니다.

두 가지 유형 중 어떠한 형태의 채널을 운영하는 것이 맞는지는 각자 상황에 따라 다릅니다. 어떤 방식이 더 유리한 것이 아닙니다. 중요한 것은 하나의 콘셉트에 집중해 방문자의 니즈를 해결할 수 있도록 콘텐츠를 기획해 업로드하고, 톤 앤드 매너와 레이아웃을 지키며 피드를 구성하는 것입니다.

블로그를 운영하며 콘텐츠를 쌓으면 인스타그램 콘텐츠를 기획하는 일은 그렇게 어렵지 않습니다. 물론 두 가지 SNS 채널을 동시에 운영하는 것이 수고스럽긴 해도 꾸준히 콘텐츠를 쌓으면 각 채널에서 유입되는 다양한 잠재 고객들을 모을 수 있습니다.

해시태그는 적극적이지만 신중하게

마지막으로 인스타그램 운영에 있어 필수적인 해시태그(#)를 알아보겠습니다. 인스타그램 사용자 대부분은 해시태그를 관련된 피드를 모아서 보고 싶을 때 검색하는 용도로 활용합니다. 하지만 또 다른 중요한 역할로 '연결'이 있습니다.

인스타그램의 피드 추천 알고리즘은 평소 사용자의 콘텐츠 소비 성향, 검색하는 해시태그 키워드에 큰 영향을 받습니다. 따라서 인스타그램 채널을 운영하는 입장에서 내 타깃 사용자가 좋아할 주제에 맞는 해시태그를 적극적으로 사용하고 활용해야 합니다.

해시태그를 많이 단다고 해서 더 많이 노출되는 것은 아니며, 연관성이 떨어진다고 판단되면 피드 추천의 우선순위도 낮아집니다. 따라서 채널과 관련 없는 해시태그를 무분별하게 사용하기보다 내 잠재 고객들이 좋아할 대표 키워드 위주로 사용하는 것이 좋습니다.

영상형 채널 구축 전략 :
유튜브

확실한 목적과 주제를 가지고 시작하자

유튜브 운영의 핵심은 블로그와 인스타그램을 패키지로 운영해 상호 단점을 보완하며 효율을 극대화하는 것과 동일합니다. 전하고자 하는 명확한 메시지를 통해 타깃에게 도움이 되는 정보, 솔루션을 꾸준히 제공하는 것입니다. 네이버 블로그의 문어체로 작성한 포스팅을 유튜브의 구어체 스크립트로 살짝만 바꿔 활용하면 콘텐츠 기획과 대본 작성에 필요한 시간과 부담감도 줄일 수 있어 효율적입니다.

시작과 유지가 어려운 유튜브 채널

다른 SNS 채널과는 달리 유튜브는 시작도, 운영도 어렵다고 느껴질 것입니다. 영상 촬영과 편집은 어떻게 해야 할지 막막하기만 합니다.

▲ 필자의 유튜브 채널 메인 화면

필자의 유튜브 구독자는 아직 5,000명대로 걸음마 수준이지만 매일 구독자가 늘고 있습니다. 구독자 수에 집착하기보다 결이 맞는 구독자와 소통하며 퍼스널 브랜딩을 확장한다는 측면에 의의를 두고 있습니다. 그래서 유튜브의 폭발적인 성장보다는 필자가 유튜브 채널을 운영하며 얻은 경험과 노하우를 이야기해볼까 합니다.

유튜브를 중간에 포기하는 사람의 특징은 유튜브를 시작하고 한 달 정도 영상 편집에 엄청난 공을 들인다는 것입니다. 영상을 잘 만들어 업로드하면 첫 시작부터 100명 이상의 구독자는 쉬울 거라 생각하지만 현실은 암울합니다. 정말 열심히 만들어 영상을 올려도 두세 달 가까이 50회 미만의 조회 수가 나오는 것을 보며 포기하게 됩니다.

지속 가능한 콘텐츠를 만들자

유튜브 채널의 첫 목표는 월 100만 원을 더 번다는 생각보다 방문자와 꾸준히 소통하며 월 30만 원 정도라도 벌어보자가 현실적입니다. 기준점이 달라지면 채널 운영 전략에도 변화가 생깁니다. 목표가 높으면 대형 채널과 비교해 고가의 촬영 장비, 최신 영상 편집 기술에 대한 고민이 커지지만, 사람들에게 도움을 주는 지속 가능한 콘텐츠를 만든다고 생각하면 내용 자체에 집중할 수 있습니다.

유튜브 채널 운영 방향 잡기

유튜브 채널의 운영 방향을 잡을 때 중요한 포인트는 ① 채널의 존재 이유, ② 전하고 싶은 메시지, ③ 공유하고 싶은 감정을 명확하게 정하는 것입니다. 시청자가 여러분의 영상을 봐야 할 이유가 명확해지려면 여러분의 운영 방향도 명확해야 합니다. 이 두 가지가 일치했을 때 여러분의 콘텐츠가 가치 있는 영상이 됩니다.

다음 내용은 두 초보 유튜버의 채널 운영 방향과 그에 따른 콘텐츠 기획 양상을 가상으로 든 예시입니다. 여러분도 이 사례를 보면서 같은 소재도 어떤 방식으로 기획하고 만들 때 더욱 볼만한 가치가 있을지 같이 고민해봤으면 합니다.

직장인 초보 유튜버 A의 사례

초보 유튜버 A는 1년 차 신입 직장인의 회사 적응기를 소재로 브이로그 콘텐츠를 만들기로 합니다. 남들이 하니까 일단 시작했습니다. 아침에 일어나 출근하고, 오전 근무, 점심 식사, 오후 근무 촬영 후 퇴근길에 친구를 만나 저녁 식사 후 귀가까지 일상을 순서대로 촬영했습니다. 주말이 되어 영상을 편집하니 허전합니다. 영상에서 전하고자 하는 메시지를 쥐어짜내도 전하고 싶은 장면을 뽑아내기가 힘듭니다. 영상을 보정하고, 멋진 배경 음악, 자막을 넣어 편집에 많은 에너지를 쏟아붓습니다. 하지만 조회 수가 나오지 않고, 매주 반복되는 업로드 일정에 지쳐갑니다.

직장인 초보 유튜버 B의 사례

초보 유튜버 B는 1년 차 신입 직장인의 적응기라는 소재로 브이로그 콘텐츠를 만들기로 합니다. CS 고객 상담실에서 근무하는 B는 나와 비슷한 직업을 가진 직장인들을 위한 공감과 위로의 메시지를 전달하는 내용, 자신의 MBTI 성향인 INTP 유형의 직장인 공감대를 자극하는 콘텐츠를 기획합니다. 바쁜 출근 일상, 회사 제품에 불만을 느낀 고객을 잘 설득한 내용을 통해 자신의 심정을 담백하게 편집합니다. 또 퇴근 후 같은 직군에서 일하는 선배, 동료와 함께 저녁을 먹으며 직무의 애환이 담긴 대화를 인터뷰 형태로 촬영한 내용도 간단하게 편집해 업로드합니다. 아직 조회 수는 많이 나오지 않지만 나와 비슷한 직업, 성향을 가진 사람들이 공감 댓글을 달아주어 업로드 일정에 크게 부담은 못 느낍니다.

초보 유튜버 A와 B 모두 1년 차 신입 직장인의 회사 적응기를 소재로 비슷한 하루를 보내며 브이로그 콘텐츠를 만들지만 전하고자 하는 메시지는 큰 차이가 있습니다. B의 영상이 훨씬 더 매력적이고 볼만한 가치가 있는 이유는 여기에 있습니다.

적어도 이 책을 읽는 여러분은 내 채널에서 말하고 싶은 메시지와 공유하고 싶은 감정이 무엇인지 뚜렷하게 기획해 유튜브 채널을 시작하길 바랍니다. 여기서 전하고 싶은 메시지와 감정이 뚜렷하게 잡히지 않는다면 여러분의 MTS 시스템 구조도를 참고하면 훨씬 쉬울 것입니다.

유튜브 채널 주제 정하기

여러분의 MTS 시스템 구조도에서 어떤 내용을 가지고 유튜브 채널의 주제를 정할지 알아보겠습니다. 유튜브 채널의 주제를 설정할 때 유행하는 주제를 무조건 따라갈 것이 아니라 MTS 시스템 구조도를 참고해 내가 좋아하는 것, 잘하는 것과 같은 '나의 관심사'와 '대중의 관심사' 사이의 교집합을 찾아 공략해야 합니다.

이유는 간단합니다. 좋아하는 일을 콘텐츠로 만드는 일은 재미도 관심도 없는 일을 콘텐츠로 만드는 것보다 훨씬 쉽고 효율도 높습니다. 반짝이는 유행이나 트렌드에 따라 전문성도, 관심도 없는 주제와 콘텐츠를 만들면 금세 소재가 고갈되며, 다른 SNS 채널과 운영 방향도 메시지도 맞지 않아 채널을 확장하기가 무척 힘듭니다.

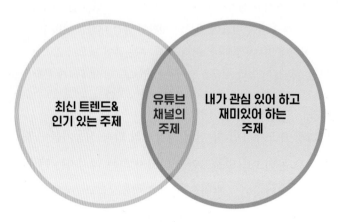

▲ 유튜브 채널의 주제 : 대중의 관심과 나의 관심이 교집합인 주제

잠깐 종이를 꺼내 여러분이 흥미를 느끼는 분야 두세 개를 오른쪽 '내가 관심 있어 하고 재미있어 하는 주제' 칸에 적어보겠습니다.

물론 지금 적은 주제가 성공을 보장하지는 않습니다. 하지만 적어도 잘하거나 좋아하는 분야의 주제로 채널을 만든다면 콘텐츠 만들기가 더욱 쉽고, 오랫동안 지속할 수 있는 원동력이 됩니다. 다시 말해 콘텐츠의 지속성, 생산성을 높일 수 있습니다.

내가 좋아하고 잘하는 주제를 정했다면 이번에는 대중성을 고려해야 합니다. 오른쪽의 표를 참고해봅니다.

표처럼 ① 내가 좋아하는 주제, ② 내가 잘한다고 칭찬받는 주제, ③ 꾸준한 습관으로 이어오는 주제 세 가지로 카테고리를 정하고 내용을 적습니다. 그리고 10점 만점 기준으로 해당 주제에 대한 나의 관심도, 애정도 점수를 '셀프 평가'에 부여합니다.

다음은 '대중성 지수'를 체크합니다. 대중성 지수의 점수도 10점 만점 기준으로 부

구분	상세 내용	셀프 평가	대중성 지수	계
내가 좋아하는 주제	여행	6	9	15
	맛집	8	10	18
	애견	6	9	15
	운동	8	9	17
	인테리어	7	7	14
	축구	10	9	19
	야구	7	9	16
내가 잘한다고 칭찬받는 주제	독서	10	8	18
	글쓰기	9	6	15
	다이어트	7	9	16
	자기 계발	10	9	19
꾸준한 습관으로 이어오는 주제	새벽 기상	8	7	15
	건강 관리	8	9	17
	시간 관리	9	7	16
	주식	9	10	19

▲ 나의 채널 주제 잡기를 위한 표

여하되, 주관적인 점수가 아니라 구글 트렌드(https://trends.google.co.kr/trends) 를 활용해 트렌드 주제를 검색한 후 대중성 점수를 부여하면 됩니다. 여러 개의 검색 키워드를 같이 검색한 후 서로 수치를 비교해 적으면 됩니다. 마지막에 셀프 평가와 대중성 지수의 점수 합계를 구하고 높은 순서로 유튜브 채널의 주제를 정합니다.

그래도 주제를 결정하지 못했다면 유튜브 알고리즘을 활용하는 방법도 있습니다. 유튜브는 사용자의 특성에 맞춰 좋아할 콘텐츠를 지속적으로 노출·추천합니다. 여러 분이 핸드폰으로 유튜브 애플리케이션을 실행했을 때 추천으로 뜨는 영상을 위에서 부터 30개 정도 추출해 각각의 카테고리로 분류하면 힌트가 될 수 있습니다.

변화하는 트렌드에도 변하지 않는 원칙을 지키자

SNS 플랫폼이 본격적으로 경쟁하며 콘텐츠의 공급량이 폭발적으로 늘어났습니다. 하지만 콘텐츠 소비자 숫자는 그대로이다 보니 짧은 시간 자극적인 콘텐츠를 더 많이 보여주는 방향으로 트렌드가 변화하고 있습니다.

현재 유튜브를 비롯해 동영상 콘텐츠를 다루는 SNS 플랫폼의 트렌드는 당연 '숏폼(Short Form)' 콘텐츠입니다. 초기에는 틱톡을 중심으로 MZ세대 사이에서 인기몰이를 했지만 최근에는 거의 모든 SNS 플랫폼에서 다양한 연령대의 이용자가 숏폼 콘텐츠를 소비합니다.

이런 트렌드의 변화에 맞춰 유튜브는 2022년 쇼츠(Shorts)를, 인스타그램은 릴스(Reels)를 출시했습니다. SNS 플랫폼에서 제공하는 숏폼 콘텐츠는 각각 특징이 있습니다. 특히 유튜브의 숏츠는 기존 유명 유튜버의 영상, 드라마, 영화 등의 명장면을 재가공한 형태가 인기를 끌고 있습니다. 아직 유튜브에서 숏폼 콘텐츠에 대한 저작권 관련 이슈가 크게 불거진 적이 없지만 정책은 언제든 바뀔 수 있습니다.

따라서 유튜브의 정책에 휘둘리지 않고 장기적으로 안정적인 성장을 꾀한다면 자신만의 기획력을 갖춰야 합니다. 여기서 기획력은 채널의 목적과 방향, 그 채널이 콘텐츠 소비자들에게 전달하는 가치 등입니다. 여러분도 유튜브 운영을 결심했다면 제대로 된 기획력을 갖춰 도전해보길 바랍니다.

CHAPTER 05

퍼스널 브랜딩으로
수익화 모델 구축하기

SECTION 01

퍼스널 브랜딩을 통한
수익화 구축 단계

내 콘텐츠를 본격적으로 판매하자

나만의 업 만들기를 위한 개인의 성장 단계 도표 4단계 중 이제 세 번째 단계인 상품화에 관한 이야기를 해볼 차례입니다.

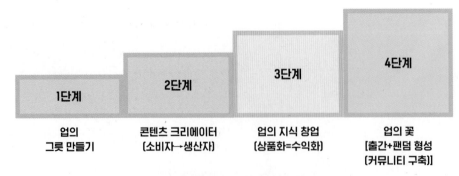

▲ 나만의 업을 만들기 위한 개인의 성장 단계

상품화는 곧 수익화와 같은 의미입니다. 아무리 좋아서 하는 일도 오랫동안 수익이 발생하지 않으면 동기부여가 없어 흥미를 잃게 됩니다. 나만의 업을 만들 때 가장 큰 목표는 회사 밖에서도 누리는 경제적 여유를 만드는 것이기 때문에 적절한 시기의 수익은 분명 필요합니다.

수익화의 본질도 결국 업 만들기다

필자는 퍼스널 브랜딩을 통한 수익화를 단순히 부업이라 부르지 않고 N잡, 부의 파이프라인 만들기라고 부릅니다. N잡은 부업이 아니라 제2, 3의 직장이라는 의미이고, 부의 파이프라인은 기본 소득 외에 추가로 여러 곳에서 발생하는 부의 흐름을 의미합니다. 나만의 콘텐츠를 바탕으로 본격적으로 SNS 채널을 운영하면 광고 수익, 협찬은 물론 PDF 전자책 판매, 온/오프라인 강의, 코칭 및 컨설팅, 커뮤니티 운영, 책 출간까지 다양한 수익을 이룰 수 있습니다.

앞서 SNS 채널 구축 전략에서도 이야기했지만 블로그, 인스타그램, 유튜브 등 다양한 SNS 플랫폼을 운영하는 본질은 내가 세상에 전하고자 하는 명확한 메시지를 토대로 타깃의 어려움을 해결해주는 콘텐츠를 만드는 것입니다. 그러면 자연스럽게 내 콘텐츠를 소비하는 사람들을 사로잡고 퍼스널 브랜딩과 수익화 두 마리 토끼를 동시에 잡을 수 있습니다.

든든한 파이프라인을 만드는 두 가지 방법

수익화 방법은 매우 다양합니다. 하지만 수익화의 본질적인 방법은 크게 두 가지가 있습니다. 첫째는 파이프라인의 개수를 늘리는 방법, 둘째는 파이프라인의 크기를 키우는 방법입니다.

여러분이 PDF 전자책을 만들어 크몽, 탈잉 등 전자책 판매 플랫폼에 등록하는 것은 기존에 없던 파이프라인을 추가해 개수를 늘리는 것에 해당합니다. 이후 전자책의 페이지 수를 늘려 가격을 올리거나, 이론/실절편으로 나누어 판매하는 것은 파이프라인의 크기를 키우는 것에 해당합니다. 파이프라인의 개수를 늘리고 크기를 키우는 것은 개별적으로 이루어지는 것이 아니라 유기적인 관계를 가지고 있습니다.

강의도 동일합니다. 온/오프라인 강의를 진행하는 것은 파이프라인의 개수를 늘리는 것입니다. 여기에 클래스 참여 인원을 더 늘려 파이프라인의 크기를 키운 후 다양해진 니즈에 맞춰 강의의 형태를 다양화(초/중급반 혹은 심화반 개설)해 다시 파이프라인 개수를 늘릴 수 있습니다. 강의가 입소문을 타고 전문성이 확보되면 강의 내용을 보강해 단가를 올려 다시 파이프라인의 크기를 키울 수 있습니다.

수익화 단계 초반에는 단기적인 수익 목표를 너무 높게 잡을 필요가 없습니다. 초기 강의료 설정이 평생의 몸값이 된다고 착각하거나 당장 큰돈을 바라고 20만 원, 30만 원 심지어 그 이상의 강의료를 책정해 돈을 반짝 벌고 서서히 시장에서 사라지는 안타까운 사례를 수없이 많이 봐왔습니다.

부의 파이프라인을 구축하는 것은 계속해서 업그레이드하고 노하우를 축적하는 과정입니다. 필자는 6년 전 '네이버 블로그 A to Z'라는 2시간짜리 오프라인 강의를 시작할 때 강의료로 5만 원을 책정했습니다. 당시 총 19명이 강의를 들었고, 95만 원이라는 돈을 벌었을 때 기분이 묘했던 기억이 납니다.

강의 종료 후 설문지를 통해 시간, 장소, 내용, 가격, 개선점을 피드백 받아 강의의 가치 즉, 파이프라인의 크기를 키웠습니다. 처음 2시간으로 시작된 강의는 4시간 강의, 원데이 클래스, 초/중급반, 온/오프라인 믹스 강의, 2주 과정, 4주 과정 등 다양하게 확장했습니다. 물론 탄탄한 MTS 시스템 구조도 덕분에 가능한 일이었습니다. 파이프라인의 개수와 크기를 확장하기 위해서는 MTS 시스템 구조도를 통한 명확한 하나의 메시지와 그 아래를 받쳐주는 주제를 탄탄하게 구성해야 합니다.

완성형 파이프라인은 없다

원하는 정보를 검색만 하면 알 수 있던 때를 지나 이제는 광범위한 분야의 업무를 수행할 수 있는 생성형 인공지능이 등장해 인공지능에 대화하듯 궁금한 점을 물어보고 업무를 처리할 수 있는 시대입니다.

급변하는 시대에 나만의 업을 만들고 확장해나갈 때 명심해야 할 것은 지금 알고 있는 지식은 시간이 지나면 오래된 정보가 되며, 그 주기가 점점 빨라진다는 것입니다. 지식, 경험, 노하우를 현재 상태에 오래 놔둘수록 도태되니 계속해서 업그레이드해야 경쟁에서 살아남을 수 있습니다. 이때 나만의 명확한 MTS 시스템 구조도를 구축한 사람이라면 기존에 가진 주제와 다른 주제를 연결해 다양한 주제를 계속 확장할 수 있을 것입니다.

PDF 전자책은
'씨앗' 심기

첫 전자책이 내 눈높이를 결정한다

필자는 몇 년 전만 해도 누가 블로그 노하우를 전자책으로 만들어 판매해보라고 이야기할 때마다 그럴 능력이 없다고 한사코 거절했지만 지금은 전자책 판매가 가진 힘을 믿습니다.

몇 년 사이 블로그나 유튜브에 쌓은 노하우와 경험을 재가공해 PDF 형태의 소책자로 만들어 무료로 배포하고 잠재적 고객을 확보하는 것이 하나의 홍보 수단으로 자리 잡았습니다. 각종 플랫폼에서 PDF 전자책 판매 서비스를 도입하며 유료 판매에 도전하는 사람도 늘어났습니다. 예전에는 전문가만 PDF 전자책 판매를 한다는 인식이었지만 최근에는 문턱이 많이 낮아졌습니다.

하지만 아쉬운 부분도 있습니다. 읽을 만한 전자책을 발견하기 어렵다는 점입니다. 최근 출간되는 PDF 전자책 대부분이 인터넷에서 검색한 내용, 책이나 강의에서 배운 내용을 짜깁기해 만들어졌습니다. 이렇게 만든 PDF 전자책은 만들기는 쉬워도 내 업을 만드는 데 도움이 되지는 않습니다.

나만의 업을 만들기 위해서는 내 SNS 채널과 PDF 전자책이 같은 메시지를 가져야 합니다. 짜깁기한 내용에서는 메시지의 힘이 빈약할 수밖에 없습니다. 대충 만들어 돈만 벌면 편하겠지만 어렵더라도 수익화의 첫 단추인 PDF 전자책을 처음부터 잘 만들어야 하는 이유는 분명 있습니다.

잘 만든 전자책의 확장성은 폭발적이다

PDF 전자책이 퍼스널 브랜딩을 통한 수익화의 씨앗이 되는 이유는 놀라운 확장 범위에 있습니다. 하지만 여기에 중요한 전제 조건이 있습니다. '잘 만든' 전자책이어야 합니다.

잘 만든 전자책이란 많은 사람의 선택을 받는 대중성이 있으면서 종이책 출간, 강의 슬라이드·스크립트로 연결될 가능성이 있어야 합니다. 그러기 위해서는 주제 선정부터 기획 의도와 콘셉트, 독자층 설정, 차별점 등이 분명해야 합니다.

필자의 경우 맨 처음 57페이지 분량의 《네이버 블로그 수익화 공략집》으로 시작해 내용에 살을 붙여가며 75, 90페이지로 분량을 늘렸습니다. 그러다 우연히 이 전자책을 읽은 VOD 강의 에디터의 추천으로 영상 강의를 제작하게 되었습니다. 전자책에 삽입된 그림과 도표는 그대로 PPT 강의 교안이 되었고, 본문은 강의 스크립트가 되었습니다.

이렇게 VOD 강의는 10분 내외 분량의 15강 구성으로 새벽 기상 후 출근 전 PPT 제작에 3일, 아내와 아이들이 자리를 비운 3일간 하루에 5강씩 촬영해 거의 일주일

만에 VOD 강의를 입점했습니다. 그리고 이 강의를 토대로 출판사에 출간을 제안해 첫 번째 종이책 《네이버 블로그로 돈 벌기》를 출간하게 되었고, 종이책을 본 MKYU에서 강의 섭외가 들어와 나만의 업을 확장할 수 있었습니다.

잘 기획해 만든 57페이지 분량의 PDF 전자책 한 권이 만든 결과물이 정말 굉장했습니다. 이것이 PDF 전자책 시장은 끝났고 영상 콘텐츠가 대세라고 해도 필자가 중요한 성공 포인트이자 기본기로 PDF 전자책을 이야기하는 이유입니다.

PDF 전자책이 기본기인 또 다른 이유는 내가 알고 있는 지식을 다른 사람에게 판매할 준비가 되었는지 테스트하는 역할도 하기 때문입니다. 제대로 알지 못하면 아무것도 쓸 수가 없습니다. 단순히 책 몇 권을 읽고, 강의 몇 개를 듣는 정도로는 전자책을 쓸 수 없고, 짜깁기해 전자책을 완성하더라도 다른 콘텐츠로 확장이 불가능합니다. 따라서 일단 PDF 전자책을 써보고 내가 해당 분야에 대해 얼마나 알고 있는지, 대중에게 선택받고 도움이 되는 콘텐츠를 만들 수 있는지 확인한 후 부족한 내용을 보강하는 방식으로 활용할 수 있습니다.

독자의 마음을 사로잡는 전자책 만들기

사람들이 PDF 전자책을 구매하는 이유는 다양하지만 가장 원초적인 이유는 고민을 해결하기 위해서입니다. PDF 전자책을 구매하는 사람들은 거창한 해결 방법을 원하는 게 아니기 때문에 초보가 왕초보에게 알려주는 수준으로도 가능합니다. 여기에 나의 경험, 지식, 노하우가 들어가면 차별점을 확보할 수 있습니다.

폭발적인 확장성을 가져다줄 PDF 전자책을 만들기 위해 필요한 요소는 계속해서 강조하는 나만의 MTS 시스템입니다. MTS 시스템을 바탕으로 여러분의 머릿속에 다음 세 가지 질문에 명확한 답이 정립되어 있어야 합니다.

첫째 이 전자책을 읽는 독자는 누구인가?

둘째 그들은 어떠한 문제점을 해결하고 싶어 하는가?

셋째 내 경험이 포함된 솔루션 제공이 가능한가?

먼저 독자층을 선정할 때 40~60대 여성, 직장인, 주부, 취준생과 같이 광범위하게 설정하면 그들이 가진 문제점을 파악하기 어렵습니다. 문제점을 파악하지 못하면 뻔한 내용, 검색만 해도 충분히 알 수 있는 정보, 뜬구름 잡는 이야기만 이어져 설득력도 떨어집니다. PDF 전자책은 돈을 지불하고 소비하는 콘텐츠이기 때문에 보다 명확한 솔루션을 제공해야 합니다. 따라서 전자책 타깃은 SNS 채널 타깃보다 더 뾰족하게 설정합니다.

타깃이 정해졌다면 그들이 겪고 있는 문제점도 나열해봅니다. 보통은 다루는 주제 내에서 내가 잘하는 것을 반대로 뒤집어 보면 타깃이 겪는 문제점이 도출됩니다. 13년 차 IT 업계 종사자라면 1년 차 IT 업계 신입에게 어떤 도움을 줄 수 있을지와 같이 잘하는 것을 역으로 뒤집어 생각해봅니다.

힌트가 필요할 땐 자동 완성 검색어를 활용하자

타깃이 겪는 문제점을 파악했다면 이제 경험이 포함된 솔루션을 제공하는 단계로 넘어갑니다. 문제점을 도출했지만 어떤 솔루션을 제공해야 할지 모르겠다면 네이버 검색에서 '자동완성' 검색어 기능을 활용합니다.

자동완성은 사용자가 키워드 몇 글자만 입력하면 원하는 검색어를 자동으로 추천하는 기능으로, 해당 키워드에서 사용자가 입력할 가능성이 큰 단어를 검색어로 제공합니다. PC와 모바일 모두 자동 완성 검색어를 지원하며, 클릭 가중치에 따라 추천 검색어는 계속해서 변화하기 때문에 검색 트렌드도 확인할 수 있습니다. 이러한 특징을 잘 활용하면 답을 찾을 수 있습니다.

← 해외주식	← 면접	← 유럽 여행
해외주식 양도소득세	면접 복장	유럽여행
해외주식 세금	면접 예상질문	유럽여행준비물리스트
해외주식 갤러리	면접 자기소개	저렴한유럽여행
해외주식 시간	면접 질문	유럽여행준비물
해외주식 수수료	면접 머리	유럽여행카페
해외주식 매도	면접 정장	유럽여행예방접종
	면접 넥타이	서유럽여행
	면접 지원동기	혼자유럽여행

▲ 네이버 자동 완성 기능을 활용한 주제별 대중성 니즈 파악하기

🔍 해외주식	🔍 면접|	🔍 유럽 여행
해외주식	면접 공무원	유럽 여행
해외주식 양도소득세	면접 자기소개	유럽 여행 브이로그
해외주식거래방법	면접 잘보는법	유럽 여행 준비
해외주식 양도소득세 신고방법	면접 지원동기	유럽 여행지 추천
해외주식 세금	면접 메이크업	유럽 여행 경비
해외주식 증권사 추천	면접 머리	유럽 여행 짐싸기
해외주식 단타	면접 합격 시그널	유럽 여행 준비물
해외주식 수수료	면접 마지막 한마디	유럽 여행 코스
해외주식 사는법	면접 복장	유럽 여행 가방
해외주식 실시간	면접 질문	유럽 여행 추천
해외주식 양도소득세 절세	면접 준비	유럽 여행 코디
해외주식 매도 후 출금	면접 시뮬레이션	유럽 여행자보험
해외주식 수수료 비교		유럽 여행 플레이리스트
		유럽 여행 가방 추천

▲ 유튜브 예상 검색어 기능을 활용한 주제별 대중성 니즈 파악하기

해외주식을 네이버 검색창에 검색하면 양도소득세, 세금, 시간, 수수료, 매도 등에 관한 연관 검색어가 나오는 것을 확인할 수 있습니다. 해당 결과는 클릭 횟수와 검색 횟수에 따라 가중치가 결정되므로 이런 키워드만 잘 찾아도 해당 사람들이 필요로 하는 것을 확인할 수 있습니다. 면접, 유럽 여행 등 필요한 키워드를 검색해 파악한 연

관 키워드를 정리해 솔루션으로 녹여내면 됩니다.

유튜브에서는 예상 검색어 기능으로 확인할 수 있습니다. 네이버와 유튜브의 주 사용 계층이 다르기 때문에 비슷하면서도 다른 키워드가 나옵니다. 키워드의 순위에 서는 차이가 있을 수 있지만 네이버보다 더 많은 검색어를 확인할 수 있기 때문에 해 당 주제의 큰 그림을 그리기에 좋습니다. 특히 네이버와 유튜브에서 높은 순위에 중 복으로 있는 키워드의 경우 확실한 니즈가 있는 것으로 판단해도 좋습니다.

솔루션에 경험과 노하우는 반드시 필요하다

이렇게 힌트를 얻었다면 그에 대한 구체적인 답을 제시해야 합니다. 누구나 검색 하면 빠르게 찾을 수 있는 정보로는 사람들의 마음을 움직이는 전자책을 만들 수 없 습니다. 내 경험이 포함된 솔루션을 제공해야 다른 콘텐츠로 확장도 용이합니다. 따 라서 내 지식, 경험, 노하우를 바탕으로 문제에 대한 솔루션을 제공함과 동시에 이 전 자책을 읽으면 무엇을 할 수 있는지 구체적이고 선명한 청사진을 제시해야 합니다.

전자책 기획을 위한 힌트는 이제 모두 주어졌습니다. 이제 다음 세 가지 질문에 대 해 여러분의 생각을 최대한 상세하게 적어보길 바랍니다.

첫째 이 전자책을 읽는 독자는 누구인가?

둘째 그들은 어떠한 문제점을 해결하고 싶어 하는가?

셋째 내 경험이 포함된 솔루션 제공이 가능한가?

내 머릿속에 있는 모든 정보를 끄집어내 종이에 적고 정보, 키워드를 정리하고 조 합하면 좋은 아이디어를 떠올릴 수 있을 것입니다. 앞서 나만의 업을 위해 작성했던 출간 기획서와 비교하면서 내용을 더욱 업그레이드해도 좋습니다.

목차는 전자책의 기본 뼈대

기획을 끝냈다면 이제 전자책의 목차를 작성해야 합니다. 전자책의 기본 뼈대인 목차도 제대로 구성하지 않고 컴퓨터 모니터만 바라보며 글을 쓰는 것은 매우 비효율적입니다. 목차 기획만 제대로 끝내도 책의 절반을 썼다고 말할 수 있습니다.

목차 형태는 각자의 콘텐츠에 맞는 형태를 취사선택하여 활용하면 됩니다. 필자가 주로 사용하는 목차 형태는 '챕터–큰 제목–소제목'으로 구성되어 있고, 소제목 옆에 담을 내용을 메모 형식으로 적습니다. 메모는 해당 소제목의 글을 쓸 때 아이디어를 확장하는 용도로 씁니다. 이렇게 큰 틀을 만들고 시작하면 글쓰기가 훨씬 쉬워집니다. 무엇보다 목차를 미리 잘 작성해야 글을 쓰면서 내용이 산으로 가는 것을 막아줍니다. 특히나 하나의 주제로 50~60페이지 이상의 글을 써본 경험이 없는 초보 저자에게는 목차 작성이 아주 중요한 단계입니다.

참고 도서 분석하기

목차 구성을 위한 팁을 말해보겠습니다. 여러분이 쓰고자 하는 주제와 비슷한 책 다섯 권을 선정한 후 책의 목차를 살펴보는 것입니다. 온라인 서점에서 책의 목차를 확인할 수 있습니다.

다섯 권의 책에서 공통으로 발견할 수 있는 구성, 각 책의 차별점을 체크해 나만의 목차로 재구성합니다. 다른 책의 목차를 그대로 가져와 베껴서는 안 됩니다. 다른 책의 목차를 참고해 1차로 뼈대만 잡은 후 나의 지식, 경험, 노하우를 더하고, 다른 책이 가지지 못한 내 콘텐츠만의 차별점을 추가해야 합니다.

목차를 체계적으로 만드는 과정은 매우 어려운 일입니다. 어쩌면 본문을 작성하는 것보다 어려울 수 있습니다. 하지만 잘 짜인 목차는 PDF 전자책에서 끝나는 것이 아니라 종이책, 강의 커리큘럼 등 다양한 확장에 유용하게 활용할 수 있습니다. 또 기존 전자책을 보완해 확장할 때 기초가 튼튼하면 업데이트도 훨씬 쉽습니다.

망설이지 말고 마감을 먼저 설정하자

결심은 누구나 언제든 할 수 있습니다. 하지만 그 결심을 실행하기는 어렵습니다. PDF 전자책을 쓰기로 마음먹었다면 목차를 만들고 딱 한 달간 모든 생각과 일상의 중심에 PDF 전자책을 놓고 쓰기 시작하길 바랍니다.

PDF 전자책은 시작한 시점부터 한 달 이내에 완성합니다. 아직 지식이나 경험을 갖추지 못했다고 망설이지 말고 한 달 뒤에 전자책을 완성하겠다는 명확한 목표와 명확한 데드라인을 설정해야 합니다. 이제 아웃풋(목표)이 정해졌으니 글을 쓰며 부족한 부분, 잘 모르는 부분에 대한 인풋(학습)을 병행하면 됩니다. 목표 설정 없이 인풋만 열심히 하면 언젠가 전자책을 쓸 수 있을 것이라는 착각에서 빨리 빠져나오길 바랍니다. 완벽하지 않아도 좋습니다. 지금 바로 시작하길 바랍니다.

SECTION 03

무료 강의 기획 :
스니저를 만날 기회

본 무대에 오르기 전 리허설의 필요성

필자는 퍼스널 브랜딩 구축을 희망하는 사람이 PDF 전자책 출간까지 마치면 다음으로 '무료 강의 기획'을 추천합니다. 이때 무료 강의 기획을 수긍하지 않는 경우도 있습니다. 강의를 준비하려면 품이 드는데 단 1만 원이라도 받으면 안 되는지, 무료 강의 진행 후 반응이 좋으면 녹화 영상을 1만 원에 판매하는 것은 괜찮은지 등 다양한 수익 관련 문의가 이어집니다.

무료 강의를 수익화로 연결하는 것도 중요하지만 포인트는 더 큰 수익화를 구축하기 위한 리허설 과정이라는 점입니다. 회사에서 사원, 대리, 과장으로 분야의 업력을 쌓아 승진하듯 나만의 업도 차근차근 쌓아 올려야 합니다. 조급함을 느껴서는 안 됩니다. 앞서 나만의 업을 만들기 위해 다진 기본기가 정말 시장에서 통하는지, 통하더라도 내 강의에 문제점, 보완점은 없는지 확인하는 과정이 필요합니다. 그러지 않고 바로 유료 강의라는 본무대로 들어가면 설령 운이 좋아 반짝 수익화를 이뤄도 금방 수익화 흐름이 막히는 한계를 맞이합니다. 이것이 무료 강의를 기획해 본무대에 올리기 전 가능하다면 최대한 많은 리허설을 경험해보라고 추천하는 이유입니다.

무료 자료 배포로 새 고객과 만나기

성공적인 첫 무료 강의도 다음 스텝으로 연결할 수 없다면 업을 확장하지 못하고 일회성으로 그치고 맙니다. 따라서 무료 강의에서 수익화를 달성하는 유료 강의로 확장하기 위해서는 제대로 된 전략이 필요합니다. 이때도 CHAPTER 03에서 살펴본 '역산'을 통한 계획의 점검이 필요합니다.

가장 먼저 유료로 무엇을 팔 것인지 정해야 합니다. 처음부터 완벽한 서비스나 강의를 내놓을 필요는 없습니다. 무엇을 팔 것인지 결정하고 무료 강의 피드백을 받아 내용을 구체화하여 다듬고, 강의 실력도 키우면 됩니다.

최종 결과물(유료 강의 및 서비스)을 먼저 정했다면 당장 내가 제공할 수 있는 것과 채울 것으로 나눕니다. 부족한 부분은 독서와 공부로 보충하고 당장 제공할 수 있는 정보와 지식은 무료 자료(전자책, 영상, 템플릿 등)로 최대한 다양한 사람들과 함께 나누길 바랍니다.

무료 자료를 만들 때 한 가지 팁은 소비자들이 큰 기대를 하지 않는다는 점입니다. 양적인 부분에서 고민할 필요 없이 분량이 조금 적더라도 강한 임팩트를 주는 게 중요합니다. 다시 말해 '제대로 만든 하나의 자료'가 중요합니다. 소비자들 입장에선 무료 자료의 퀄리티가 유료 자료나 유료 강의의 구매 여부로 이어지는 경우가 많습니다. 한 번 제대로 만든 양질의 무료 자료는 일회성으로 끝나는 것이 아닌 다른 콘텐츠와 서비스로 연결될 가능성이 커집니다.

하지만 아무리 잘 만든 무료 자료라도 퍼지지 않으면 아무 소용이 없습니다. 무료 자료 나누기를 통해 내 브랜드와 서비스를 알리는 효과를 극대화하기 위한 방법은 크게 세 가지가 있습니다.

첫째 커뮤니티에 홍보하기

둘째 운영 중인 SNS 채널에 업로드하기

셋째 SNS 광고 활용하기

첫째, 커뮤니티에 홍보하기

첫 번째는 나의 무료 자료 주제와 방향성이 맞는 커뮤니티(카페, 오픈채팅, 밴드 등)에 소개하는 방법입니다. 이를 위해서 평소 커뮤니티 구성원으로 열심히 활동해야 한다는 단점이 있습니다. 만약 여러분이 직접 커뮤니티를 운영하고 있고, 커뮤니티의 규모가 커진다면 역으로 다른 사람의 홍보 제안을 받을 수도 있습니다. 이때 광고라고 무조건 거절하는 것보다 커뮤니티 운영 방향과 맞고, 구성원에게 도움이 된다고 판단되면 허용하는 것도 좋습니다.

둘째, 운영 중인 SNS 채널에 업로드하기

두 번째는 현재 운영 중인 SNS 채널에 직접 업로드하는 방법입니다. 말 그대로 내 블로그, 인스타그램, 유튜브 채널에 무료 자료에 대한 소개와 함께 다운로드 절차를 안내하는 방법입니다.

방법은 간단합니다. 무료 자료 혹은 무료 강의를 만들었다면 블로그 이웃 추가, 본인의 블로그에 공유하는 두 가지 미션을 제시합니다. 댓글에 공유한 포스팅 링크와 무료 콘텐츠 이벤트에 참여하고 싶은 간단한 이유를 남기면 무료 강의의 참여 링크 또는 무료 자료 파일 링크를 공유하거나 메일 주소를 받아 보내면 됩니다.

▲ 필자의 초창기 블로그 무료 강의 이벤트 포스팅

만약 다른 채널도 운영한다면 구독, 팔로우 후 함께 듣고자 하는 이웃 팔로워를 댓글에 소환하는 이벤트로 더욱 많은 사람에게 노출하는 방법도 있습니다. 내 글을 스크랩한 새로운 사람들 덕분에 다양한 사람과 만날 수 있고 또 다른 기회의 밑거름이 될 것입니다. 기본적으로 무료 이벤트에 참여하는 이유는 해당 주제의 콘텐츠나 자료에 관심이 있다는 의미입니다. 이들은 나의 잠재적 고객이 될 사람들이라는 뜻이기도 합니다. 나와 결이 맞는 이웃이 늘어나면 기회는 더욱 늘어납니다.

최대한 많은 참여자를 확보해야 무료 나눔 이벤트 포스팅을 보는 사람도 늘어납니다. 더욱 활발한 참여를 끌어내기 위해서 1만 원 내외의 기프티콘을 경품으로 걸고 무료 자료, 무료 강의 나눔 이벤트를 진행하는 것도 방법이 될 수 있습니다.

셋째, 소셜 광고 활용하기

세 번째 방법은 인스타그램, 유튜브 등 SNS 채널을 활용한 소셜 광고 서비스입니다. 이 방법은 앞선 두 가지 방법과는 달리 비용 지출이 필요합니다. 하지만 세련된 카피와 이미지, 직관적인 그래픽, 감각적인 영상을 동원해 내가 원하는 타깃 이용자에게 즉각적으로 접근할 수 있고, 다른 사람들과 공유할 때도 부담이 크지 않다는 장점이 있습니다.

▲ 인스타그램에서 집행되는 소셜 타깃 광고

필자도 새로운 강의를 개설하면 타깃 광고를 통해 강의와 브랜드를 노출하고 있으며, 광고를 통해 기존 수강생 외에도 잠재 고객과 만나는 유용한 기회로 활용하고 있습니다.

각 SNS 채널의 주 사용 연령층, 선호 계층이 다르기 때문에 내가 다루는 주제의 특성과 사용 연령층에 따라 선호하는 채널이 다를 수 있습니다. 나아가 각 SNS 채널의 광고 방식도 다릅니다. 주요 SNS 채널 소셜 광고의 특징을 간략히 알아보자면, 먼저 인스타그램은 사용자의 검색 기록, 관심사, 흥미, 기호에 따라 맞춤형 광고를 제공합니다. 카카오톡이나 네이버는 화면 한 부분에 지속적으로 노출되는 배너 혹은 지면 광고를 제공합니다. 나아가 유튜브나 틱톡에서는 글, 이미지, 오디오, 동영상 등 다양한 형태로 노출되는 콘텐츠성 광고를 제공합니다. 이를 참고하여 각자 콘텐츠 주제에 맞는 채널을 찾아 광고를 활용해보길 바랍니다.

지금까지 무료 자료 나누기를 통해 내 브랜딩과 서비스 알리는 효과를 극대화하기 위한 세 가지 방법을 알아봤습니다. 처음부터 세 가지 방법을 모두 활용할 필요는 없습니다. 각각의 방법은 여러분의 상황과 콘텐츠 특성에 맞게 가능한 것부터 차근차근 조화롭게 활용하면 됩니다.

나와 함께할 스니저를 만나라

무료 강의와 자료의 효과를 극대화하려면 내 콘텐츠와 결이 맞는 타깃이 모인 곳에 홍보해서 전환율을 높여야 합니다. 5세부터 초등학교 2학년까지 자녀의 문해력을 다루는 강의를 만들고 40 후반~50대 부모를 대상으로 홍보하면 전환율은 당연히 떨어질 것입니다. 전환율을 높여야 잠재적 고객을 만날 기회가 많아지고, 고객이 같은 관심사를 가진 다른 고객에게 내 콘텐츠를 전파해주는 구전 효과를 누릴 수 있습니다.

세계적인 마케팅 그루 세스 고딘은 저서 《보라빛 소가 온다》[1]에 스니저(Sneezer)의 개념을 소개합니다. 스니저의 사전적 정의는 재채기하는 사람이라는 뜻이지만 새로운 것을 발견하면 주변 사람들에게 퍼뜨리지 않고는 못 견디는, 새로운 정보를 빠르게 확산하려는 사람들을 의미하기도 합니다.

여러분이 직접 진행하는 홍보는 소비자에게 전달되기까지 분명한 한계가 있습니다. 하지만 스니저의 구전 효과, 이른바 바이럴 마케팅은 그 어떤 광고보다 효율성이 높습니다. 콘텐츠 소비를 넘어 널리 퍼트려줄 잠재 고객인 스니저를 만나기 위해서는

---

[1] 《보랏빛 소가 온다》(세스 고딘 저/이주형·남수영 역, 쌤앤파커스, 2023)

그들이 필요로 하는 정보, 지식, 가치를 제공해야 합니다. 그게 바로 이번 SECTION에서 강조하는 무료 자료, 무료 강의입니다.

하지만 무료라고 해서 모든 콘텐츠나 서비스가 확산되는 것은 아닙니다. 무료라도 고객이 추천하고 싶어질 정도로 충분한 가치가 있어야 합니다. 그럼 어떤 내용으로 만들어야 스니저를 만날 수 있을까요? 앞서 양으로 승부를 보는 것보다 제대로 된 자료 하나가 더욱 효과적이라고 설명했습니다. 이처럼 퀄리티가 높고, 많은 사람에게 선택을 받는 무료 자료, 무료 강의를 기획하기 위해서는 역으로 내 콘텐츠를 찾는 대상들이 어려워하거나, 해결하고 싶어 하는 내용이 무엇인지를 먼저 파악하는 것이 중요합니다.

나만의 스니저를 공략하기 위한 프로파일링

스니저를 공략하기 위해서는 내 콘텐츠, 브랜드를 널리 알려줄 스니저는 어떤 사람인지, 그런 사람들이 주변에 있는지, 그들과 좋은 관계 형성을 위해 내가 어떤 노력을 하는지 스스로 점검해야 합니다. 잠깐 종이를 꺼내 아래 아홉 가지 질문에 대한 답을 써보길 바랍니다.

첫째 내 콘텐츠, 브랜드를 알려줄 스니저가 있습니까?

둘째 내 콘텐츠를 널리 알려줄 스니저는 어떤 사람입니까?

셋째 그들의 연령은 어떻게 됩니까?

넷째 그들은 어떤 특성이 있습니까?
  (예 : 직장인, 주부, 취업 준비생, 초등 저학년 학부모, 은퇴·명퇴자 등)

다섯째 그들이 겪고 있는 문제점 또는 해결하고자 하는 어려움은 무엇입니까?

여섯째 그들의 문제를 해결할 나만의 지식, 정보, 경험이 있습니까?

일곱째 그들은 어디에 있습니까?

(예 : 네이버 ○○카페, ○○커뮤니티, 자기 계발 관련 독서 클럽, 외국어 스터디 모임 등)

여덟째 그들을 만나기 위해 어떠한 노력을 기울이고 있습니까?

아홉째 그들과 관계를 형성하기 위해 어떠한 노력을 기울이고 있습니까?

이 아홉 가지 질문에 대한 답을 찾아야 여러분과 함께 홍보해줄 파트너인 스니저를 찾을 수 있습니다. 소비자 입을 통해서 자발적으로 퍼지는 이야기는 아무리 작더라도 고객의 귀에 생산자의 대대적인 선전보다 파급 효과가 큽니다.

마지막으로 내 강의를 듣고, 내 자료를 보고 만족한 고객이 스니저 역할을 해줄 수 있습니다. 따라서 무료 자료, 무료 강의를 배포한 고객들의 증언(후기)은 반드시 확보하길 바랍니다. 진실한 고객 후기 한 개가 판매자가 만든 긴 상세 페이지의 내용보다 더 큰 영향을 미칩니다.

스니저들이 먼저 알리는 콘텐츠 만들기

스니저가 먼저 자발적으로 알리고 싶은 콘텐츠를 만들기 위한 방법을 알아보겠습니다. 쉽게 느껴지지 않을 수 있지만 우리는 앞선 CHAPTER를 통해 그 방법을 이미 충분히 익혔습니다. 바로 MTS 시스템 구조도와 3×3 지식의 구조화입니다.

40~50대 생애 첫 책 출간을 목표로 하는 직장인을 대상으로 책 출간을 위한 강의를 기획하는 예시로 콘텐츠 기획 과정을 알아보겠습니다. 먼저 MTS 시스템 구조도를 통해 강의 콘텐츠의 잠재적 고객(도움이 필요한 타깃), 그들이 필요로 하는 내용, 그들에게 도움을 줄 수 있는 나의 가치를 작성합니다.

- 강의 수강을 원하는 잠재적 고객 | 40~50대 생애 첫 책 출간을 목표로 하는 직장인
- 강의 내용(고객이 필요로 하는 내용) | 종이책을 쓰고 싶은데 어떻게 시작해야 할지 모르는 경우, 쓰고 싶은 주제는 있지만 초고 작성조차 어려운 경우, 직장에 다니며 여유 시간을 활용해 1년 안에 책을 출간하고 싶은 경우
- 그들에게 도움을 줄 수 있는 나의 가치 | 독서와 기록을 통해 자신만의 책 출간을 할 수 있도록 도움

책을 만드는 과정은 인풋, 축적기, 아웃풋으로 요약할 수 있습니다. 따라서 타깃에게 도움을 줄 수 있는 내용을 아래와 같이 정리해봤습니다. 다른 내용의 경우도 본론-서론-결론 형식을 빌려 3×3 지식 구조화를 해보면 조금 더 일목요연하게 콘텐츠를 구성할 수 있습니다.

인풋	축적기	아웃풋
① 글쓰기의 목적성 찾기	④ 책 쓰기 청사진 그리기	⑦ SNS에 검색되는 글쓰기
② 글쓰기의 방향성 찾기	⑤ 일상에서 자투리 글쓰기	⑧ 실전 글쓰기
③ 글쓰기를 위한 자료 찾기	⑥ 누적된 글쓰기의 힘	⑨ 투고부터 출간까지의 노하우 정리

▲ 책 출간을 목표로 하는 직장인을 위한 책 쓰기 강의 3×3 지식 구조화 예시

물론 무료 강의에서 이 모든 내용을 전부 알려줄 필요는 없습니다. 잠재적 고객에게 전체적인 틀을 보여주며 최종적으로 이 내용을 나와 함께 배우면 당신이 원하는 목표를 이룰 수 있다는 메시지를 명확하게 제시해야 합니다. 그리고 3×3 구조도에서 구체화된 버전의 구조도를 보여줍니다.

인풋	축적기	아웃풋
① 글쓰기의 목적성 찾기	④ 책 쓰기 청사진 그리기	⑦ SNS에 검색되는 글쓰기
• 나는 왜 글을, 책을 쓰고 싶은가	• 1년간 출간 프로젝트를 시작하기	• 누구나 가능한 블로그 글쓰기
• 나만의 책 쓰기 주제 선정 팁	• 정량적 평가 vs 정성적 평가	• 마음을 움직이는 인스타그램 글쓰기
• 시장 조사 및 경쟁 도서 분석 팁	• 역산을 통한 집필 일정 관리 팁	• 브런치스토리 작가 도전

② 글쓰기의 방향성 찾기	⑤ 일상에서 자투리 글쓰기	⑧ 실전 글쓰기
• 책의 골격 목차 프레임 만들기 • 핵심을 꿰뚫는 자료 수집법 • 효율성 100% 자료 정리법	• 출근 전 2시간 책 쓰기 팁 • 일과 중 하루 10분 메모 글쓰기 • 점심시간 하루 10분 독서 메모	• 3개월 단기 글쓰기 프로젝트 • 6개월 중기 글쓰기 프로젝트 • 원고 다듬기와 최종 퇴고하기
③ 글쓰기를 위한 자료 찾기	⑥ 누적된 글쓰기의 힘	⑨ 투고부터 출간까지의 노하우 정리
• 쓰지 말고 쏟아내라 : 메모, 기록법 • 오감의 자극을 활용한 독서법	• 첫 문장 두려움 극복&쉽게 쓰는 방법 • 원고 늘여 쓰기 : 한 문단 → 한 장 • 원고 다듬어 쓰기 : 다양한 길이로 변주	• 출간 기획서 작성 및 투고하기 • 책 계약과 출판 프로세스 • 출간 전/후 출간 마케팅

▲ 책 출간을 목표로 하는 직장인을 위한 책 쓰기 강의 3×3 지식 구조화 구체화 버전 예시

구체화 버전을 보여주며 여러분에게 이야기하고 싶은 것은 이것보다 더 많지만 1시간이라는 한정적인 무료 강의에서는 아쉽게 아홉 가지 내용 중 책 출간의 핵심이 되는 세 가지 '글쓰기의 목적성 찾기, 일상에서 자투리 글쓰기, 투고부터 출간까지의 노하우 정리' 내용에 대해서 설명한다고 말합니다. 비록 무료 강의이고 일부 내용이지만 세 가지만 잘 이해해도 책 출간에 큰 도움이 될 것이라 이야기한다면 무료 강의를 들은 입장에서 유료 강의의 내용이 궁금해질 수밖에 없습니다.

고객의 유형은 잠재 고객, 가망 고객, 구매 고객으로 구분할 수 있습니다. 무료 강의를 들으러 온 잠재 고객에게 위와 같은 정보를 제공해 가망 고객으로 만드는 것입니다. 그리고 무료 강의를 듣고 가망 고객이 된 사람에게 매력적인 제안을 던져 가망 고객을 구매 고객으로 만드는 전략입니다.

물론 이리저리 기웃거리며 무료 정보만을 얻으려는 수강생도 일부 존재할 수 있지만 무료 강의를 듣는 모든 사람을 다 구매 고객으로 전환하겠다는 부담감을 내려놓길 바랍니다. 적어도 무료 강의를 몇 번 진행하면서 피드백하다 보면 내 MTS 시스템 구조도와 3×3 지식의 구조화를 통해 잠재 고객, 구매 고객으로 전환되는 사례는 점차 늘어날 것입니다.

이때 중요한 것이 알맹이가 빠진 자투리 정보만 주는 우를 범하지 않아야 한다는

것입니다. 3×3 지식 구조화를 통해 내 콘텐츠를 탄탄하게 구성하면 아홉 가지 정보 중 핵심이 되는 세 가지 정보를 무료로 제공해도 내 수익화에 큰 지장이 없습니다. 만약 내가 가진 것이 세 개라면 무료 강의에서 제공할 수 있는 내용이 제한되고, 유료 강의를 진행해도 풀어낼 내용이 없습니다. 자기소개, 업적 과정, 인터넷에서 찾을 수 있는 뻔한 내용으로 무료 강의를 채우는 걸 경계해야 합니다. 뻔한 내용만 이야기하다가 끝에 가서야 유료 강의에서 모든 걸 알려주겠다는 식의 접근은 잠재 고객에게 그다지 매력적인 제안이 아닙니다.

무료 강의에서도 확실한 정보를 제공해야 듣는 수강생도 무료 강의 수준도 이렇게 높은데 유료 강의는 얼마나 대단한 내용일까 기대합니다. 이런 기대는 나와 내 콘텐츠의 신뢰도를 급격하게 상승시켜주고 고객이 소중한 시간과 지갑을 나에게 투자하게 만드는 힘이 됩니다.

나에게 맞는 온라인 강의 프로그램 찾고 활용하기

스니저들과 함께 나눌 무료 강의 콘텐츠를 기획했다면 이제 무료 강의를 어디에서 나눌지 고민해야 합니다. 물론 무료 강의 콘텐츠도 오프라인 강의로 진행할 수 있지만 당장 대관료부터 비용이 발생하기 때문에 처음 무료 강의를 진행한다면 온라인 강의를 추천합니다.

교수자와 학습자가 동시에 접속해 강의를 진행할 수 있는 온라인 서비스는 줌 (ZOOM), 구글 미트(Google Meet), 시스코 웹엑스(Webex), 네이버 웨일온 (Whaleon) 등이 있습니다. 이번에는 각 서비스의 특징과 장단점을 알아보고 온라인 화상 회의, 학습 서비스를 똑똑하게 활용하는 방법에 대해서도 알아보겠습니다.

구분	줌 (Zoom)	구글 미트 (Google Meet)	시스코 웹엑스 (Webex)	네이버 웨일온 (Whale ON)
무료 버전	40분 진행 (최대 100명)	60분 진행 (최대 100명)	40분 진행 (최대 100명)	시간제한 없음 (최대 500명)
유료 버전	30시간 진행 (최대 100~1,000명)	300시간 진행 (최대 150~250명)	24시간 진행 (최대 150~1,000명)	유료 버전 없음
녹화	가능(무료)	가능(유료)	가능(무료)	불가능
특징	• 높은 접근성(가입 없이 링크 초대 가능) • 클라우드상에서만 파일 공유 가능 • 다양한 사용자 친화적 기능(얼굴 보정 기능 및 호스트 컨트롤 기능 등) • 자동 자막 지원 • 편집이 가능한 화이트보드 지원 • 협업, 파일 공유 등을 위한 채팅 및 채널 지원	• 실시간 자막(영어) 기능 제공 • 구글 기능과 높은 호환성 및 유튜브 공유 가능 • 지메일(Gmail) 계정이 있어야 참여 가능	• 줌과 비슷하여 주최자, 참가자에게 익숙함 • 홈페이지에서만 이동, 변경 가능 • 슬라이드쇼 공유가 되지 않음 • 서비스 안정성, 보안성 우수 • 대용량 파일 전송 지원	• 쉬운 인터페이스 • 네이버 웨일 브라우저에서만 실행(주최자 참가자 모두 웨일을 설치해야 함)

▲ 대표적인 온라인 화상 프로그램별 주요 특징

가장 대표적인 플랫폼으로 줌이 있지만 무료 버전에서는 최대 40분만 진행할 수 있는 치명적인 단점이 있습니다. 40분이 지나고 수강생들이 재접속 후 이어서 강의를 진행하려 해도 모든 참여자가 다시 들어와 점검하는 것만 수 분이 소요되므로 강의의 흐름이 끊깁니다.

그래서 전문적인 온라인 강의 진행을 염두에 둔다면 유료 버전을 사용하는 방법도 있습니다. 초기 투자 비용 없이 무료로 시작하려면 네이버의 웨일온도 좋은 대안이 될 수 있습니다. PC, 모바일 모두 사용할 수 있고 시간제한 없이 무료로 사용할 수 있습니다.

하지만 웨일온의 단점은 녹화 기능이 없다는 것입니다. 온라인 강의는 라이브로 진행할 경우 정해진 시간에 접속하기 어려울 때 녹화본을 제공하거나, 다시 보기 서비스를 제공하는 것이 좋으므로 이런 단점은 치명적일 수 있습니다. 또 무료 강의는 일회성으로 끝낼 것이 아니라 간단히 편집한 후 맛보기 영상, 홍보 영상으로 유튜브에 업로드할 수 있기 때문에 녹화 기능을 꼭 고려하길 바랍니다.

본격적으로 나만의 업을 만들어나갈 계획이라면 줌 유료 버전으로 업그레이드해서 사용하는 것도 하나의 투자가 될 수 있습니다. 필자도 온라인 강의를 처음 시작할 때 촬영 장비 구매보다는 줌 유료 버전에 먼저 투자했습니다.

▲ 필자가 줌으로 녹화한 강의 영상을 편집해 VOD 클래스 플랫폼에 입점한 예시[2]

필자가 유료 버전에 투자한 결과 무료 강의에서 유료 강의로 빠르게 확장하겠다는

2) ....

필자의 클래스유 VOD 클래스 화면, https://www.classu.co.kr/class/classDetail/1006323

목표가 생겼고, 강의가 끝날 때마다 영상 자료를 확보할 수 있어 새로운 콘텐츠로도 활용할 수 있었습니다. 그렇게 퇴근 후 4주간 '직장인 투잡 블로그 수익화' 온라인 강의를 줌으로 진행하면서 녹화한 영상을 바탕으로 VOD 클래스 플랫폼에 입점할 수 있었습니다.

이처럼 무료 강의를 하나 진행하더라도 나만의 업을 만들고 수익화 구조를 확장해 나갈 방법을 계속해서 고민해야 합니다. 그런 측면에서 무료 강의도 녹화 기능을 잘 만 활용하면 콘텐츠 생성에 얼마든지 활용할 수 있으니 각자의 상황에 맞는 프로그램을 선택하길 바랍니다.

나에게 득이 되는 무료 강의 만들기 : 고객 피드백

나만의 업을 만들어나가는 주체는 '나'지만 주인공은 '고객'이 되어야 합니다. 고객의 고민과 문제를 해결해주는 솔루션을 제공할 때 진정한 나만의 업이 만들어집니다. 아무리 좋은 내용도 고객이 외면하면 아무 소용이 없습니다. 따라서 고객의 피드백을 최대한 모아서 그들이 진짜 원하는 것이 무엇인지 계속해서 찾아나가는 과정이 필요합니다.

고객이 진정 원하는 것이 무엇인지 알 수 있는 가장 확실한 방법은 무료 강의를 들은 수강생들의 의견을 직접 듣는 것입니다. 이들은 내가 다루는 주제에 평소 관심이 많고, 배워보고 싶다는 생각을 하고 있기 때문에 앞으로 내가 만들 업의 고객 성향과도 일치합니다.

수요 조사, 여론 조사와 같은 설문을 하기 위해선 비용이 발생합니다. 하지만 우리는 무료 강의 수강료 대신 설문 조사, 수요 조사를 요청할 수 있습니다. 무료 강의를 통해 나의 지식, 경험, 노하우를 제공하고 대중이 원하는 정보, 앞으로 내가 만들 유료 강의의 방향성을 얻을 수 있는 황금 같은 기회를 꼭 활용하길 바랍니다.

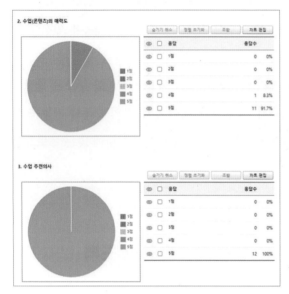

◀ 필자가 무료 강의 후 참여자에게 진행한 강의
만족 피드백 자료의 일부 내용

무료 강의 피드백 성실도는 만족도에 비례한다

무료 강의의 만족도가 높을수록 설문 참여도가 높고, 주관식(서술형) 답변에 대한 양과 품질 또한 함께 높아집니다. 강의가 만족스럽지 못한 경우는 뻔한 내용, 단답식, 회피적인 대답 등 내용만 봐도 바로 알 수 있을 정도입니다. 그러니 여러분도 무료 강의라고 해서 껍데기만 제공할 것이 아니라 최대한 성의를 가지고 여러분이 가진 정보를 공유하길 바랍니다. 그래야 설문 조사를 통해 내가 보지 못한 고객의 숨은 니즈를 얻을 수 있습니다.

설문 조사를 꼭 강의 종료 후에만 받으란 법은 없습니다. 때에 따라 사전 설문을 받아도 좋습니다. '무료 강의에 참여하기 전 꼭 설문 작성 바랍니다'라는 멘트와 함께 설문 링크를 제공하고 이번 강의를 듣게 된 계기, 해당 주제에 관해서 궁금한 사항을 미리 확인해 강의 방향성과 미처 알지 못했던 잠재 고객의 니즈를 파악해 강의 자료를 만들 때 참고할 수도 있습니다.

　무료 강의를 단순히 내 것만 내어준다는 마이너스의 관점이 아닌 확장과 업그레이드를 위한 플러스의 관점으로 바라볼 수 있길 바랍니다. 나를 믿고 소중한 시간을 내어 무료 강의에 참여한 수강생에게 감사함을 느끼고, 하나라도 더 알려주겠다는 마음은 반드시 통하게 되어 있습니다. 이런 진심이 통할 때 자연스레 유료 강의로의 전환율도 높아지고 장기적으로 고객과 소통할 수 있는 계기도 될 것입니다. 무료 강의에 대한 관점 하나만 바꿔도 단순한 무료 강의가 정말 좋은 기회이자 성장의 원동력으로 바뀝니다.

 Tip　무료 강의가 자신 없다면 독서 모임 형태도 좋다

강사와 수강생의 관계에서 한 번의 무료 강의를 통한 만남이 유료 강의에 대한 전환율로 바로 이어지지는 않습니다. 수강생 입장에서는 확실하지 못한 정보에 돈과 시간을 지출하는 것은 리스크입니다. 따라서 이 강사가 정말 괜찮은지, 신뢰할 수 있는지 등 확실하지 못한 요소를 완전히 배제할 때까지 다가가야 합니다. 고객의 심리는 늘 가변적이라는 사실을 기억해야 하며 이에 적절한 대비가 필요합니다.

예비 수강생의 불안 요소를 낮추는 방법으로 대면만큼 좋은 것은 없습니다. 하지만 무료 강의를 진행해보려 해도 무언가 전달하는 능력이 아직 부족하다고 느껴지거나, 자신감이 쉽게 올라오지 않는다면 대면의 과정이 꼭 강의일 필요는 없습니다. 내가 전하고자 하는 메시지와 결이 맞고 성장의 원동력이 되었던 책이 있다면 함께 독서하고 의견을 나누는 독서 모임 형태로 서로 대면할 수도 있습니다.

포인트는 일단 시작을 통해 잠재 고객과 만나고, 그들을 리드하며 관계를 유지해야 한다는 것입니다. 관심사가 같은 사람들을 이끌어나가면서 실력을 만들어야 합니다. 그러면 나에게 질문하고, 도움을 청할 때 그들을 도와 신뢰를 구축할 수 있고, 도울 수 있는 지점을 바탕으로 무료 강의 주제를 잡으면 됩니다. 다양한 기획을 통해 최대한 많이, 자주 예비 수강생을 만나는 노력을 꼭 하길 바랍니다. 대면 기회가 많으면 많을수록 신뢰는 높아지고 찾는 사람들이 많아질 것입니다.

유료 강의 기획 ① :
온/오프라인 라이브 강의

유료 강의 시작하기

PDF 전자책으로 씨앗을 심은 뒤 무료 강의로 나의 잠재적 고객들을 만나 피드백을 받고, 보완점을 찾아 하나씩 채워나가기까지 완수했다면 이제 본격적인 수익화를 위한 유료 강의를 기획할 단계입니다. 강의는 그 방식에 따라 크게 라이브와 녹화 두 가지 유형으로 구분할 수 있습니다. 이번 SECTION에서는 강의를 듣는 수강생들이 정해진 시간에 정해진 장소 또는 사이트에 모여 강의에 참여하는 라이브 유료 강의를 기획하는 방법을 알아보겠습니다.

라이브 강의 역시 온라인 강의와 오프라인 강의라는 두 가지 유형으로 세분화할 수 있습니다. 사실 코로나19 이전에는 온라인 강의보다 오프라인 강의가 주를 이뤘지만 코로나19로 비대면이 일상화되면서 최근 3~4년 사이 사람들은 온라인을 통한 소통과 배움에 더욱 익숙해졌습니다. 이 시기 클래스101, MKYU, 탈잉 등 VOD 교육 시장이 폭발적으로 성장하며 양적인 성장과 질적인 성장이 함께 이루어졌습니다. 따라서 나만의 업을 만들어 나가는 여러분들에게 정통의 오프라인 강의 외 이제는 온라인 강의 역시 중요하게 됐습니다.

온라인 강의의 경우 두 가지 유형으로 나뉩니다. 앞서 무료 강의 SECTION에서 설명했던 줌을 비롯한 다양한 온라인 화상 프로그램을 활용한 실시간 라이브 강의와 흔히 VOD 강의라 부르는 녹화 강의입니다.

앞선 SECTION에서 배운 내용을 바탕으로 무료 강의 경험을 쌓는다면 사람들과 최소 1~2시간 소통하는 것에 어느 정도 익숙해질 것입니다. 만약 1~2시간을 라이브로 소화하는 것이 부담스럽다면 무료 라이브 강의로 충분히 연습한 후 유료 강의로 넘어가는 것을 추천합니다.

늘 역지사지의 자세가 중요합니다. 우리가 나의 소중한 시간과 돈을 써서 어떤 강의를 듣는다고 가정해보겠습니다. 보통 우리는 이 강의의 내용이 알찬지, 강사의 전달력은 좋은지, 최신의 정보를 반영하고 있는지, 동일한 주제를 다루는 다른 강의에 비해서 유익한지 등 다양한 요소들을 아주 꼼꼼하게 비교하고 따집니다. 하지만 대부분 나에게는 관대합니다.

필자가 수강생들의 강사 데뷔를 도우면서 대화해보면 대부분 수강생이 "이런 내용에 수강료 5만 원이면 너무 저렴한 것 같아요."라는 말을 합니다. 타인의 강의를 평가할 때보다 내 강의를 평가할 때 조금 더 관대해지는 경향을 보이는데, 내 강의일수록 더 깐깐하게 스스로가 셀프 피드백을 해야 하며, 최소 5회 이상의 무료 강의를 통해 받은 피드백으로 검증을 마친 뒤 유료 강의를 시작해야 소비자의 선택을 받을 수 있습니다.

온라인 강의와 오프라인 강의의 장단점

온라인 강의와 오프라인 강의의 장단점은 극명합니다. 먼저 온라인의 경우 앞서 무료 강의 SECTION에서 설명했던 줌을 비롯한 구글 미트, 웹엑스, 네이버 웨일 등 다양한 온라인 화상 프로그램을 활용해 온라인으로 진행할 수 있습니다. 오프라인 강의와 비교했을 때 현장감이 떨어지고, 소통의 끈끈함이 떨어진다는 단점이 존재하지만 전국에 있는 수강생들을 장소 및 시간의 제약 없이 만날 수 있다는 엄청난 장점이 존재합니다.

특히 코로나19로 오프라인 활동이 전면 중단되면서 우리 일상에 온라인을 활용한 소통이 활발해졌고, 관련 기술의 발전과 더불어 이용자들의 인식이 달라지고 진입 문턱 또한 낮아졌기 때문에 온라인 강의 시장은 앞으로 더 많은 기회를 창출해낼 것입니다. 실제로 코로나19 전 필자의 오프라인 강의는 주로 서울에서 진행됐는데, 그러다 보니 주말 새벽 시간 서울로 올라와 강의를 듣고 다시 지방으로 내려가는 수강생들이 많았습니다. 하지만 온라인 강의로 확장하면서 한국을 넘어 미국, 프랑스, 중국, 싱가포르, 홍콩, 노르웨이 등 전 세계에 거주하는 다양한 수강생들을 실시간으로 만날 수 있었습니다.

다음은 오프라인 강의입니다. 뮤지컬을 예로 들어보겠습니다. 실시간 라이브 영상이나 녹화된 영상으로 뮤지컬 공연을 시청할 수 있지만 대부분은 현장에서 공연을 관람하고 싶어 합니다. 열정적인 분위기와 배우의 표정, 숨소리, 제스처를 현장에서 함께 느낄 수 있는 몰입감 때문입니다. 오프라인 강의 역시 마찬가지입니다. 강의 현장까지 찾아가야 하는 시간과 비용이 있지만, 현장의 몰입감과 강사에게 전달받는, 또는 같이 듣는 수강생들에게 전달받는 에너지 덕분에 온라인 강의보다 오프라인 강의를 선호하는 수강생들도 많습니다.

다만, 온라인 강의와 달리 오프라인 강의에서는 신경 써야 할 부분이 많다는 단점이 있습니다. 그중 가장 중요한 점이 바로 강의실 대관입니다. 수강생들은 다양한 곳에서 내 강의를 듣기 위해 오기 때문에 접근성을 고려해야 하고, 강의 진행에 알맞은 공간의 크기, 책상과 의자의 배치, 빔 프로젝트와 음향 시설의 상태까지 꼼꼼히 체크해야 합니다.

Tip | 최적의 강의 장소를 찾는 법

인터넷에 검색하면 다양한 강의실 대관 사이트가 나오는데 최적의 장소를 찾기 전까지 검색하는 노력이 필요합니다. 필자의 경우 실제 오프라인 강의를 처음 시작할 때 서울 강남권, 강북권 두 지역을 중심으로 각각 5개씩 총 10개의 강의실을 1차 검색으로 추려낸 뒤 직접 방문해 살펴본 다음 총 3곳의 강의실을 확정했으며 지금까지도 이 3곳의 강의실을 인원, 접근성, 수업의 진행 형태, 강의 단가, 장소별 대관 현황 등의 여러 가지 상황에 따라 적절히 활용하고 있습니다.

처음 10인 내외로 오프라인 강의를 시작할 때는 스터디룸 카페를 추천합니다. 요즘 생겨난 스터디룸 카페들 대부분은 강의에 필요한 환경이 잘 구축되어 있습니다. 그래도 찾기 힘들다면 생활 공간 대여 플랫폼 스페이스 클라우드(https://www.spacecloud.kr)사이트를 찾아봐도 좋습니다.

지역별 구민센터, 동사무소 등의 공공기관 회의실, 세미나룸의 경우 한 달 정도의 여유 시간을 가지고 예약한다면 환경이 좋은 장소를 저렴한 가격으로 대관할 수 있으니 참고하기 바랍니다. 또 내가 사는 지역에 대학교가 있다면 대학교의 강의실 및 세미나홀 역시 대관이 가능합니다. 서울시의 경우 '서울시 공공서비스예약시스템(https://yeyak.seoul.go.kr)'을 통해 강당, 강의실, 녹화·촬영을 위한 스튜디오, 교육 시설 등 강의, 모임, 회의, 행사에 필요한 다양한 공공시설 공간을 이용할 수 있습니다.

이처럼 좋은 오프라인 강의 장소는 계속해서 찾아보고 선배 강사들에게 추천을 받는 식으로 데이터를 계속해서 쌓아나가는 것이 나의 경쟁력이 됩니다.

온/오프라인 강의 유형 체크

앞서 무료 강의 기획 SECTION에서 MTS 시스템 구조도를 기반으로 한 3×3 지식의 구조화를 통해 무료 강의에서 최대한 양질의 정보를 전달해야 한다고 강조했습니다. 3×3 지식의 구조화는 온/오프라인 유료 강의로의 확장에도 중요한 역할을 합니다.

인풋	축적기	아웃풋
① 글쓰기의 목적성 찾기	④ 책 쓰기 청사진 그리기	⑦ SNS에 검색되는 글쓰기
② 글쓰기의 방향성 찾기	⑤ 일상에서 자투리 글쓰기	⑧ 실전 글쓰기
③ 글쓰기를 위한 자료 찾기	⑥ 누적된 글쓰기의 힘	⑨ 투고부터 출간까지의 노하우 정리

▲ 3×3 지식의 구조화 예시

3×3 지식의 구조화된 9개의 영역이 강의 커리큘럼이 되는 것입니다. 그럼 이 9가지 커리큘럼을 '① 원데이 클래스, 하루에 한 번의 강의로 압축해서 끝내느냐', '② N회차 시리즈 클래스, 여러 번 회차를 나누어 시리즈 강의로 진행하느냐'로 나눌 수 있습니다. 물론 정답은 없습니다. 각자의 주제에 따라 선택은 달라질 수 있습니다. 단순한 지식을 전달하는 형태는 ①번이 적합하지만, 과제나 미션을 내어주고 확인 후 피드백이 필요한 주제를 다룬다면 ②번을 추천합니다.

하지만 처음 유료 강의를 시작하는 초보 강사라면 강의의 형태를 따지기보다는 원데이 클래스를 시작으로 강의 시간과 회차를 늘려가는 것을 추천합니다. 강의를 기획하고 확장하는 데 있어 정말 중요한 개념이 있습니다. 바로 강사인 내가 강의 내용에 대한 확신이 섰을 때 비로소 상대방에게도 확신을 심어줄 수 있다는 사실입니다. 여러 번의 원데이 클래스를 통해 자신의 강의에 확신이 섰을 때 회차를 늘리는 N회차 시리즈 클래스로 확장하길 바랍니다.

패스트 팔로어 전략으로 누구보다 빠르게

여기까지 읽고 이제 나만의 유료 강의를 기획해보고 싶은데 여전히 감이 잡히지 않는 분들을 위해서 강의 기획 방법에 대한 필자만의 노하우를 공개하겠습니다. 이는 강의 기획뿐만 아니라 전자책이나 종이책을 기획하며 목차 구성을 할 때 유용하게 활용되는 방법입니다.

MTS 시스템을 통해 우리는 명확한 대상 타깃과 그들에게 전하고자 하는 메시지를 설정했습니다. 그리고 그들에게 내가 줄 수 있는 나의 지식, 경험, 노하우를 3×3 지식의 구조화 9개의 폴더로 만들었습니다. 그럼 나의 메시지와 일치하거나 구조화 폴더 내용과 유사한 강의를 찾아내야 합니다. 어렵게 생각할 것 없습니다. 우리가 흔히 알고 있는 클래스101, MKYU, 탈잉, 클래스유, 프립 등 VOD 클래스 강의가 있는 플랫폼에 들어가면 내가 만들고 싶은 강의와 유사한 강의들이 넘쳐납니다. 이미 완성된 자료를 활용할 줄 알아야 합니다. 이것을 활용해 나만의 콘텐츠로 만들어낼 줄 아는 사람과 그렇지 못한 사람의 차이는 엄청납니다.

실제 마케팅 용어 중 '퍼스트 무버'와 '패스트 팔로어'가 있습니다. 퍼스트 무버는 새로운 분야를 개척해나가는 선구자적인 역할을 하는 브랜드 전략입니다. 전기차에 관해 대중이 관심이 없던 초창기의 테슬라의 경우입니다. 후자인 패스트 팔로어는 새로운 제품이나 기술을 빠르게 쫓아가는 브랜드 전략입니다. 패스트푸드 1위 기업인 맥도날드가 매장을 내면 근처에 매장을 내어 빠르게 쫓아가는 버거킹의 경우입니다. 버거킹은 맥도날드 매장 옆에 매장을 내는 전략을 취하며 퍼스트 무버인 맥도날드가 시장과 마케팅 연구에 비용을 투자하고 얻은 결과물을 손쉽게 얻어 갈 수 있었습니다. 강의 기획에 있어 우리가 따라야 할 전략이 바로 버거킹이 택한 패스트 팔로어 전략입니다.

왜 패스트 팔로어 전략이 온라인 강의 기획에 있어 중요한 것일까요? 온라인 강의 플랫폼에 입점된 강의의 세 가지 특징 때문입니다.

- 시장성을 인정받은 주제 ┃ 충분한 수요가 존재함을 의미
- 전문 에디터의 손을 거친 설득력 있는 상세 페이지와 캐치프라이즈 ┃ 트렌드 분석 및 시
  장조사를 통해 해당 강의를 선택해야 하는 신뢰도 높은 근거 자료 제시
- 관련 분야 전문 강사의 노하우가 담긴 커리큘럼 ┃ 강사의 오랜 경력과 경험을 통해 해
  당 주제의 대상 타깃과 그들이 이 강의를 통해 얻게 될 혜택과 이득에 대한 일목요연한
  정리

하늘 아래 새로운 것은 없다는 말처럼 상당수의 강의는 이미 존재하던 주제를 요
즘 시대에 맞춰 새로운 것처럼 포장을 잘한 경우가 대부분입니다. 우리는 늘 무에서
유를 창출하려다 보니 어디서부터 어떻게 해야 할지 헤매게 됩니다. 하지만 패스트
팔로어 전략을 중심으로 내 머릿속에 뼈대가 잡혀 있다면 이런 막막함의 상당 부분은
해소될 것입니다. 다음 예시를 통해 조금 더 쉽게 설명해보겠습니다.

▲ 실제 필자의 VOD 클래스 플랫폼별 블로그 수익화&브랜딩 강의 커리큘럼

예를 들어 나의 3×3 지식의 구조화 9개 폴더 중 하나가 '블로그 운영' 영역이라고 가정해보겠습니다. 그럼 강의 플랫폼의 검색창에 '블로그'라는 키워드를 검색하면 해당 콘텐츠, 주제를 다룬 강의들이 나열됩니다. 많은 강의 중 내가 생각하는, 나와 결이 맞는 강의 다섯 개를 선정합니다. 플랫폼의 모든 강의는 필수적으로 커리큘럼을 공개하게 되어 있습니다. A4 용지 한 장에 한 강사의 강의 커리큘럼이 출력되도록 정리합니다. 그럼 5장의 출력된 종이를 펼쳐두고 이 내용들을 근간으로 나만의 커리큘럼을 구성해봅니다.

다섯 개의 커리큘럼에는 분명 동일한 주제가 있을 것입니다. 중복되는 내용이 존재한다는 것은 해당 주제에서 필수적으로 알아야 하는 정보들이기 때문에 필수적으로 포함하는 것이 좋습니다. 이렇게 다섯 개의 강의 커리큘럼을 통해 내 강의 커리큘럼의 60~70% 정도가 완성되고 나머지 30~40%는 나만의 지식, 경험, 노하우를 토대로 채우면 됩니다. 우리가 나만의 강의를 기획하는 데 있어 100이라는 도달점까지 간다고 할 때 0에서 시작하는 것이 아닌 60~70에서 시작할 수 있는 것입니다.

블로그 기초편	상위 노출 팁	수익화 전략
① 블로그의 정의	④ 키워드와 텍스트	⑦ 1차원적 수익화
② 블로그 로직	⑤ 이미지와 영상	⑧ 확장형 수익화
③ 블로그 세팅법	⑥ 최적화와 저품질	⑨ 브랜딩 블로그 전략

▲ 블로그 수익화 강의를 적용한 3×3 지식의 구조화

물론 내가 만든 3×3 지식의 구조화 9개 영역을 각각의 커리큘럼에 녹여 만드는 것이 가장 좋겠지만 처음부터 완성된 강의 커리큘럼을 만드는 데 일정 시간이 소요되기도 하고 시작부터 힘이 빠져 포기할 수 있으니 처음이라면 앞서 소개한 패스트 팔로워 전략과 구조화 폴더의 상위 영역에 해당하는 주제를 중심으로 나만의 커리큘럼을 빠르게 만들어보길 바랍니다.

처음에는 막막해 보이지만 강의를 기획해보면서 강의 뼈대가 머릿속에 그려질 때 내 강의의 부족한 부분이 보이게 되고, 독서나 학습을 통해 그 공백을 메울 수 있게 됩니다. 이 공백을 차곡차곡 메울 때 내 강의가 탄탄해집니다. 이는 곧 강의를 듣는 수강생들의 높은 만족도로 이어지며 나의 신뢰를 쌓을 수 있는 계기가 되는 것입니다.

업의 그릇

초보 강사에게 꼭 전하고 싶은 말 :
지속적 성장을 위한 재투자의 중요성

나의 경험과 지식을 강의로 만들어 수익화를 하는 데는 초기 투자금이 들어가지 않습니다. 잘 생각해보면 강의는 선결제 시스템입니다. 수강생들이 입금한 돈으로 강의실을 예약합니다. 그 외 추가로 들어갈 비용이 크게 없습니다. 그렇게 첫 강의로 모인 돈이 내 업의 '시드머니'가 되어 줄 것입니다. 그리고 이 돈을 어떻게 활용하느냐가 내 파이프라인의 크기와 개수의 확장을 결정합니다.

물론 첫 수익이 들어오면 정말 기쁩니다. 이때 이 돈을 고생한 나를 위해 근사한 식사를 하는 데 쓰거나, 평소 내가 가지고 싶은 물건을 사는 데 쓰는 것도 좋지만 필자는 다음 강의를 위한 재투자용으로 쓸 것을 추천합니다. 우리가 한번 달콤한 수익을 맛보고 끝나지 않으려면 계속해서 성장해야 합니다. 내가 수강생들에게 줄 수 있는 가치를 높여야 합니다. 그러기 위해서는 루틴이 중요한데, 첫 수익을 어떻게 쓰느냐에 따라 다음 2회차, 3회차, 10회, 나아가 100회차 강의 후 들어온 수익의 활용도가 달라집니다. 필자 역시 직장을 다니며 주말과 연차를 활용해, 한 달 평균 5~10회 내외의 강의를 하는데 강의비 중 10%의 돈은 따로 통장에 모으고 있습니다. 초반에는 30% 이상의 비율로 책정했지만, 강의 단가가 올라가고 횟수가 증가하면서 25%에서 20%로, 15%에서 10%로 점차 그 비율을 낮췄습니다. 이는 강의를 업그레이드하기 위한 일종의 투자금을 모으는 통장입니다.

아무리 자기 계발에 진심이라고 하더라도 월급을 받는 평범한 직장인이 매월 내 성장을 위한 배움(도서 구매, 강의 듣기, 세미나 참여 등)에 꾸준히 20~50만 원 정도를 쓰기란 쉽지 않습니다. 그래서 필자는 의도적으로 그런 자금을 모음으로써 즐겁게 자기 계발을 할 수 있고 무엇보다 자기 계발 통장에서 금액이 나가고, 현재 통장에 남은 잔액이 얼마인지를 직접 눈으로 보기 때문에 하나의 강의를 구매하더라도, 한 권의 책을 구매하더라도 진짜 나에게 필요한 강의와 책을 구매하게 됩니다. 이렇게 하다 보니 온라인 클래스도 정말 나에게 필요한 강의를 신중하게 엄선해 들어 평균 95% 이상의 완강률을 기록하며 제대로 된 자기 계발의 효과를 누리고 있습니다.

필자는 이것을 '배움의 선순환 법칙'이라고 표현합니다. 이렇게 강의를 보고, 듣고, 참여해 배우게 되면 100만 원짜리 강의를 수강한다고 하더라도 내 강의에 적용해 200만 원, 300만 원 이상의 수익을 올릴 수 있게 됩니다.

우리의 인생이 장기 레이스인 것처럼 내가 나의 업을 만드는 과정 역시 장기 레이스입니다. 그 업을 담아낼 그릇을 넓고 깊게 만들기 위한 재료를 모으는 과정이 바로 이 배움의 재투자 과정인 것입니다. 이것은 멈추어서는 안 됩니다. 계속해서 반복해야 합니다. 그래야 오래도록 대중들의, 수강생들의 신뢰를 받고 선택을 받는 사람이 될 수 있다는 사실을 기억하기 바랍니다.

유료 강의 기획 ② : VOD 클래스 녹화 강의

앞서 강의는 그 방식에 따라 라이브와 녹화 두 가지 유형으로 구분할 수 있다고 했습니다. 라이브 강의의 경우 일회성으로 끝난다는 단점이 있습니다. 만약 강의 시간에 늦거나, 일이 생겨 강의를 듣다 중간에 나가게 되면 수강생이 강의 내용을 보고 들을 방법이 없다는 단점도 존재합니다.

라이브 강의는 내가 일한 시간만큼 돈을 벌 수 있습니다. 쉽게 말해 강의를 많이 하면 많이 벌고, 적게 하면 적게 버는 구조입니다. 우리가 직장생활을 하고 월급을 받는 것에 비유할 수 있겠습니다. 하지만 VOD 강의는 수강자가 언제 어디서든 자유롭게 강의를 들을 수 있다는 장점이 있습니다. 한 번 촬영해서 올려두면 내가 쉴 때도, 잘 때도 돈이 벌리니 정말 매력적입니다. 이번 SECTION에서는 '복제'라는 키워드로 유료 강의 기획을 알아보겠습니다.

복제의 사전적 정의는 '본디의 것과 똑같은 것을 만듦'입니다. 사전적 정의를 통해 알 수 있는 것처럼 잘 만든 콘텐츠 하나를 통해 쉽고 빠르게 파이프라인을 확장하는 방법을 알아보겠습니다. 여기에서도 핵심 포인트는 '잘 만든'입니다. 남들이 VOD 클래스 플랫폼에 입점하니까, 일단 입점만 하면 더 많은 기회가 찾아온다고 하니까 어떻게든 입점하자는 생각으로 접근하면 몇 주, 몇 달간 공들여 만든 강의를 업로드하고도 팔리지 않는 안타까운 현실과 마주하게 될 것입니다. 따라서 강의 기획 단계부터 짜임새 있게 구성해야 진정한 복제의 효과를 누릴 수 있습니다.

영상 촬영부터 편집까지 하나의 영상 콘텐츠를 만드는 데 많은 수고스러운 과정을 거쳐야 하지만 일단 제대로 하나의 영상을 만들어두면 복제라는 놀라운 마법의 효과로 다양한 플랫폼에서 동시에 여러 개의 수익 파이프라인을 구축할 수 있게 될 것입니다.

VOD 클래스 플랫폼에 입점하는 세 가지 루트

복제 효과를 누리기 위한 VOD 클래스 입점이 성사되는 방법은 크게 세 가지로 요약할 수 있습니다.

첫째 플랫폼의 PD 및 에디터에게 섭외를 받는 방법

둘째 먼저 해당 플랫폼에 입점된 크리에이터의 추천을 받는 방법

셋째 본인이 직접 강의 기획서를 포함한 지원서를 작성하는 방법

필자 역시 초반에는 직접 강의 플랫폼에 지원서를 넣는 세 번째 형태를 택했지만 차츰 타 플랫폼으로부터 섭외를 받기 시작했습니다. 책을 출간하기 위해 여러 출판사에 출간 기획서를 보내는 것처럼 강의 기획서를 다양한 플랫폼에 보내길 바랍니다.

업의 그릇

지금 당장 거절을 받더라도 추후에 플랫폼에서 내가 제안한 주제의 강의가 필요해지면 제출한 기획서를 바탕으로 섭외 연락이 오는 경우도 자주 있기 때문에 씨앗을 뿌린다는 생각으로 꾸준히 강의 기획서를 제출하는 게 중요합니다.

대표적인 VOD 클래스 플랫폼의 특징과 입점 방식

현재 VOD 클래스 시장은 업계를 이끌어가는 대형 플랫폼부터 소규모 맞춤형으로 클래스를 제작하는 플랫폼까지 다양합니다. 자기 계발, 교양, 커리어, 여가 활동, 재테크, 업무 스킬, 코딩, IT 개발 등 플랫폼마다 주력으로 하는 주제와 수강 타깃 또한 다양합니다. VOD 클래스 플랫폼은 각기 다른 특징을 가지고 있지만 가장 대표적인 세 개 플랫폼의 특징을 자세히 알아보겠습니다.

1) 클래스101

2018년 론칭한 VOD 클래스 플랫폼으로 업계 후발주자에 속하지만 취미, 재테크, 커리어, 키즈 등 다양한 콘텐츠 카테고리와 크리에이터를 확보하며 현재 국내 최대 규모의 VOD 클래스 플랫폼으로 성장했습니다. 특히 클래스를 단건 구매해 들어야 하는 기존 서비스 방식에서 벗어나 업계 최초로 무제한 구독 서비스를 도입하며 또 한 번 경쟁자들의 추격을 뿌리치고 도약에 성공했습니다.

클래스101에 입점하는 방법은 앞서 설명한 VOD 클래스 입점이 성사되는 방법 세 가지(플랫폼의 PD 및 에디터의 직접 섭외, 크리에이터의 추천, 지원서 작성 후 직접 제안)와 같습니다.

직접 섭외를 받거나 크리에이터의 추천을 받는 경우는 주로 유튜브나 블로그와 같은 SNS 채널 검색, 출간된 책 검색 등 다양한 경로를 통한 검색 후 접촉이 이루어집니다. 하지만 이제 막 나만의 업을 준비하고, 강의에 처음 도전하는 사람이라면 대부분이 지원서를 작성해 직접 제안하는 유형에 해당할 것입니다. 클래스101은 홈페이지 내 클래스 개설 지원 양식을 통해 지원할 수 있으며, 해당 카테고리의 담당 직원이 접수된 지원서를 검증해 진행 여부를 결정합니다.

진행 승인이 결정되면 크리에이터에게 개별 연락이 가게 되며 이후 강의 제작 등에 관한 세부 사항을 논의한 뒤 계약서를 작성합니다. 결정된 방식(크리에이터가 직접 촬영·편집 후 강의를 제출하는 방식 혹은 담당 작가 및 촬영·편집팀 배정 후 크리에이터는 강의만 하는 형식)에 따라 강의의 콘셉트 및 커리큘럼을 기획하고, 상세 페이지 기획, 촬영, 편집, 마케팅 등의 과정을 거쳐 하나의 클래스가 최종 입점됩니다. 클래스101은 VOD 클래스 플랫폼 중 가장 진입장벽이 높은 플랫폼이지만 일단 입점이 되면 퍼스널 브랜딩을 만들어가는 데 동력을 얻을 수 있으니 앞서 우리가 배운 MTS 시스템 구조도를 바탕으로 콘텐츠를 철저히 기획해 도전해보길 바랍니다.

2) 크몽

디자인·IT·마케팅·영상·사진·번역·비즈니스 컨설팅 등 약 700개 이상의 전문 카테고리를 보유한 국내 최대 프리랜서·아웃소싱 비즈니스 플랫폼입니다. 2012년 설립된 크몽은 전문성이라는 무형의 서비스를 제품화하는 트렌드를 국내에 정립시키는 데 성공한 뒤 '세상 모든 노하우를 배울 수 있는 곳'이라는 메시지 아래 PDF 전자책 시장을 개척해 또 한 번의 도약을 하게 됩니다. 자신이 가진 지식, 경험, 노하우가 누군가에게 필요한 정보가 될 수 있고, 이것이 곧 돈이 되는 시대라는 것을 많은 사람에게 알려준 셈입니다.

크몽은 국내 1위 프리랜서 마켓 플랫폼이라는 점과 우리가 업을 만들어가는 데 기본이 되는 PDF 전자책을 판매할 수 있으며, 또 PDF 전자책을 VOD 강의와 연계할 수 있다는 장점이 있기 때문에 주목할 필요가 있습니다. 또한 VOD 강의를 직접 촬영해 강의 영상의 저작권과 사용권이 나에게 있을 경우 다른 VOD 강의 플랫폼에서 판매 중인 강의도 등록할 수 있다는 장점이 있습니다.

크몽의 VOD 강의는 핵심만 담은 짧은 강의인 '원클립 VOD'(최소 10분 이상 필수, 최대 60분 내 권장)와 우리에게 익숙한 다수의 강의 영상으로 구성된 정규 강의 형태의 'VOD'(2강~30강, 영상 한 개당 최소 시간제한 없음) 두 가지 유형이 있습니다. 만약 PDF 전자책이 준비되어 있다면 크몽의 원클립 VOD 서비스를 전자책의 해설 강의 형태로 구성해 쉽고 빠르게 영상 강의 콘텐츠를 제작할 수 있습니다. 크몽의 경우 플랫폼에서 별도의 영상 제작을 지원하지는 않습니다. 따라서 크리에이터가 직접 촬영·편집을 해서 플랫폼에 등록해야 합니다.

경험이 많지 않은 크리에이터가 스스로 영상을 제작하는 것은 쉬운 일이 아닙니다. 초보 크리에이터가 도움을 받을 수 있는 VOD 강의 영상을 제작할 때 알아야 하는 기본 가이드는 이번 SECTION 마지막 부분에서 다루겠습니다.

▲ 크몽의 VOD 클래스 입점을 위한 등록 절차

영상이 제작되었다면 등록 가이드에 맞게 등록을 진행하면 됩니다. 총 다섯 개의 필수 단계와 한 개의 선택 단계까지 총 6단계로 구성됩니다. [기본정보]–[가격설정]–[서비스 설명]–[이미지]–[요청사항]–[추가 제공 파일(선택)] 작성을 완료해 등록하면 제출된 자료를 크몽 담당자가 검토해 영업일 기준 5일 이내로 결과를 알려줍니다. 물론 한 번에 승인이 나면 좋겠지만, 승인이 나지 않더라도 아쉬운 점을 보완해 등록을 다시 진행하면 됩니다.

3) 클래스유

우리의 가장 큰 목표는 나의 지식, 경험, 노하우를 회사 밖에서도 통하는 업으로 만들어 나만의 퍼스널 브랜딩을 구축해 수익화까지 이루는 것입니다. 그러기 위해서는 첫 씨앗을 심어야만 합니다. 앞선 SECTION에서 수익화 확장의 씨앗이 PDF 전자책이라고 강조했는데, VOD 클래스 역시 수익화 확장의 중요한 씨앗입니다. 따라서

▲ 필자의 클래스유 '직장인 투잡 블로그 수익화 & 최적화 강의' 화면

VOD 클래스 시작을 최대한 빠르게 해보는 것이 좋은데, 필자는 첫 시작을 클래스유에서 할 것을 추천합니다. 그 이유는 클래스유가 필자의 VOD 클래스 첫 시작이기도 했고, 다른 플랫폼에 비해 쉽게 입점할 수 있기 때문입니다.

클래스유 입점 방식은 앞서 소개했던 세 가지 입점 방식(플랫폼의 PD 및 에디터의 직접 섭외, 크리에이터의 추천, 지원서 작성 후 직접 제안)과 동일합니다.

필자가 여러 플랫폼을 경험하면서 느낀 클래스유의 차별화된 점은 다른 VOD 클래스 플랫폼에 비해서 크리에이터에게 자율성을 많이 보장한다는 점입니다. 클래스 가격 설정 및 할인율, 클래스 소개 페이지 제작, 클래스 홍보를 직접 할 경우 수익 구조를 최대 8:2(크리에이터 80% : 플랫폼 20%)까지 확대 가능한 등 크리에이터를 위한 다양한 혜택을 제공하고 지원도 아낌없이 하는 크리에이터 친화적 플랫폼입니다. 그럼 지금부터 클래스유에 클래스를 개설하는 방법부터 클래스 운영 팁까지 구체적으로 알아보겠습니다.

▲ 클래스유 강의 개설 신청 단계별 화면

① 개설 신청

개설하고자 하는 클래스에 관한 간략한 정보를 입력한 뒤 OT 영상(2분 이내의 클래스 및 강사 소개 영상), 1강 영상은 필수로 업로드해야 지원이 가능합니다. 위 그림처럼 [OT영상 올리기]-[1강 올리기]를 통해 제작한 영상을 업로드한 뒤 클래스 정보를 작성해 신청하면 클래스유의 강사 지원팀에서 확인 후 연락이 옵니다.

② 강의 커리큘럼 및 상세 페이지 작성

클래스 관리 페이지에서 강의 목차를 넣어줍니다. 아직 모든 영상이 준비되지 않았다면 각 강의 영상 제목만 입력해도 무방합니다. 클래스 구성은 20강, 한 강의 당 분량은 10분 내외로 구성하는 것을 플랫폼은 추천하고 있습니다. 하지만 강의의 주제 및 콘텐츠에 따라 더 길거나 짧게 해도 괜찮습니다.

강의 상세 페이지는 구매를 망설이는 예비 수강생들이 내 강의를 선택할 수 있게 끔 강점을 잘 나타내야 합니다. 강사 소개, 수강 대상, 다른 경쟁 클래스와의 차별점, 클래스를 통해 배울 수 있는 점 또는 찾아올 변화, 얻게 될 이득 등을 포함하면 탄탄한 상세 페이지를 완성할 수 있습니다.

③ 선결제 오픈

클래스유만의 강점 중 하나가 바로 선결제 오픈 시스템입니다. 강사는 개강 전에 강의를 사전 홍보하는 동시에 클래스 개설을 준비하는 기간을 확보할 수 있습니다. 선결제 오픈 준비가 완료되면 빠르게 선결제 오픈을 선언하는 것도 방법입니다. 이렇게 하면 먼저 선언을 했기 때문에 정해진 개강 날에 맞춰 몰입하여 최종 결과물을 만들어내는 동기부여 효과를 얻을 수 있습니다.

④ 개강 및 가격 설정

개강일은 강사가 직접 설정할 수 있으며, 정해진 개강일 전까지 모든 영상을 업로드해야 합니다. 클래스 가격도 강사가 자유롭게 설정할 수 있습니다. 개강 전 1차 얼리버드가는 선결제 기간 수강 신청을 해준 예비 수강생에게만 제공하는 특별 혜택이며 개강 후 가격은 내가 정한 정상가로 운영할 수 있습니다.

좌절하지 말고 지원하자

지금까지 소개한 세 개 플랫폼 외에도 VOD 클래스를 다루는 플랫폼은 다양합니다. 똑같은 기획서와 지원서라도 승인이 나는 플랫폼이 있고 승인이 거절되는 플랫폼이 있기 마련입니다. 해당 플랫폼의 방향성과 주요 연령 및 타깃층에 따라 내 주제가 맞을 수도 맞지 않을 수도 있기 때문입니다. 그러니 한두 번의 거절에 좌절하지 말고 최대한 많은 곳에 지원하길 바랍니다.

수익 비율을 높이기 위한 방법

    VOD 클래스 플랫폼마다 수익 배분 비율은 다릅니다. 대부분 플랫폼에서 더 많은 비율을 가지고 갑니다. 필자가 다양한 VOD 클래스 플랫폼에 직접 입점해보고, 입점 제안을 받아 여러 번 최종 미팅까지 가본 결과 강사 대 플랫폼으로 3:7, 4:6 비율이 가장 많았습니다.

    물론 대부분 플랫폼이 정해진 기준에 맞춰 계약을 진행하기 때문에 협상이 쉬운 것은 아니나, 제시된 비율을 그대로 받아들이기보다는 역으로 제안해보길 바랍니다. 무턱대고 비율 조정을 요청하면 당연히 거절당할 확률이 높을 것입니다. 내가 원하는 것을 얻기 위해서는 나 또한 상대가 솔깃할 만한 카드를 제시해야 합니다. 이때 내세울 수 있는 것이 현재 운영 중인 SNS 채널, 공통의 관심사를 가진 사람들이 모인 커뮤니티 운영, PDF 전자책 판매 추이, 내 콘텐츠를 통해 변화된 사람의 사례, 기존 강의에서 확보한 만족도 높은 후기 등의 자료입니다. 실제로 필자는 이런 전략을 통해 3:7의 불리한 조건에서 5:5의 조건으로 수익 비율 조정을 끌어내기도 했습니다.

앞으로의 트렌드는 블렌디드 러닝

    코로나19로 인해 우리의 일상은 물론이고 배움의 방식 또한 빠르게 변화했습니다. 일상으로의 복귀로 온라인을 중심으로 한 VOD 클래스 시장의 성장은 멈추었다고 말하는 사람도 있습니다. 그럼 다시 오프라인 강의가 중심인 시대로 돌아가는 걸까요? 모든 것은 장단점이 동시에 존재하기 마련입니다.

    온라인 강의는 강사가 수업을 통해 전달하는 정보나 개념을 바로바로 따라가지 못해도 녹화된 영상을 다시 보며 복습할 수 있기 때문에 오프라인 강의보다 유리합니다. 반면 실습 등 직접 참여하는 활동을 통한 교육 효과의 극대화를 얻기가 쉽지 않다는 단점이 존재합니다.

요즘에는 온/오프라인 강의의 단점을 보완한 융합형 학습이 새로운 대안으로 부각되고 있습니다. 바로 온라인과 오프라인 강의를 융합한 '블렌디드 러닝(Blended Learning)'입니다. 이 트렌드를 빠르게 접목시킨 대표적 사례가 앞서 소개한 바 있는 네이버 엑스퍼트입니다.

네이버 엑스퍼트 세부 유형을 살펴보면 1:1 클래스, VOD 클래스, 그룹 클래스가 있습니다. 이 중 VOD 클래스+1:1 코칭을 패키지로 하는 클래스 유형이 가장 만족도가 높습니다. 먼저 강의를 시청한 후 1:1 상담이 진행되기 때문에 더 디테일한 질문과 더 디테일한 코칭이 가능하기 때문입니다.

▲ 네이버 엑스퍼트 서비스는 일상에서 만나기 어려웠던 각 분야의 전문가를 쉽게 만날 수 있는 공간으로 전문가와 1:1 채팅, VOD 클래스, 그룹 클래스 등 다양한 상담 또는 수업 방식으로 문제를 해결할 수 있다.

블렌디드 러닝의 핵심은 단순히 온/오프라인 강의를 함께 운영하는 것이 아닙니다. 강의 과정을 새롭게 디자인한다는 개념으로 접근해야 합니다. 강사가 어떠한 지식과 정보를 전달하는 티칭(Teaching)의 1차원적 개념이 아닌, 수강생 스스로가 자기주도 학습을 하며 자생력을 키울 수 있도록 도움을 주는 코칭(Coaching)이 핵심입니다.

내가 진출하고자 하는 주제, 분야에 있어 나는 후발 주자입니다. 먼저 시작한 경쟁자들을 넘어서기 위해서는 기존의 방식이 아닌 나만의 블렌디드 러닝을 디자인해서 수강생들의 성장에 기여해야 합니다. 그럼 수강생들의 만족도가 자연스럽게 높아지고 안정적인 포지셔닝을 구축할 수 있을 것입니다.

강의 기획서 및 커리큘럼 작성 노하우

시장에서 선택받는 성공적인 강의를 기획하기 위해서는 나, 고객, 시장 세 가지를 살펴야 합니다.

- 나 | 내가 줄 수 있는 가치(지식, 정보, 경험, 노하우 등)
- 고객 | 고객이 처한 문제점과 고민, 충족하고자 하는 욕구
- 시장 | 시대의 흐름, 시장의 흐름

이 세 가지의 교집합에서 강의가 나와야 지속성을 오래도록 유지할 수 있습니다. 우리는 앞선 CHAPTER에서 MTS 시스템과 3×3 지식의 구조화를 통해 나와 고객에 대한 탐색을 충분히 했습니다.

그럼 세 번째 시대·시장의 흐름, 트렌드는 어떻게 알 수 있을까요? 가장 직접적인 방법은 클래스101을 비롯한 온라인 강의 플랫폼에서 최근에 출시된 강의를 살펴보고, 인기순으로 정렬해 시장을 분석하는 방법입니다. 또 다른 방법은 온라인 서점에서 내 주제의 카테고리 도서를 판매순으로 정렬해보고 전체 베스트셀러 책의 순위 변

화를 살펴보며 트렌드를 파악하는 것입니다.

나아가 뉴스레터 구독도 추천합니다. 내 분야를 비롯한 다양한 주제의 뉴스레터를 구독해 비전과 트렌드를 파악하길 바랍니다. 무료 뉴스레터를 통해서도 충분한 정보를 얻을 수 있습니다.

Tip 트렌드를 파악하기 좋은 분야별 뉴스레터

- **뉴닉** | 전 분야 최신 트렌드 콘텐츠
- **캐릿** | MZ세대를 위한 당일 배송 트렌드 콘텐츠
- **어피티** | MZ세대를 위한 경제 생활 미디어 콘텐츠
- **책잇** | 문해력 콘텐츠
- **롱블랙** | 매일 콘텐츠 하나를 발행하고 24시간 안에 안 읽으면 사라지는 콘텐츠
- **퍼블리** | 비즈니스 트렌드, 커리어 고민 콘텐츠
- **리멤버나우** | 직장인을 위한 경제 콘텐츠
- **순살브리핑** | 해외 금융경제 콘텐츠
- **부딩** | 부알못 2030 세대를 위한 쉬운 부동산 콘텐츠
- **두부레터** | 내 집 마련을 위한 콘텐츠

강의를 기획했다면 이제 커리큘럼을 기획할 단계입니다. 커리큘럼은 한 마디로 고객들이 가진 문제를 어떻게 해결해줄 것이라고 명확한 방향성을 제시해주는 것과 같습니다. 많은 사람에게 선택받는 인기 강의의 커리큘럼은 보는 이들의 머릿속에 내가 가진 문제가 해결되는 상황을 떠올리게 만듭니다. 예를 들면 '나도 이 강의를 들으면 책 출간의 꿈을 이룰 수 있겠네, 나도 이 강의를 들으면 블로그로 월 50만 원 수익화를 달성할 수 있겠네.'와 같은 생각을 하게 만드는 것입니다.

OOO 클래스 강의 기획서

클래스명	직장인 투잡 '월 200만 원 버는 블로그 수익화' 강의
클래스 소개	상위 0.1% 블로거가 알려주는 '블로그 수익화' 강의 - 현 재직자 아빠블로거가 전하는 블로그로 온라인 건물주 되기 - 급여 외 월 500만 원을 벌고 있는 직장인의 투잡 실전 팁! - 블로그를 통한 '브랜딩'으로 나만의 강력한 무기를 장착해보세요.
클래스 대상	1. 육아맘, 주부(블로그 수익화) 2. 직장인(제2의 월급 통장) 3. 취준생(취업을 위한 나만의 무기, 이력서에 한 줄) 4. 블로그로 투잡을 하고 싶은 분 5. 8년 차 파워블로거의 노하우를 따라 블로그를 잘 키워보고 싶은 분 6. 지금 블로그 시작하면 늦지 않을까? 라는 고민을 하고 계신 분 7. 블로그를 만들었지만 꾸준한 운영과 성과를 못 내고 계신 분 8. 블로그를 제2의 월급 통장으로 수익화를 만들고 싶으신 분 9. 개인사업자로 내가 판매하는 제품, 브랜드 블로그를 운영하는 대표님, 담당자님 10. 내가 놀 때도, 잘 때도 꾸준한 수익이 들어오는 시스템을 만들고 싶은 분 11. 애드포스트 수익을 높이고 싶은 분
클래스 목표	1. 블로그 수익화의 기본기를 다질 수 있습니다. 2. 블로그의 기본기 + 나만의 블로그 수익화 전략을 획득할 수 있습니다. 3. 나만의 사업, 나만의 제품과 서비스를 판매하는 데 강력한 홍보 채널을 구축할 수 있습니다.
클래스 총 강좌	26강(240분)

클래스 상세 계획 및 구성안

CHAPTER 01. 천 원을 벌 수 있는 나만의 전략이 있으신가요?

강의 회차	강의명	강의 내용	강의 방식	강의 시간
1강	수익형 블로그 누구나 가능합니다.	블로그의 수익화 개념에 대한 인식의 변화를 위한 이야기(동기부여)	PPT화면 + 대화형	5분
2강	블로그 수익화를 위한 5가지 공식	블로그 수익화를 위한 5가지 기본 마인드(공식)	PPT화면 + 대화형	10분
3강	네이버의 시대는 정말 끝났을까?	네이버의 시대가 끝났는지에 대해 알아본다.	PPT화면 + 대화형	5분
4강	네이버 블로그 이해하기(정의와 로직)	네이버 블로그의 이해와 로직에 대해 배워본다.	PPT화면 + 대화형	10분
5강	블로그 '지수'를 늘려라	블로그에 적용되는 4가지 로직에 대해 이해한다.	PPT화면 + 대화형	10분

CHAPTER 02. 수익형 블로그의 기초 : 네이버를 이해하라

6강	첫 단추를 잘 끼워야 한다! (주제 3종사 정하기)	블로그 '브랜딩'의 첫 단추 주제 3종사 정하기	PPT화면 + 대화형	10분
7강	블로거의 시간 활용법	블로거에게 중요한 시간 활용법을 배운다.	PPT화면 + 대화형	10분
8강	1일 1포스팅이 어려운 이유	1일 1포스팅이 어려운 이유를 살펴보고 이를 깨부수는 시간	PPT화면 + 대화형	10분
9강	블로그의 핵심은 키워드	블로그의 핵심 키워드에 대한 이해의 시간	PPT화면 + 대화형	10분
10강	키워드 추출 도구 활용법	블로그 키워드 추출 도구를 알아보고 직접 활용해보는 시간	실제 프로그램 활용	10분
11강	상위 0.1%의 키워드 공략법(시즌 키워드)	무조건 성공하는 황금키워드를 찾는 방법을 배운다.	PPT화면 + 대화형	10분

CHAPTER 03. 수익형 블로그의 마인드셋 : 수익화를 위한 준비

12강	이미지 준비의 팁	이미지 준비 팁과 프로그램(미리캔버스)을 통한 이미지 제작해보기	실제 프로그램 활용	10분
13강	논리의 공격 : 탄탄한 콘텐츠 만들기	양질의 콘텐츠를 위한 논리의 공격을 잡는 방법 배우기	PPT화면 + 대화형	10분
14강	수익화, 결국 사람과의 관계가 중요(이웃 활용법)	블로그 수익화의 핵심 '사람'을 활용하는 방법	PPT화면 + 대화형	10분
15강	블로그 글쓰기의 주의 사항과 상위 노출되는 글쓰기 팁	블로그 글쓰기의 주의 사항과 상위 노출 글쓰기 전략을 배운다.	PPT화면 + 대화형	10분

CHAPTER 04. 수익형 블로그의 실전 : 10가지 실전 전략

16강	나무가 아닌 숲을 보라 : N잡으로 성공하는 마인드셋	블로그 수익화의 세부 계획을 세워보는 시간	PPT화면 + 대화형	5분
17강	1인 기업을 창업 하라 : 직원 vs 대표 마인드의 차이	수익 공개 및 1인 기업을 창업해야 하는 이유	PPT화면 + 대화형	5분
18강	블로그 수익화 : 직접수익창출(1) - 제품, 원고료 체험단	체험단의 종류와 진행 시 주의 사항과 체험단 사이트를 알아보는 시간	PPT화면 + 대화형	10분
19강	블로그 수익화 : 직접수익창출(2) - 애드포스트, 인플루언서	애드포스트의 원리와 변화방식에 대해 네이버의 흐름 따라가기(인플루언서)	PPT화면 + 대화형	10분
20강	블로그 수익화 : 확장형수익창출(1) - 공동구매 기획, 판매	공동구매 기획과 판매 방법에 대해 배운다.	PPT화면 + 대화형	10분
21강	블로그 수익화 : 확장형수익창출(2) - 브랜드 컨설팅	브랜드 컨설팅 누구나 가능하다.	PPT화면 + 대화형	10분
22강	블로그 수익화 : 확장형수익창출(3) - 서브 or 티스토리(애드센스)	서브 블로그 or 티스토리 블로그 확장 방법	PPT화면 + 대화형	10분
23강	블로그 수익화 : 확장형수익창출(4) - 온/오프라인 강의	온/오프라인 강의 시작과 준비 방법	PPT화면 + 대화형	10분
24강	블로그 수익화 : 확장형수익창출(5) - 출간(전자책, 종이책)	PDF 전자책이 나의 신뢰도와 전문성을 높여준다.	PPT화면 + 대화형	10분
25강	블로그로 스펙 UP	블로그 단순히 수익을 넘어 취업, 이직도 가능하다.	PPT화면 + 대화형	10분
26강	블로그 수익화 준비된 사람에게 반드시 '기회'는 온다	블로그 수익화를 위해 미리 준비해야 하는 이유	PPT화면 + 대화형	10분

▲ 필자가 첫 온라인 클래스 입점 시 제출했던 강의 기획서 및 커리큘럼

필자 역시 처음 온라인 강의 플랫폼 입점 준비를 하면서 정말 많은 검색을 했지만 실제 입점으로 이어진 강의 기획서를 보지 못했고, 1인 기업, 온라인 강의 기획 관련 도서에서도 강사 자신의 강의 기획서를 공개한 책은 보지 못했습니다. 이 책을 읽고 있는 독자 중 많은 분이 내 이름으로 된 강의를 만들고 플랫폼에 입점하고 싶다는 생각을 하며 새로운 도전을 준비하고 있을 거라고 생각합니다. 그래서 조금이나마 여러분의 답답함을 덜기 위해서 필자가 작성한 온라인 강의 기획서를 왼쪽의 그림으로 공개합니다. 강의 기획서는 파일로도 제공하니 책 앞부분의 부록 파일 다운로드 안내를 확인한 뒤 파일로 다운로드받아 편하게 살펴볼 수 있습니다. 강사의 꿈을 꾸는 여러분께 도움이 되었으면 합니다.

200% 성장하는 생산성 향상을 위한 독서 & 기록법

CHAPTER 01. 올바르게 나 이해하기	CHAPTER 02. 올바른 In-Put 다지기	CHAPTER 03. 진짜 Out-Put 만들어내기
0 우리가 자기 계발, 공부를 하는 이유_(1) 　- 이유 & 목적은 무엇인가에 대한 고찰	1 인풋 제대로 알고 접근하기_(4) 　- In 다음 Put 알려주기 　- 자료는 직관적으로 빠르게 : 구글링 　- 자료수집의 핵심 : 대주제가 아닌 소주제 　- 해외 자료로 발 빠르게 선정하는 대박 꿀팁!	1 아웃풋의 핵심 포인트_(3) 　- 재빠르게 움직이고 가볍게 터치하기 　- 지식의 피라미드에 대한 이해(5:20:75의 법칙) 　- 무에서 유가 아닌 꼽juk의 비율기
1 인풋과 아웃풋의 연결의 핵심 Key 'WHY'_(5) 　- 돈 버는 기계(system) 만들기 　- 1단계: 도면 만들기 : 뼈대 기획법 　- 2단계: 부품 구하기 : 자료의 수집(구글링 & 벤치마킹) 　- 3단계: 기계 조립 : 콘텐츠의 구성과 업로드 + 전자책 　- 기계 만들기의 핵심 : 작게 생각하는 '중간 패킷' 만들기	2 벤치마킹 채널이란?_(6) 　- 공명현상 : 통한다! 　- 에디톨로지 : 창의란 어떻게 만들어지나? 　- 멘토의 콘텐츠 찾기 : 텍스트, 영상, 도서, 강의, 세미나 등 　- 이런 채널이 N개 라면? - 강해진다, 폭발적 성장이 가능 　- 실습. 각자의 니즈를 나열해보는 시간(판서) + 공유해보기 　- EBS에서 나만의 프로그램 찾기 + 이미지/영상자료 캡처하기	2 SNS 채널 운영 전략_(2) 　- 텍스트 기반 블로그 카테고리 세팅법 　- 이미지 기반 인스타 콘텐츠 기둥 세팅법
2 나만의 MTS 구조도 그리기_(5) 　- MTS 구조도의 숨겨진 비밀 　- 성공한 사람/콘텐츠의 5가지 법칙 　- 지식의 구조화(서랍 설계법) 　- 핵락화 : 메타언어 만들기 　- 서랍 간의 연결 고리 찾는 법	3 독서법_(11) 　- 내가 진짜 책을 읽는 이유? 　- 읽어도 기억에 남지 않는 진짜 이유 　- 취미/감상 독서 vs 정보습득 독서 　- 속독어의 의미 없는 이유 　- 뼈대 만들기 독서법 　- 지식화의 3단계 : 인지 > 이해 > 암기(장기기억화) 　- 독서 전 배경지식을 쌓는 법 　- 관점 독서의 중요성 　- 책을 공짜로 마음껏 읽을 수 있는 꿀팁! 　- 독서의 퀄리티를 바꿔줄 '셀프 질문 독서법' 　- 실습. 책 『처음 읽는 음식의 세계사』	3 고객의 발전 유형_(4) 　- 잠재적 고객 > 구매가능 고객 > 구매전한 고객 　- 모든 씨앗, 출발점 : 전자책(소책자) 　- 글은 쓰는 것이 아닌 했는 것 : 자료수집이 7할 　- 미끼상품을 통한 필터링 전략
3 결국 주인공은 내가 아닌 타인_(4) 　- 그들이 찾는 '문제점'은 무엇인가? 　- 대중을 찾는 공통된 5가지 문제점 　（경제적, 관계, 건강, 자기 계발/성장/취미, 자존감/행복/심리) 　- 그 문제점을 왜? 어떻게? 무엇으로 해결해줄까? 　- 핵심 : 해결할 문제점이 정해져야 In-Put & Out-Put	4 기록법_(7) 　- 저장하지 않은 것은 모두 사라진다 - 기억의 휘발성에 주목 　- 쉽고 재미있게 '정보탐색'하는 수집채널 이야기 　- 쉽고 재미있게 '저장'하는 수집도구 이야기 　- 장소가 아닌 쓰임을 생각하라 　- 메모의 핵심은 압축(극단적) & 자기화 언어(자기식) 　- 괜찮은 것을 제거해 뛰어난 것을 드러내기 : 피카소(압축요약) 　- 메모의 핵심 추출 4단계 　（메모 수집 > 굵게 처리 > 하이라이트 처리 > 핵심 요약） 　（토양 > 석유 > 황금 > 보석）	4 실행을 위한 사전준비_(5) 　- 대중의 니즈를 파악하는 방법 　- 크롬에서 찾기 　- VOD Class에서 찾기 　- 잠재적 고객들의 질문에서 니즈 찾기 　- 목표 설정의 마법(P-D-M-D-V-A) 　　1) 명확한 목적, 데드라인, 방법(세부 실천/실행사항) 　　2) 납기일 설정, 수정 및 보완, 달성
4 자기소개 시간_(2) 　- 나를 대표하는 해시태그 3개 　- 브랜딩 관점에서 1분 자기소개 하는 법(공감 이끌어내기)		5 커뮤니티 전략_(5) 　- 커뮤니티 리더가 되어야 하는 이유 　- 뻔한 커뮤니티는 지속성의 관점에서 마주하라 　- 커뮤니티의 유형 : 행동 변화 촉구 vs 인사이트 제공 　- 리더의 메시지와 자기계발의 부재의 결말 　- 나눔 : 기버 vs 매처 vs 테이커
5 나를 바꿀 관점학습법_(6) 　- 1관점 : 아웃풋에 관한 관점 　- 2관점 : 앎(知)에 관한 관점 - 앎에 대한 착각 　- 3관점 : 지식의 선순환에 관한 관점 　- 4관점 : 독서와 기록에 관한 관점 　- 5관점 : 시간 및 목표 & 계획에 관한 관점 　- 6관점 : 지식 전달 계승에 관한 관점	5 창작의 3단계 전략 : 3Topic & 4Step_(3) 　- 1단계 : 정보 수집 　- 2단계 : 지식의 스노우볼 효과 　　(끄집어내기 > 나열하기 > 무어주기) 　- 3단계 : 나만의 결정체 만들기	6 퍼스널 브랜딩의 끝 출간_(2) 　- 원고 기획서를 써야 하는 이유 　- 역지사지 : 타인에게는 깐깐 나에게는 관대?
6 지금까지와는 다른 마인드셋이 필요한 때_(7) 　- 지속력이 떨어지는 진짜 이유(어렵고 모르기 때문에) 　- 선행지표 vs 후행지표 　- 나만의 원칙을 찾아라! 　- 실습. 만다라트 작성 　- 정량화 피드백 방법 : 직관적인 수치상 피드백이 중요 　- 실습. 나의 선언문 작성하기 : 명확한 데드라인 & 목적(목표) 　- 생산성에 대한 오해		7 강의를 맺으며_(2) 　- 강의 피드백 및 설문 　- 뒤풀이 이후 이야기

▲ 2023년 하반기 세바시 랜드 플랫폼에 입점 예정인 새로운 강의를 준비하며 필자가 실제로 작성한 커리큘럼(가안)

앞서 소개한 온라인 강의 기획서 형식에 맞춰 나만의 강의를 기획하는 것이 어렵다면 앞 그림과 같이 내가 만든 3×3 지식의 구조화 틀을 중심으로 각 영역에 해당하는 세부 내용들을 하나씩 확장해 나열해보길 바랍니다. 앞 그림은 필자가 2023년 하반기 세바시 랜드 플랫폼에 새롭게 론칭할 강의의 커리큘럼(가안)인데 여러분이 조금 더 쉽게 강의 기획을 하는 데 도움을 얻을 수 있게 아낌없이 공개합니다. 3×3 지식의 구조화를 바탕으로 확장하는 방법이 좋은 이유는 사람의 심리상 빈칸, 빈 영역을 보면 채우고 싶은 욕구가 있어 탄탄한 커리큘럼과 강의 기획서를 완성할 수 있기 때문입니다. 필자의 두 가지 실제 사례를 참고해 고객의 문제점을 해결해주고 많은 사람에게 선택받는 인기 강의 커리큘럼을 만들어보길 바랍니다.

VOD 클래스 영상 제작을 위한
기본 가이드

이번 SECTION을 마무리하며 많은 분이 어려워하는 VOD 클래스 영상 제작에 관한 필자의 노하우를 공개하겠습니다. 간단한 팁 몇 가지만 숙지하면 강의 영상 제작은 물론이고 유튜브 콘텐츠 제작에도 도움이 되는 내용이니 잘 살펴보길 바랍니다.

필자가 코칭하는 실제 수강생에게 강의 촬영을 준비해보라고 하면 가장 많이 돌아오는 질문이 촬영을 위한 장비와 장소에 관한 질문입니다. 물론 좋은 스튜디오에서 좋은 장비를 갖추고 촬영한다면 완성도 높은 영상이 나올 수는 있습니다. 하지만 영상미가 좋다고 해서 수강생들의 결제가 이루어지는 것은 아닙니다. 영상을 잘 찍어야 한다는 부담감은 내려두고 콘텐츠의 힘에 집중하길 바랍니다. 그렇다고 아무렇게나 촬영해서는 안 됩니다.

이번 밀착 코칭에서는 촬영, 사운드, 자막 및 편집 세 가지 포인트를 중심으로 최소한 이것만은 꼭 지켜야 하는 기본 중의 기본을 설명할 테니 강의 영상 제작 시 꼭 적용해보길 바랍니다.

1) 촬영

촬영은 핸드폰 카메라만으로도 충분하며 특별한 경우가 아니라면 세로 촬영이 아닌 가로 촬영으로 진행해야 합니다. 촬영 전 주변을 잘 정돈하고 불필요한 물품이 카메라에 담기지 않도록 테스트 촬영 후 본격적인 녹화에 들어가길 바랍니다. 또 너무 어두운 곳은 피하고, 자연광에서 촬영할 때는 날씨의 변화에 따라 갑자기 흐려질 수 있는 등의 변수가 많기 때문에 최대한 안정적인 실내에서 촬영하길 바랍니다. 또 초점이 제대로 잡히지 않으면 화면이 뿌옇게 표현돼 수강생의 집중도가 떨어질 수 있으므로 유의해야 합니다.

2) 사운드

의외로 많은 사람이 놓치는 부분 중 하나가 사운드입니다. VOD 클래스의 경우 음성으로만 강의를 듣는 경우도 흔합니다. 필자도 한 번 강의를 듣고 이동 중 복습할 때는 음성으로만 듣게 되는데 이때 소음이 있거나 말소리가 울리면 집중력은 물론이고 강의 전체의 만족도까지 떨어집니다. 따라서 스마트폰과 연결이 가능한 핀 마이크 사용을 추천합니다. 나아가 카메라 앞에서 혼자 촬영을 하게 되면 긴장해서 말이 빨라지거나 평소와 다른 딱딱한 말투로 촬영하게 되는데, 평소 사용하는 말투로 자연스럽게 하는 것을 추천합니다.

3) 자막 및 편집

자막 프로그램은 다양합니다. 필자는 처음에는 유료 프로그램인 어도비 프리미어 프로를 사용했지만 현재는 초보자도 쉽고 빠르게 할 수 있는 곰프로 믹스와 무료로 사용이 가능한 다빈치 리졸브(DaVinci Resolve) 프로그램을 사용하고 있습니다.

요즘 스마트폰의 카메라 성능이 좋기 때문에 영상을 스마트폰으로 촬영했다면 스마트폰을 활용한 간단한 편집이 가능한 블로(VLLO) 애플리케이션도 추천합니다. 저작권 문제없는 배경음악과 효과음, 스티커 등을 무료로 활용할 수 있으며 영상 저장 후 워터마크가 남지 않는다는 장점이 있습니다.

▲ 유튜브 블로 스튜디오(VLLO Studio)에 가면 간단한 컷 편집부터 초보자도 쉽게 만들 수 있는 상황별 영상 편집, 제작 팁이 가득하다.[3]

블로 공식 유튜브 채널에 가면 다양한 튜토리얼 실습 영상들을 제공하고 있어 시청하며 몇 번만 직접 따라 해보면 누구든 쉽게 사용이 가능합니다.

자막은 필수 사항은 아니지만 강의 만족도를 높이고 수강생들의 효과적인 학습을 위해서 필요합니다. 필자는 인공지능을 활용한 무료 자막생성 프로그램인 브루(https://vrew.voyagerx.com/ko)도 추천합니다.

3)

유튜브 〈블로 스튜디오(VLLO Studio)〉 튜토리얼 재생 목록,
https://youtube.com/playlist?list=PL7m3haSV5SnaZTPqjas7Ig4a9p45hQ6MB

▲ 무료 자막 프로그램 브루의 [커뮤니티]−[튜토리얼]에 들어가면 자막 생성부터 배경 음악 삽입, AI 목소리 입히기 등 다양한 기능들을 쉽게 배울 수 있는 영상 자료들이 준비되어 있다.[4]

　　브루는 무료 다운로드 후 사용이 가능하며 최근 생성형 AI가 큰 화두가 되고 있는 상황에 발맞춰 5개 국어 약 200여 종의 퀄리티 높은 AI 목소리로 원고를 읽어주기 때문에 별도의 기술 없이도 다양한 영상 콘텐츠를 쉽고 재미있게 제작할 수 있습니다.

4)
브루의 튜토리얼 화면, https://vrew.imweb.me/tutorial

크라우드 펀딩 진행과
커뮤니티 형성법

나만의 업을 만들기 위한 개인의 성장 단계 중 이제 마지막 4단계에 관한 이야기를 해보겠습니다. 성장과 변화에는 인내와 고통이 수반됩니다. 하지만 이어지는 SECTION 06~07을 읽고 실천하다 보면 나만의 업을 만드는 과정에서 전문성 상승

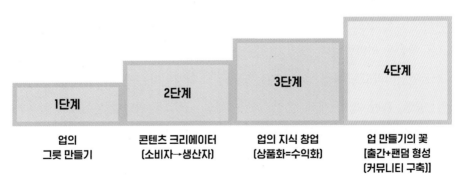

▲ 나만의 업을 만들기 위한 개인의 성장 단계

의 발판을 만들어주는 커뮤니티 형성과 책 출간을 통해 골목대장에서 전국구 스타로 성장해 큰 수익을 올리는 내 모습과 마주하게 될 것입니다.

나의 영향력을 키우는 기회의 장 : 크라우드 펀딩

이번 SECTION에서 우리가 얻고자 하는 것을 한 단어로 요약하면 '영향력'입니다. 우리는 살면서 누군가에게 영향을 받기도 하지만 반대로 영향을 주기도 합니다. 이 영향력을 주변 지인이나 가족들에게 발휘하는 사람도 있지만, 수천 명의 사람에게 발휘하는 사람도 있습니다. 결국 이 영향력의 크기가 내 브랜드의 크기이고 내 수익의 규모와도 연결됩니다.

나만의 업을 구축하기 위해 준비를 시작하는 사람은 영향력을 발휘할 수 있는 규모가 수십 명 이내일 것입니다. 이럴 때 필요한 것이 바로 내가 세상에 전하고자 하는 업의 메시지와 결이 같은 사람들을 모아 커뮤니티를 운영하는 것입니다. 하지만 막상 커뮤니티를 형성하려고 하면 나와 같은 메시지를 가진 사람들이 어디에 있는지 찾기가 여간 어려운 일이 아닙니다. 이때 단시간에 나의 영향력을 키울 기회의 장이 바로 '크라우드 펀딩(Crowd Funding)'입니다.

크라우드 펀딩은 '대중(Crowd)'과 '자금(Funding)'의 합성어로 대중들에게 자금을 모으는 행동을 의미합니다. 초창기에는 SNS 채널을 통해 자금을 모집한다는 의미에서 소셜펀딩이라고도 불렸지만 현재는 크라우드 펀딩이라는 용어가 완전히 정착되어 게임, 공연, 출판, 영화 제작, 음악, 제품, 패션, 공익 등 다양한 분야에서 활용되고 있습니다. 크라우드 펀딩을 진행하기 위해서는 진행자, 후원자, 목표 금액, 목표 기간, 리워드 등 다섯 가지 핵심 요소가 필요합니다. 진행자가 목표 금액과 목표 기간을 설정하고 이를 잠재적 후원자들에게 공개하면 해당 리워드(프로젝트를 후원한 대가로 받게 되는 보상)를 확인한 뒤 후원자가 펀딩 참여(후원) 여부를 결정하게 됩니다. 목표 기간 내에 목표 금액을 100% 이상 달성하는 데 실패하면 프로젝트가 실행될 수 없기 때문에 프로젝트의 결과물 또한 나올 수 없게 됩니다.

▲ 필자가 VOD 강의 플랫폼 베어유에서 직장인 투잡 블로그 수익화 강의를 론칭하면서 함께 진행했던 와디즈 펀딩[5]

필자는 처음에 소소하게 블로그를 주제로 한 오프라인 강의를 진행하다가 코로나 19를 겪으며 온라인 강의의 중요성을 알게 되어 온라인 강의를 시작하려고 했지만, 온라인에서의 영향력은 미미하다는 현실과 마주하게 됐습니다. 필자가 진행해온 필자의 거주 지역 주변에서의 오프라인 강의는 '골목대장' 느낌이 강했습니다. 하지만 온라인에서 영향력을 확보하자 책 출간 제의와 MKYU 강사 섭외까지 받으며 더 많은 기회와 마주하게 됐습니다.

이러한 성장의 핵심은 '영향력'의 확장이었다고 생각하며, 비록 목표액이 낮았지만 624% 달성으로 펀딩에 성공해 많은 예비 수강생들과 만나며 필자를 널리 알릴 수 있

5]

필자가 진행한 와디즈 펀딩 화면. https://www.wadiz.kr/web/campaign/detail/128773

었던 와디즈 크라우드 펀딩의 역할이 컸다고 생각합니다.

필자가 영향력을 키웠던 와디즈를 비롯해 텀블벅, 크라우디, 오마이컴퍼니, 해피빈, 킥스타터 등이 국내에서 대표적인 크라우드 펀딩 플랫폼으로 꼽힙니다. 그중에서도 필자가 추천하는 와디즈와 텀블벅에 대해서 알아보도록 하겠습니다.

먼저 와디즈는 국내를 대표하는 크라우드 펀딩 플랫폼으로 설립 초기 공익과 테크 카테고리에 펀딩이 집중되었지만, 현재 라이프 스타일을 중심으로 영화, 패션, 푸드, 교육, 키즈 분야 등 카테고리를 점차 확장해나가며 텀블벅과의 격차를 점차 벌려나가고 있습니다. 전체적 이미지는 이성적이고 신뢰감을 주는 느낌, 펀딩 상품 아래에 구체적인 정보(리워드 달성 비율, 금액, 마감일, 그래프 등)를 직관적으로 제시해줌으로써 펀딩 참여 욕구를 자극합니다.

텀블벅은 와디즈와 함께 국내 크라우드 펀딩 시장의 선두 자리를 지키는 플랫폼입니다. '창작자 지원'이라는 설립 취지에서 알 수 있는 것처럼 텀블벅은 창작 기반의 프로젝트가 많다는 것이 특징입니다. 전체적 이미지는 SNS처럼 감성적이고 따뜻함을 주는 느낌이어서 개인의 블로그를 보듯 편안하게 콘텐츠를 살펴볼 수 있습니다. PC 화면도 모바일에서 주로 보는 형태와 비슷한 레이아웃으로 익숙함이 느껴져 자주 접속하게 된다는 특징도 있습니다.

펀딩 홍보 전략

크라우드 펀딩 플랫폼마다 차이는 있겠지만 등록 후 3일 동안의 펀딩 누적 금액이 전체 펀딩 금액의 30~50% 비중을 차지하기 때문에 초반 3일간의 집중적 홍보 전략이 무엇보다 중요합니다. 다양한 홍보 전략이 있겠지만 필자가 활용한 세 가지 전략을 소개해보겠습니다.

1) 커뮤니티를 활용한 홍보

펀딩을 시작하면 내 프로젝트 주제와 결이 맞는 사람들에게 홍보하는 것이 중요합니다. 그러기 위해서는 먼저 내 프로젝트에 관심을 가질 만한 사람들이 모여 있는 커뮤니티를 찾고, 그 커뮤니티의 구성원이 되어 활동해야 합니다. 네이버 카페, 네이버 밴드, 스터디, 동호회, 카카오톡 오픈채팅(단톡방) 등이 대표적인 커뮤니티라고 할 수 있습니다.

해당 커뮤니티에서 내 목소리를 내고, 게시글을 등록하기 위해서는 특정 활동 조건(방문 횟수, 게시글 수, 댓글 수 등)을 충족해야 하므로 내가 펀딩하고자 하는 주제와 결이 맞는 사람들이 모여 있는 커뮤니티에 하루라도 빨리 가입해 활동하는 것을 추천합니다.

2) 인플루언서를 활용한 홍보

인플루언서는 블로그, 인스타그램, 유튜브와 같은 SNS 채널에서 영향력을 미치는 사람을 의미합니다. 내가 진행하는 펀딩 주제와 관련 있는 인플루언서를 통해 펀딩을 홍보할 수 있습니다. 하지만 여기서 중요한 점은 방문자 수나 팔로워 수가 높다고 맹신해서는 안 된다는 사실입니다.

방문자 수나 팔로워 수 등의 수치만 확인해서는 제대로 된 인플루언서 홍보 효과를 기대하기가 어렵습니다. 따라서 해당 인플루언서가 평소 어떤 주제의 콘텐츠를 주로 업로드하고, 사람들과 진짜 소통을 활발히 하는지 꼼꼼히 체크해야 합니다. 해당 인플루언서가 내가 홍보하고자 하는 펀딩의 주제와 관련된 사람들과 활발한 SNS 소통을 하고 있다면 내가 진행하는 펀딩을 알리는 데 적합한 인플루언서라고 판단할 수 있습니다.

3) 체험단 또는 이벤트를 활용한 홍보

내가 진행하는 펀딩을 홍보하는 전단을 나누어준다고 생각해보겠습니다. 나 혼자서 전단을 나누어주면 1시간에 100장밖에 배포하지 못하지만 10명이 함께 한다면 1,000장을, 100명이 함께 한다면 1만 장을 배포하는 효과를 누릴 수 있습니다.

나의 지식, 경험, 노하우를 펀딩한다면 체험단을 위한 PDF 전자책 및 온라인 강의를 제공해줌으로써 사전에 체험단이 이용하게 해본 뒤 체험 후기를 받아, 해당 펀딩 참여를 고민하는 잠재 고객들에게 신뢰감을 줄 수 있습니다. 그리고 체험단에게 피드백을 받음으로써 펀딩 결과물의 완성도를 높이는 효과까지 얻을 수 있습니다.

이벤트를 진행하는 것도 추천합니다. 와디즈와 텀블벅 등의 크라우드 펀딩 플랫폼 내 이벤트도 있지만, 내가 운영하는 SNS 채널을 활용한 이벤트 기획 및 진행도 필요합니다. 이 이벤트의 최종 목적은 적극적인 입소문을 유도하는 것입니다. 따라서 펀딩 프로젝트를 진행한다는 단순한 정보 전달이 아닌 나와 관심사가 비슷한 사람들이 자신들이 운영하는 SNS 채널로 내 펀딩 프로젝트를 공유해 퍼져나가게 할 만큼 매력적인 정보를 제공해야 합니다.

이벤트 진행 시 음료 상품권이나 외식 상품권 등의 경품을 제공하면 확장의 속도와 범위가 더욱 빠르고 커지게 되니 내가 제공할 수 있는 경품의 기준을 세우고 제공하는 것도 추천합니다.

지금까지 나의 영향력의 크기를 키우는 기회의 장 크라우드 펀딩에 대해서 알아봤습니다. 영향력을 키우지 않고 퍼스널 브랜딩을 구축하려는 것은 간판 없이 가게를 여는 것과 같다고 생각합니다. 크라우드 펀딩은 나를 모르는 잠재적 고객들에게 나라는 브랜드를 알릴 기회를 제공합니다. 단순히 프로젝트만 업로드하고 누군가 펀딩해주기만을 기다리기보다는 앞서 설명한 세 가지 홍보 전략을 활용해 펀딩의 제대로 된 효과를 누리길 바랍니다.

나의 무기가 되어줄 커뮤니티

최근에는 '매체(Meadia)'와 '상거래(Commerce)'를 합친 용어인 '미디어커머스 (Media Commerce)'가 중요한 키워드로 등장하고 있습니다. 제품을 소개하는 광고 콘텐츠를 제작한 뒤 기업이나 브랜드의 SNS 채널에 업로드하는 과거의 방식이 아닌 커뮤니티를 중심으로 미디어커머스를 운영하는 브랜드가 늘어나고 있습니다. 오늘의 집, 당근마켓, 무신사, 마켓컬리 등이 모두 이 경우에 속합니다.

소비자들의 라이프 스타일과 취향이 마이크로해지고 다양해지면서 브랜드와 기업은 소비자들의 니즈에 충족하는 제품과 서비스를 발 빠르게 제공하기 위해서 그들의 취향과 라이프 스타일이 반영된 유의미한 데이터 확보가 꼭 필요하게 되었습니다. 하지만 개인정보 보호 정책으로 인하여 고객들의 데이터를 확보하는 데 어려움을 겪게 되면서 기업은 같은 관심사와 취향을 가진 사람들이 모인 커뮤니티에 집중하게 됐습니다.

무신사의 경우 조만호 전 대표가 고등학교 재학 중 운영하던 프리챌 운동화 동호회 '무진장 신발 사진 많은 곳'이 시초가 되었습니다. 무신사라는 이름 역시 이 커뮤니티 이름의 앞 글자를 따서 만들었습니다. 당시 한정판 스니커즈 사진 및 스트리트 패션 자료를 올리며 패션에 관심 있는 사람들이 자연스럽게 모이기 시작했습니다. 이후 2005년에는 '무신사 매거진'이라는 패션 전문 웹진 형태로 진화해나갔고 2009년에는 동대문 의류 상가 제품들을 판매하는 '무신사 스토어'를 만들어 유통망을 구축했습니다. 이후 '무신사 스토어'를 하나의 커뮤니티처럼 만들어 구성원들을 대상으로 주기적인 이벤트를 개최하며 '무신사 스토어'를 패션 피플들의 놀이터로 만들었습니다. 현재 무신사는 창업 20여 년 만에 연간 거래액 2조 원을 기록하고 입점 브랜드 6,200여 개를 달성하며 국내를 대표하는 유니콘 기업으로 자리매김했습니다.

무신사는 일반 의류 쇼핑몰처럼 상품만을 판매하는 방식이 아닌 이용자끼리 정보를 공유하며 놀 수 있는 커뮤니티를 구축해 성장하고 있습니다. 무신사의 성장은 커뮤니티로 시작됐으며, 웹진과 같은 콘텐츠로 성장의 발판을 만들고 결국 커머스로 대한민국을 대표하는 브랜드가 되었습니다.

사람들은 콘텐츠를 보기 위해 커뮤니티에 모이며, 이 커뮤니티 내에서 해당 브랜드의 진정한 팬이 생기며, 이러한 팬들은 다시 해당 커뮤니티 내에서 콘텐츠를 생성하고 외부로 커뮤니티의 가치를 알리는 역할을 수행합니다. 이를 통해 새로운 사람들이 계속 유입되면서 커뮤니티는 점차 성장하고, 동시에 이러한 커뮤니티가 강력한 팬덤을 형성함으로써 한 단계 도약을 이루게 됩니다.

책 《타이탄의 도구들》[6]을 보면 《와이어드》 매거진을 창간한 케빈 켈리의 '1,000명의 진정한 팬' 이론이 나옵니다. 케빈 켈리는 "성공은 복잡할 필요가 없다. 그냥 1,000명의 사람을 지극히 행복하게 만들어주는 것에서 시작하면 된다."라고 말합니다.

무신사를 비롯한 국내 유니콘 기업들의 공통점이 바로 커뮤니티를 기반으로 한 진정한 팬의 비율이 높고, 그들이 콘텐츠의 소비자인 동시에 생산자가 된다는 점입니다. 그만큼 브랜드를 운영할 때 커뮤니티를 통한 진정한 팬, 고객들과 소통하는 것은 중요합니다.

개인이 브랜드가 되기 위한 커뮤니티 운영 전략

지금까지는 기업이 운영하는 브랜드의 관점에서 커뮤니티의 중요성을 알아봤습니다. 그렇다면 개인에게도 커뮤니티가 중요할까요? 결론부터 말하자면 아주 중요합니다. 앞으로의 시대는 개인에게도 커뮤니티가 중요한 시대가 될 것입니다.

---

[6]
《타이탄의 도구들》(팀 페리스 저/박선령·정지현 역, 토네이도, 2022)

◀ 필자는 육아 커뮤니티를 운영하며 다양한 업체들과 제휴해 카페 대문 배너 광고를 진행하는 등의 방식으로 수익을 올렸다.[7]

◀ 필자는 자기 계발 커뮤니티를 운영하며 퍼스널 브랜딩과 자기 계발에 대한 정보를 공유하고, 자기 계발 주제 출판사와의 출간 마케팅을 진행하는 등의 방식으로 수익을 올렸다.[8]

7) ....

필자가 운영 중인 커뮤니티 〈아빠와 삼촌이 만든 육아카페〉 메인 화면, https://cafe.naver.com/ahsam6

8) ....

필자가 운영 중인 커뮤니티 〈라브연 아카데미〉 메인 화면, https://cafe.naver.com/abbadongdong

앞 그림의 두 커뮤니티는 필자가 운영하는 카페로 해당 주제와 관련된 구성원들이 하나둘 모이기 시작하면서 필자가 구축하고자 하는 브랜드에 힘이 생기는 것을 경험했습니다. 단순히 사람들이 모이고 게시판에 글을 올리는 것이 전부인 네이버 카페와 같은 커뮤니티에서 어떻게 수익을 창출할 수 있는지에 대한 의문이 생길 수 있습니다. 이어지는 내용에서 네이버 카페를 통해 수익을 올릴 수 있는 방법들을 알아보겠습니다.

- 임대 수익 ┃ 게시판 및 카페 대문, 배너 임대를 통한 수익 창출
- 상품 판매 수익 ┃ 자기 계발에 필요한 독서대, 필기구와 같은 커뮤니티 주제와 관련된 용품의 공동 구매 진행을 통한 수익 창출 또는 영상 강의 및 PDF 전자책 판매와 같은 서비스 판매를 통한 수익 창출
- 유료 회원제 ┃ 유료 회원제 운영 및 유료 회원 전용 게시판 생성 등을 통한 수익 창출
- 관련 제품 홍보 ┃ 자기 계발 도서의 신간 출간 시 출판사와 출간 마케팅 진행과 같은 커뮤니티 주제와 관련된 제품 홍보를 통한 수익 창출

운영하는 커뮤니티에 명확한 주제와 목적이 생김에 따라 사람들이 모이면 수익이 찾아옵니다. 커뮤니티의 규모가 100명일 때와 1,000명일 때의 수익은 다릅니다. 커뮤니티가 성장할수록 수익이 더 크게 찾아옵니다.

여기서 중요한 사실은 네이버 카페 등의 커뮤니티 운영을 시작하는 데 투자금이 들지 않아 무자본으로 운영이 가능하다는 점입니다. 따라서 우리는 커뮤니티 운영을 시작하지 않을 이유가 없습니다. 여러분은 지금까지 이 책을 읽어오면서 나만의 명확한 메시지와 타깃을 설정했습니다. 나아가 대상 타깃이 궁금해하고 어려워하는 부분이 무엇이고, 내가 그것을 어떻게 해결해줄 수 있을지에 대한 고민도 계속해서 했습니다. 그 하나하나의 고민을 내 커뮤니티의 뼈대, 즉 내 커뮤니티의 카테고리로 만들면 됩니다.

회사에서 신입 사원으로 입사해 대리-과장-차장-부장 순서로 승진하면서 성장하는 데는 절대적인 시간이 필요합니다. 커뮤니티 성장 역시 마찬가지입니다. 처음 1명의 멤버를 시작으로 점차 성장하려면 절대적인 시간이 필요합니다. 그러니 하루라도 빨리 나만의 커뮤니티를 구축하길 바랍니다.

탄탄한 커뮤니티 확장을 위한 세 가지 마인드

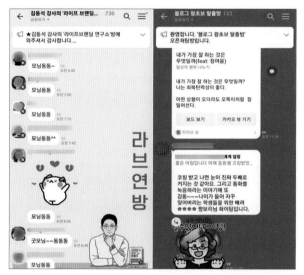

▲ 필자가 운영 중인 커뮤니티인 카카오톡 오픈채팅 화면. 하나의 메시지를 통해 뭉친 구성원들이 다양한 정보를 공유하며 끈끈하게 소통하고 있다.

내가 운영하려는 커뮤니티가 네이버 카페이든 밴드이든 카카오톡 오픈채팅 단톡방이든 플랫폼은 중요하지 않습니다. 어떤 플랫폼을 활용하든 커뮤니티를 통해 같은 관심사를 가진 사람들과 함께 정보를 나누며 성장하겠다는 마음가짐만 있으면 충분합니다. 커뮤니티 구성원들을 확보해 수익을 올리기 위해서는 다음 세 가지 마인드를 장착해야 합니다.

- 첫째 **장기간 운영** | 단기간에 수익이 나지 않습니다. 최소 6개월 이상의 기간을 두고 커뮤니티 운영에 집중해야 합니다.
- 둘째 **기버(Giver) 마인드** | 초반 커뮤니티의 성장을 위해서는 내 커뮤니티와 결이 맞는 다른 커뮤니티에서 구성원으로 활동해야 합니다. 타인의 도움을 받으려면 나도 도움을 줘야 하는 것처럼, 내가 가진 것을 다른 커뮤니티에서도 나누며 적극적인 자세로 소통해야 합니다.
- 셋째 **커뮤니티의 명확한 메시지와 제공할 가치 정립** | 필자가 10명 내외의 작은 커뮤니티부터 1,000명 이상의 대형 커뮤니티를 운영하면서 가장 중요하다고 느꼈던 점은 커뮤니티의 명확한 메시지와 제공할 가치의 정립이었습니다. 커뮤니티 구성원이 1,000명이라고 하더라도 모든 구성원이 커뮤니티의 진짜 팬이 되는 것은 아닙니다. 커뮤니티를 떠나는 구성원도 존재합니다. 그렇다면 왜 떠나게 될까에 대한 생각을 해봐야 합니다. 결국 내가 운영하는 커뮤니티에서 얻을 수 있는 정보가 없거나, 내가 운영하는 커뮤니티 이상의 가치를 주는 다른 커뮤니티를 만났기 때문일 것입니다.

하지만 이제 막 커뮤니티를 운영한 사람이라면 회원 수에 연연하게 됩니다. 마치 블로그를 시작하고 오늘 방문자 수가 얼마나 올랐고, 인스타그램이나 유튜브를 운영하면서 팔로워와 구독자가 얼마나 늘어났는지 실시간으로 확인하는 것처럼 커뮤니티 운영 역시 회원 수가 몇 명이 증가했는지, 몇 명이 줄었는지에 따라 그날 하루의 기분이 좋기도 하고 우울하기도 합니다. 하지만 모든 구성원을 평생 데려갈 수는 없습니다. 따라서 한 달에 30명이 나갈 것을 10명까지 낮춰보자는 목표를 설정하는 것이 커뮤니티를 지속해서 운영하기에 더 적합한 마인드입니다.

회원이 빠져나가는 것을 줄이기 위해서 필요한 것이 바로 세 번째 요소인 메시지와 제공할 가치 정립입니다. 이를 위해서는 MTS 시스템을 통해 타깃의 문제점을 파악한 후 그것에 대한 솔루션을 제공해줘야 합니다. 그리고 내가 얻은 경험과 지식을 아낌없이 내어줘야 합니다. 그래야 오래도록 머무르고 싶은 커뮤니티가 되고 그 커뮤니티의 진짜 팬들이 콘텐츠의 소비자인 동시에 콘텐츠의 생산자가 되어줍니다. 그리고 그들의 홍보로 새로운 유입자들이 들어오게 되면서 커뮤니티는 늘 흐르는 물처럼 신선함을 유지할 수 있게 됩니다.

커뮤니티 운영 전략

커뮤니티 운영을 시작할 때는 어떤 방식으로 커뮤니티를 운영할지 결정해야 합니다. 이때는 운영 방식을 세분화해서 고민할 필요가 있습니다. 커뮤니티 운영 방식은 크게 두 가지 유형으로 나눌 수 있습니다.

첫째 행동 변화 촉구형 커뮤니티

둘째 인사이트 제공형 커뮤니티

우리는 대부분 커뮤니티 리더라고 하면 해당 분야의 지식, 경험 등이 출중하여 회원들이 묻는 말에 짜임새 있는 답을 내놓아야 한다고 생각합니다. '인사이트 제공형 커뮤니티'를 운영해야 한다고 생각하는 것입니다. 하지만 처음부터 인사이트 제공형 커뮤니티를 운영할 필요는 없습니다.

처음 커뮤니티 리더가 된다면 '행동 변화 촉구형 커뮤니티'를 운영해보길 바랍니다. 챌린지를 생각해보면 쉽게 이해가 될 것입니다. 새벽 5시에 일어나는 기상 챌린지 커뮤니티, 매일 아이와 함께 1일 1권의 독서를 하는 자녀 독서 챌린지 커뮤니티, 매일 건강을 위해 식단을 조절하고 운동을 하는 건강 관리 챌린지 커뮤니티 등이 대표적인 행동 변화 촉구형 커뮤니티의 예입니다. 이런 커뮤니티의 운영 목적은 행동 변화를 촉구하며 함께 좋은 습관을 형성하기 위해 서로 응원하고 소통함에 있습니다. 따라서 관련 지식이 조금 부족하더라도 부지런하고, 꾸준하면 충분히 커뮤니티를 운영할 수 있습니다.

그래도 감이 잡히지 않는 분들을 위해 구체적인 예를 들어보겠습니다. 6~9세 미취학 아동에서 초등 저학년 자녀를 둔 30대 엄마들을 대상으로 아이와 매일 하루 한 권 독서 챌린지를 운영하게 됐다고 생각해보겠습니다. 모집 공고를 올리고 카카오톡 오 픈채팅 단톡방에 모이게 합니다. 챌린지 기간 및 진행 방식과 규칙을 정합니다.

> 퇴근 후 매일 저녁 6~9시 사이 아이와 함께 소리 내어 한 권의 책을 읽고 저녁 11시 전까 지 아이와 함께 읽은 책의 사진과 엄마가 읽어준 음성 파일을 단톡방에 업로드한다. 인증 은 평일 5일간 진행하며 주말에는 자유롭게 독서를 이어나간다.

이렇게 한 달간의 챌린지를 진행하면 퇴근 후 저녁 시간 단톡방에는 매일 인증 사 진과 녹음 파일이 올라오게 됩니다. 리더는 지정된 11시가 되기 1시간 전인 10시에 업로드한 회원을 확인하고 아직 업로드하지 않은 회원의 참여를 독려하면 됩니다. 그 리고 30분 전인 10시 30분에 아직 업로드하지 않은 회원들을 대상으로 2차 참여를 독려하면 됩니다. 간단하지 않나요?

처음 일주일간 "OO맘 님, 아직 인증을 올리지 않았는데 서둘러 인증 부탁드립니 다."라는 말로 회원을 독려하다 보면 조금 더 참여율을 높이기 위해 회원을 자극할 수 있는 문구가 없을까를 고민하게 됩니다. 그렇게 고민하다 보면 독려의 말도 "미취학 ~초등 저학년 시기 아이는 독서의 경험을 통해 언어의 구조와 어휘를 배우게 되고, 이를 활용해 말하기와 글쓰기를 익힌다고 합니다. 오늘 내 아이와 함께 읽은 한 권의 책이 아이의 내일을 만듭니다. OO맘 님 아이의 내일을 위한 독서 놓치지 마시고 인 증 마무리 부탁드립니다."처럼 독려하는 문구가 바뀌게 됩니다.

변화가 느껴지나요? 한 번에 해당 분야의 전문성을 쌓아 인사이트 제공형 커뮤니 티를 만들기는 어렵습니다. 우리가 회사에서 해당 업무의 경력을 쌓아가며 더 큰 의 사 결정을 할 수 있는 것처럼 커뮤니티 운영 역시 마찬가지입니다. 참여 독려를 효과 적으로 하기 위해 노력하는 것처럼, 커뮤니티를 운영하다 보면 커뮤니티 구성원들에게 양질의 정보를 주기 위해 관련 주제의 공부를 하기 시작합니다. 커뮤니티 운영을 함으로써 내가 하는 공부에 목적이 생기고 방향성이 정해지는 것입니다. 그럼 공부가 재미있어지기 시작합니다. 공부한 내용을 자꾸 구성원들에게 알려주고 싶어집니다. 이는 헨리 뢰디거·마크 맥대니얼·피터 브라운의 책《어떻게 공부할 것인가》[9]에 나오는 '인출 연습'을 실전에 적용한 것과 같습니다. 단순히 읽고, 듣기만 한 지식은 곧 기억에서 사라지게 됩니다. 일정한 간격을 두고 퀴즈나 시험 또는 설명하기, 말하기와 같은 인출 연습을 반드시 교육 프로그램에 포함해야 망각을 막고 진정한 내 지식으로 만들 수 있습니다.

커뮤니티 구성원들에게 내가 읽었던 자녀들의 문해력, 독서법, 독후 활동의 방법 및 효과에 대한 내용들을 전달하기 위해 정리해 글을 쓰고 말을 하는 행위가 인출 연습 그 자체인 것입니다. 이렇게 하면 내용을 암기하려고 노트에 가득 쓰지 않아도 자연스럽게 내 지식이 되는 경험을 하게 될 것입니다.

커뮤니티 리더로서 또 한 번 도약하기 위해서 필요한 것은 '질문'입니다. 커뮤니티 구성원들에게 직접 질문을 합니다. 직접 게시판이나 단톡방에 질문을 하고 답변을 올리도록 하는 것도 방법이지만, 네이버 폼이나 구글 폼을 활용해 5~10문항 정도의 간단한 설문 조사를 기획해보는 것을 추천합니다.

5~10문항의 설문 조사를 만들면서 많은 정보를 찾아보는 과정 하나하나가 공부가 되고 정말 필요한 질문들을 만들고 다듬어가면서 얻어진 정보들은 나의 장기 기억으로 넘어가 커뮤니티 운영 전략 및 방향성의 탄탄한 뼈대를 만들어줍니다.

다음 질문은 필자가 하루 한 권 아이와 함께 독서하기 커뮤니티를 운영한다면 구성원들에게 물어보고 싶은 내용을 작성해본 것입니다. 관련된 책을 읽기도 하고, 어린이 문해력, 어린이 독서, 글쓰기 관련 자료들을 찾아가며 약 1시간을 들여 만들어

---

[9] 《어떻게 공부할 것인가》(헨리 뢰디거·마크 맥대니얼·피터 브라운 저/김아영 역, 와이즈베리, 2014)

낸 10가지 질문입니다.

질문01   아이는 몇 살이며 및 한 달 평균 독서 권수는 몇 권입니까?

질문02   온 가족이 함께 모여 식사나 대화하는 횟수는 얼마입니까?

질문03   하루 동안 아이가 TV 및 유튜브 등 영상 매체를 시청하는 시간은 얼마입니까?

질문04   아이의 한자 교육이 필요하다고 생각하십니까? 그렇게 생각한다면 이유를 간단히 작성해주세요.

질문05   아이와 함께 독서할 때 어려운 점은 무엇입니까?

질문06   아이가 책을 읽고 줄거리나 감상을 말할 수 있습니까?

질문07   그날 읽을 책은 아이, 부모 중 누가 고릅니까? 그렇게 고르게 된 이유를 간단히 작성해주세요.

질문08   아이가 어제 읽었던 책을 또다시 가져온다면 새로운 책 읽기를 유도합니까? 아니면 아이가 가져온 책을 읽어줍니까?

질문09   아이가 책을 2/3 정도 읽다가 멈추려고 한다면 독서는 습관이니 힘들어도 참고 읽게 합니까? 아니면 아이가 그만 읽자고 하니 멈춥니까?

질문10   아이에게 책을 읽어줄 때 흥미 유발을 위해 최대한 과장하여 재미있게 읽어줍니까? 아니면 단어를 정확히 인지할 수 있도록 차분하게 읽어줍니까?

10가지 질문을 통해 미취학 아동~초등 저학년 자녀를 둔 부모들이 자녀와 독서를 할 때 어떤 식으로 진행하는지, 부모들이 아이와 독서를 할 때 궁금해하고 어려워하는 부분이 무엇인지를 파악할 수 있을 것입니다. 그러면 파악한 정보를 바탕으로 관련된 책이나 강의, 신문 기사 및 통계 자료, 다큐멘터리 등을 통해 전문성 있는 자료들을 하나하나 모으게 되고, 모은 정보들을 나만의 언어로 재해석해서 커뮤니티 구성원들에게 글이나 말로 전달하면서 나의 전문성은 성장하게 됩니다.

설문 조사로 사람들의 생각을 조사하는 것이 정말 매력적인 이유는 대중이 원하는 것에 관한 이해도가 높아진다는 점입니다. 시장의 수요자들이 진짜 원하는 것에 대한 사전 파악 없이 단순히 전문적인 내용만을 정리해서 그것을 설명하려고 하면 대중의 선택과 공감을 얻어내지 못할 것입니다. 이는 결국 해당 분야에 대한 지식은 많지만, 자신이 제공하는 콘텐츠와 대중이 필요로 하는 정보의 불일치로 나만의 업을 통해 콘텐츠를 만들고 수익화를 하는 데 큰 걸림돌이 될 것입니다.

커뮤니티의 주인공은 리더가 아닌 구성원이 되어야 하며, 함께 공부하고, 함께 성장하는 커뮤니티가 더욱 끈끈하고 오래갑니다. 이렇게 행동 변화 촉구형 커뮤니티를 시작으로 그 안에서 커뮤니티 구성원들이 원하는 니즈를 캐치해, 내가 먼저 공부하고 정리해서 알려줌으로써 나도 성장하고 구성원도 함께 변화하는 커뮤니티의 선순환 구조가 만들어지면, 그간 쌓은 지식, 경험, 노하우를 바탕으로 두 번째 커뮤니티 유형인 인사이트 제공형 커뮤니티로 발전하는 것입니다. 이러한 발전은 커뮤니티 리더의 성장과 더불어 구성원들의 수준까지도 함께 성장하는 효과를 내게 됩니다.

필자가 늘 강조하는 포인트 중 하나가 역지사지의 자세입니다. 커뮤니티에서 소통할 때 나에게 잘 대해주는 상대가 나타나면 그제야 마음의 문을 열고 친해지려 합니다. 하지만 반대로 내가 먼저 좋은 사람이 되려는 생각과 시도는 하지 않는 것은 아닌지 생각해봐야 합니다.

자신만의 커뮤니티를 빠르고 탄탄하게 구축한 사람들의 공통점 중 하나는 먼저 다가가고, 먼저 알려준다는 점입니다. 《연결하라》[10]의 저자 아이번 마이즈너는 성공적인 비즈니스 네트워킹을 위해서는 먼저 상대에게 도움을 주라고 강조합니다. "유능한 선수는 경기 하나를 이기지만 훌륭한 팀워크는 우승을 가져온다."라는 전설적인 농구 선수 마이클 조던의 말처럼 아무리 유능한 개인도 커뮤니티를 당할 수 없다는 사실을 기억해야 합니다.

---

10) 《연결하라》(아이번 마이즈너 외 저/존윤 역, 올림, 2014)

내가 세상에 전하려는 메시지와 같은 목소리를 내는, 나와 주파수가 같은 사람들이 모이면 모일수록 커뮤니티에는 '영향력'이 생기게 됩니다. 그로 인해 더 많은 기회가 나와 우리 커뮤니티에 찾아오고 탄탄한 수익 또한 확보되며 회사 밖에서도 통하는 나만의 넓고 깊은 업의 그릇이 만들어지게 됩니다.

퍼스널 브랜딩의 꽃 :
나도 출간 작가

확실한 퍼스널 브랜딩을 원한다면 책을 쓰자

필자의 경험상 책 출간은 퍼스널 브랜딩의 끝판왕임이 분명합니다. 하지만 혹자는 말합니다. "책 한 권 낸다고 인생 달라지지 않는다."라고 말입니다. 이 말은 반은 맞고, 반은 틀리다고 생각합니다. 한 권의 책이라도 어떤 책을 출간했는지에 따라 그 책 한 권이 삶의 터닝포인트가 되어 새로운 수익화 기회를 가져옵니다. 물론 책 판매 부수에 따라 받는 인세라는 수익도 올릴 수 있습니다.

첫 책을 출간하며 필자에게 찾아온 가장 큰 변화를 꼽으라면 스스로 콘텐츠를 확장해내는 '자생력'이라는 무기를 장착했다는 점입니다. 어떤 분야든 책의 원고를 쓰기 위해서 저자는 끊임없이 자료를 수집하고 정리하며 공부합니다.

'가르치는 것은 두 번 배우는 것이다.'라는 말이 있습니다. 내가 공부한 내용을 원고로 정리하는 것은 내 지식, 경험, 노하우를 독자에게 가르치는 것과 같다고 생각합니다. 이렇게 독자를 가르치기 위해 책을 쓰다 보면 저자는 자연스럽게 두 번 배우게 됩니다. 이처럼 한 권의 책을 출간하면 해당 분야의 준전문가 이상으로 올라설 수 있기 때문에 출간 후 판매량이 저조하다고 해도 책 출간의 가장 큰 수혜자는 저자임이 분명합니다.

앞서 회사 밖에서도 통하는 나만의 업의 그릇을 만드는 과정에서 '씨앗'이 되어주는 콘텐츠가 있다고 했습니다. 대표적으로 PDF 전자책이 있었습니다. 그런데 여기에는 중요한 전제 조건이 붙는다고 했습니다. '제대로 만든'입니다. 전자책과 마찬가지로 종이책 역시 누군가 하라고 하니까 성급한 마음에 나도 얼른 도전해야겠다는 식으로, 제대로 기획하지 않고 씨앗을 뿌리면 달콤하고 탐스러운 과실을 맺지 못합니다.

퍼스널 브랜딩의 최종 단계에서의 씨앗은 종이책 출간입니다. 제대로 만들어진 책의 파급력은 상상 이상입니다. 어떤 차이가 있을까요? 책 출간 전 강의를 나가면 "김동석 강사님을 큰 박수로 맞이해주시기를 바랍니다."라는 사회자의 소개를 받았지만 출간 이후 강의를 나가면 《네이버 블로그로 돈 벌기》의 저자 김동석 강사님을 소개합니다."라는 사회자의 소개를 받고 연단에 오릅니다.

책의 저자라고 소개받고 연단에 오르면 청중의 신뢰도가 상승함을 느낍니다. 그뿐만이 아닙니다. 책 출간 덕분에 네이버를 비롯한 검색 포털의 인물 검색에 노출되는 기회를 얻을 수도 있습니다. 포털에 내가 검색되는 것은 일종의 명함과도 같은 역할을 해줍니다. 이제 누군가를 처음 만나서 나에 대해 소개할 때 긴 설명보다는 "네이버에 '김동석'이라고 검색하면 나옵니다."라는 한 마디로 나를 소개합니다. 이렇게 나를 소개하면 상대가 나를 바라보는 눈빛이 달라짐을 느끼기도 합니다.

그뿐만 아니라 나만의 콘텐츠를 담은 책 한 권은 수천, 수만 명의 독자와 만날 기회를 주고, 강의 섭외 등 새로운 비즈니스의 길을 열어주기도 합니다. 이렇게 신뢰도를 가진 영향력 있는 인물이 되고, 많은 비즈니스 및 수익화 기회와 만날 수 있기 때문에 책 출간이 퍼스널 브랜딩의 끝판왕이라고 부르는 것입니다.

여러분께 당부하고 싶은 말은 '글을 못 쓰더라도 책 출간은 절대 포기하지 말자'입니다. 80~100페이지 분량의 PDF 전자책으로 수십, 수백만 원의 수익을 올렸다 하더라도 한 권의 정식 출간된 종이책이 주는 힘과는 비교가 불가합니다. 그래서 필자는 강조합니다. 제대로 된 퍼스널 브랜딩 구축과 이를 통한 수익화를 원한다면 책을 쓰라고 말입니다.

여러분도 이제 책 출간의 중요성은 충분히 알겠지만, 어떻게 제대로 된 책을 기획하고 출간할 수 있는지 궁금할 것입니다. 그럼 본격적으로 책 출간을 위해 꼭 필요한 전략에 대해 자세히 알아보도록 하겠습니다.

출판사를 사로잡는 출간 기획서 작성하기

여러분은 지금까지 타깃의 문제점을 해결해주기 위한 콘텐츠를 만들고, 동시에 세상에 전하고자 하는 나만의 메시지를 찾기 위해 다양한 방법으로 탐색했습니다. 이 내용들을 바탕으로 내 이름으로 된 책 출간에 도전해볼 수 있습니다.

책을 출간하기 위해서는 출간 기획서를 써야 합니다. 내가 구상하고 있는 책을 출판사에 선보이는 소개 글이 출간 기획서이기 때문에 아주 중요합니다. 이 기획서를 잘 쓰면 원고가 없어도 계약과 출간까지 이어질 수 있습니다. 하지만 아무리 원고가 좋아도 기획서를 제대로 작성하지 못하면 출간은 고사하고 출판사와의 미팅 자리조차 마련되지 않습니다.

책 역시 매대에 진열된 하나의 상품입니다. 그렇다면 책에 독자들이 읽고 싶은 욕구가 들거나 흥미를 느낄만한 요소가 담겨 있어야 합니다. 어떤 예비 독자가 내 책을 골랐다면 분명히 이 책을 통해 얻고자 하는 것이 있었을 것입니다. 그 독자의 욕구를 충족해줄 수 있는 콘셉트나 내용이 담긴 책이 사람들에게 사랑받을 수 있으며 출판사 에디터 역시 이 내용들이 잘 담긴 출간 기획서를 주의 깊게 살펴보고 선택하게 될 것입니다.

단순히 책을 쓴다는 생각에서 벗어나 책을 하나의 상품으로 바라봐야 합니다. 출판사에 접수된 수많은 출간 기획서 사이에서 내 기획서가 돋보이기 위해서는 다른 기획서들과 차별화되는 매력이나 개성이 있어야 합니다. 그저 막연히 쓰는 게 아니라 이러한 관점을 가지고 출간 기획서를 작성한다면 내 책의 차별점을 더욱 강렬하게 전달해 출판사를 설득할 수 있습니다.

출간 기획서는 출판사가 저자와 사전 미팅을 결정하는 것부터 이후 계약, 출간까지 이어지게 하는 결정적인 문서인 만큼 저자들은 자신의 노하우를 담아 출간 기획서 작성에 엄청난 에너지를 쏟아붓습니다. 많은 에너지를 쏟은 기획안이라 저자들이 공개를 꺼려서 그런지 각 출판사의 출간 기획서 양식은 인터넷 검색만 해도 쉽게 구할 수 있지만, 실제 출간으로 이어진 출간 기획서를 살펴보기는 정말 어렵습니다. 필자 역시 첫 책의 출간 준비를 하면서 정말 많은 검색을 했지만 실제 출간으로 이어진 출간 기획서를 보지 못했으며, 책 쓰기 관련 도서에서도 저자 자신의 출간 기획서를 공개한 책은 보지 못했습니다. 출간으로 이어진 출간 기획서를 참고하고 싶지만, 그럴 수 없어 답답했던 기억이 납니다.

퍼스널 브랜딩 구축과 퍼스널 브랜딩을 통한 수익화를 위해 책 출간을 준비하고자 하는 여러분들의 답답함을 해소하기 위해, 이 책에 필자가 작성한 실제 출간 기획서를 공개하고자 합니다. 실제 책으로 출간될 예정인 필자의 출간 기획서를 통해 책 출간을 꿈꾸는 여러분이 도움을 받았으면 합니다.

책 출간과 관련해 많이 나오는 질문 중 하나가 바로 "출간 기획서는 원고 작성 전·중·후 중 언제 쓰는 게 좋을까요?"입니다. 결론부터 말하자면 원고 작성 전에 써야 합니다. 앞서 책은 하나의 상품과 같다고 말했습니다. 원고 작성 중이나 후에 출간 기획서를 쓰는 것은 회사에서 신제품을 출시하는데 이 물건을 구매할 대상 타깃들의 니즈와 경쟁사의 제품 출시 현황, 경쟁사 제품들과 차별화되는 우리 제품만의 장점 등을 미리 파악하지 않고 일단 물건을 만드는 중이나 물건을 만든 뒤에 제품 기획서를 쓰는 것과 같습니다.

건축물을 지을 때 어떤 크기로 어떤 재료를 사용해 지을 것인지 설계도를 통해 사전에 계획하는 것처럼 책을 출간할 때는 출간 기획서가 설계도와 같은 역할을 합니다. 이 기획서를 제대로 작성했을 때 주제가 분명하고, 독자들의 선택을 받는 좋은 원고를 쓸 수 있습니다.

따라서 출간 기획서는 본격적인 원고를 쓰기 전 충분히 고민해 작성한 뒤 본격적인 집필에 들어가야 합니다. 그리고 원고를 쓰면서 틈틈이 수정 및 보완을 하면서 최신성을 유지해주는 것이 좋습니다.

그럼 본격적으로 필자가 출판사와 계약 후 출간 준비 중인 책《하루 10분 아빠와 함께하는 집콕 놀이 처방전(가제)》의 출간 기획서를 예시로 출간 기획서를 작성하는 방법을 상세히 설명하겠습니다.

출간 기획서

제목(가제)	• 1안 : 하루 10분 아빠와 함께하는 집콕 놀이 처방전 • 2안 : 직장인 아빠의 현실에서 써먹는 기적의 아빠표 놀이 육아
기획 의도	육아 관련 설문 조사에서 아내가 남편에게 가장 바라는 육아 1위가 바로 아이와 함께하는 놀이(52%)였습니다. 또한 좋은 아빠, 좋은 남편의 조건을 묻는 질문에서도 아이와 잘 놀아주는 남편(47%)이 1위였습니다. OECD 통계에 따르면 우리나라 아빠들이 평일 저녁 아이와 함께 보내는 평균 시간이 '6분' 미만이라고 합니다. 실제 아빠들을 대상으로 한 설문 조사에서 56%의 아빠들이 퇴근 후 집에 와서 아이와 어떻게 놀아줘야 할지 모르겠다고 응답할 만큼 아빠의 육아, 아빠의 놀이는 '몰라서 못 하는' 경우가 대부분이었습니다. 이런 상황을 고려해 아빠가 아이와 놀아주는 '놀이 육아법'을 안내하는 책을 쓰고자 합니다.

| 콘셉트 | • 퇴근 후 10분, 아이에게 멋진 아빠를 선물하세요! 퇴근 후 아주 잠깐이라도 좋으니 아이와 함께 놀자! 쉽고 재미있게 아이와 친해지고 아이와 놀아줄 수 있는 방법과 노하우를 방출해 육아에서 아빠가 엄마를 보조하는 역할이 아닌 당당한 주인공이 되게 한다. |
| | • '홈트'가 유행인 것처럼 '홈체'(집에서 하는 유아체육)의 새로운 장을 아빠, 엄마에게 소개한다. |

제목(가제)

먼저 책의 제목이 무엇인지 작성해야 합니다. 이때 책의 제목은 확정된 제목이 아닌 가제로, 내가 쓸 원고의 핵심을 압축해 나타내면 좋습니다. 실제 제목은 원고 편집 과정에서 출판사 담당 에디터와 논의해 실제 출간 시기의 트렌드에 맞는 제목으로 얼마든지 바꿀 수 있습니다.

기획 의도와 콘셉트

다음으로 작성해야 할 부분은 이 책의 기획 의도와 콘셉트입니다. 이 책이 필요한 시대적인 배경, 책이 가지고 있는 차별성이 무엇인지, 책에서 주로 다루고 있는 내용이 무엇인지 등을 구체적으로 설명하는 과정입니다. '콘셉트(Concept)'는 '하나로 모아(Con)'와 '꼭 붙잡아 꿰다(Cept)'가 결합된 말로, 내용물을 하나로 꿰는 꼬챙이처럼 내 원고의 내용을 응축한 한 마디라고 할 수 있습니다. 따라서 강력한 콘셉트 한 줄이 있으면 출판사 에디터의 마음을 움직이는 힘이 생깁니다.

저자 소개	• 서울대학교 체육교육학과 운동생리학 전공 석사, 5년간 일산에 있는 운동 발달센터 운영
	• 유아체육 발달협회 자격증 과정 심사위원 활동, EBS 아빠육아 콘텐츠 출연
	• 아빠표 육아 블로그 운영 : https://blog.naver.com/ehdtjr516

대상 독자(타깃)	**주요 독자** • 4세~초등 저학년 자녀를 둔 아빠 또는 엄마 • 바쁜 일상으로 자녀와 함께 보내는 시간이 부족한 아빠 또는 엄마 • 아빠 놀이의 경험 부족으로 아이와 뭘 하고 놀아줘야 할지 모르는 아빠 또는 엄마 • 아빠의 육아 참여를 희망하고 아이와 잘 놀아주는 남편으로 변신하기를 희망하는 엄마 **확산 독자** 체육학, 유아체육을 전공한 학생, 어린이집 혹은 유치원 선생님, 특기적성 교육 강사
구성안(목차)	별도 파일 첨부(파일명 : 하루 10분 아빠와 함께하는 집콕 놀이 처방전 목차)

저자 소개

나를 소개하는 영역으로 해당 주제와 연관이 있는 본인의 경험과 이력을 쓰면 됩니다. 해당 주제와 관련한 콘텐츠를 발행한 SNS 채널 링크를 함께 적어도 좋습니다. 이때 SNS 채널에서 내 콘텐츠를 소비하는 사람들과 끈끈하게 소통하고 있고, 관련 주제로 콘텐츠 발행을 꾸준히 하고 있다면 출판사 에디터의 신뢰를 더욱 크게 얻을 수 있습니다.

대상 독자(타깃)

대상 타깃을 분석하는 것은 책 출간뿐만 아니라, SNS에 콘텐츠를 발행하고, 퍼스널 브랜딩을 구축할 때도 가장 중요한 부분입니다. 타깃은 존재하지 않는 무형의 존재여서는 안 되며, 현실에 분명하게 존재하는 유형의 존재여야 합니다. 그래야 타깃을 정확히 겨냥하는 콘텐츠가 나올 수 있습니다. 필자의 출간 기획서에서 볼 수 있는 것처럼 대상 타깃이 가진 문제점, 해결하고자 하는 욕구를 찾아내 역으로 그것을 충족해주고, 해결해주는 내용으로 구성하면 좋습니다.

타깃 설정은 구체적일수록 좋습니다. 단순히 자녀를 둔 아빠, 엄마라고 정하면 범위가 넓기 때문에 목차를 구성할 때 어려움을 겪을 수 있습니다. 타깃을 명확하게 설정해야 그들을 공략할 수 있는 선명한 주제와 구성안을 잡을 수 있게 됩니다. 그래서 필자는 가장 먼저 이 책을 읽게 될 주요 독자뿐만 아니라 확산 독자는 누가 될 수 있을지 분석하고 고민하는 데 많은 시간을 씁니다.

구성안(목차)

구성안(목차)은 별도의 파일로 정리해 첨부합니다. 목차만 잘 구성해도 책의 절반을 썼다고 말할 수 있습니다. 그만큼 목차를 짜임새 있게 잘 구성해두면 책을 쓰는 시간이 단축됨은 물론이고 글쓰기 부담감을 줄이는 데도 큰 도움을 줍니다. 무엇보다 출간 기획서를 읽는 출판사 에디터에게 내가 그리고 있는 책의 내용을 효과적이고 구체적으로 전달할 수 있습니다.[11]

구성 요소(내용)	**아빠의 육아 참여와 아이들과 함께하는 놀이가 아이의 미래를 결정한다!** 공부와 놀이를 함께 해결하는 직장인 아빠의 짬짬이 육아 노하우를 공개합니다. 아빠와 교류가 많으면 아이가 커서 사회적으로 자신의 능력을 잘 발휘하고 행복한 가정을 꾸릴 확률이 높은 것으로 밝혀졌습니다. 우리나라의 육아는 대부분 엄마의 몫입니다. 하지만 엄마의 관심사는 아이들의 공부, 학습에 치중돼 있습니다. 아이와 신체적 접촉을 해야 감정적으로 연결됩니다. 아이가 몸을 쓰는 즐거움을 느끼기 위해서는 아빠 육아, 아빠와 함께하는 놀이 체육이 중요합니다. 아빠가 지켜볼 때 아이들은 더 활동적으로 놀고 새로운 시도를 한다는 연구 결과가 있습니다. 아빠가 육아에 적극 참여할 수 있도록 하루 10분만 투자하면 누구나 유아 체육 강사로 변신할 수 있도록 쉽고 재미있게 구성했습니다.

11) 목차를 구성하는 방법과 팁은 CHAPTER 05-SECTION 02 중 '목차는 전자책의 기본 뼈대'(250페이지)에서 다루고 있습니다. 목차 구성이 어렵다면 해당 부분을 다시 정독하길 권합니다.

	이 책은 연령별 놀이, 장소별 놀이로 구분하던 기존 유사 주제 도서들과는 달리 아이의 성장 발달에 필요한 다섯 가지 감각 '고유수용감각, 촉각, 전정감각, 시지각, 청지각'과 네 가지 발달 영역 '신체적 발달, 정서적 발달, 인지적 발달, 사회적 발달'을 포함한 아홉 가지 신체적 기능에 맞춰 재미난 놀이로 구성했습니다. 집에 있는 간단한 도구(신문지, 종이컵, 페트병, 탁구공, 테이프, 풍선 등)만으로도 충분한 놀이가 가능하고, 도구가 없다면 아빠의 맨몸으로 재미난 놀이 진행이 가능하도록 구성했습니다.
예상 사양	• 페이지 수 : 약 250페이지 • 가격 : 18,000원 • 추가 콘텐츠 : 쉽게 따라 할 수 있는 영상 콘텐츠(샘플 영상 3편 파일 별도 첨부) 및 체크리스트

구성 요소(내용)

다음으로 써야 할 내용은 구성 요소(내용)입니다. 이때 이 책을 처음 써야겠다고 결심하게 된 계기나 사건, 지금 사회의 트렌드 등을 들면서 작성합니다. 구성 요소(내용)를 적을 때는 책의 주제를 담아 간략하게 한두 단락 정도로 요약한다고 생각하고 쓰면 좋습니다. 경쟁 도서와의 차별되는 점을 추가로 써주면 출판사 에디터를 설득하는 데 도움이 됩니다.

예상 사양

마지막으로 예상 사양을 작성합니다. 여기에는 페이지 수, 가격, 추가 콘텐츠를 적어주면 좋습니다. 필자는 이 책을 기획하면서 단순히 이미지와 설명만으로 구성된 경쟁 도서들과 달리 책에서 설명하는 놀이를 필자의 첫째 아들과 직접 시연해서, 이미지로 전달하기 힘든 현장감과 놀이 포인트를 영상 콘텐츠로 제공하는 콘텐츠와 아빠표 놀이를 매일 꾸준히 실천할 수 있는 체크리스트 콘텐츠를 추가 콘텐츠로 제안했습니다.

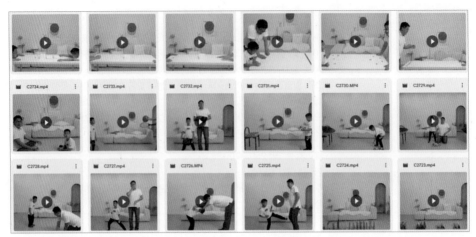

▲ 필자가 집필 중인 책 《하루 10분 아빠와 함께하는 집콕 놀이 처방전(가제)》의 영상 콘텐츠로 활용될 놀이 영상

위 그림은 필자가 출간 기획서에서 제안한 놀이 장면 영상 콘텐츠입니다. 출간 기획서 제출 당시 샘플 영상 3편을 첨부했으며, 실제 출간 미팅에서 출판사 에디터가 해당 기획서에서 매력을 크게 느낀 부분 중 하나가 바로 이 영상 콘텐츠였다고 말했습니다. 이처럼 출간 기획서를 풍부하게 준비하면 할수록 계약과 출간으로 이어질 확률이 높아집니다.

그 외 경쟁 도서 분석, 차별화 포인트, 출간하려는 주제의 시장 전망은 어떠한지, 출간 이후 마케팅을 할 때 어떤 포인트를 강조하면 좋을지, 앞으로의 출간 일정 및 계획은 어떻게 잡을지에 대한 내용도 추가로 작성하면 좋습니다. 경쟁 도서를 적을 때는 단순히 책의 제목이나 저자, 출판사 정보만을 적는 것이 아니라 책의 단점을 써보고 그 단점을 보완하거나, 해당 도서와는 다른 내 책의 차별점을 함께 작성해주면 좋습니다.

지금까지 자세하게 소개한 필자의 출간 기획서 내용을 바탕으로 나만의 출간 기획서를 작성해보길 바랍니다. 처음에는 칸을 채우는 것이 어려울 수 있지만 하나하나 채워나가면서 업데이트한다면 분명 앞으로 어떤 글을 써야 할지에 대한 명확한 밑그림을 그릴 수 있게 될 것입니다.

이때 작성한 출간 기획서는 파일로만 작성해 저장해두지 말고 출력해서 내 책상 앞에 붙여놓기를 추천합니다. 그리고 틈날 때 한 번씩 읽어보기를 바랍니다. 자주 들여다보는 만큼 채워야 할 빈틈이 보이고 그때그때 보완을 해서 완성도를 높일 수 있습니다. 이는 필자도 자주 사용하는 방법으로 출간 기획서를 뾰족하게 다듬고 아이디어를 확장하는 데 유용합니다.

브런치스토리 작가 도전

구분	대상	장점	단점
브런치스토리	작가 승인을 받은 사람만 콘텐츠 발행	• 사전 작가 승인제로 작가라는 타이틀과 자부심 획득 • 출판업계 종사자들이 꾸준히 모니터링하는 플랫폼으로 출간으로 이어질 가능성이 가장 높음 • 주제를 정해 매거진 형태로 만들어 일정 분량을 채운 뒤 브런치북으로 제작 가능 • 다양한 책 출간 공모전 참여 가능	• 글을 쓰기 위해 작가 승인을 위한 심사를 거쳐야 함(기준에 부합하지 않으면 반려될 수 있음) • 세 플랫폼 중 사용자가 가장 적음 • 수익화가 어려움
네이버 블로그	회원 누구나 콘텐츠 발행	• 국내 최대 포털 사이트 검색 노출로 많은 사람에게 내 글이 노출 • 광고 수익 가능	• 광고성 글, 체험 리뷰 글이나 일상을 공유하는 글이 주를 이룸
인스타그램	회원 누구나 콘텐츠 발행	글의 집중도를 효과적으로 높일 수 있는 이미지를 메인으로 활용 가능	• 글보다 이미지에 시선이 집중됨 • 호흡이 긴 글을 쓰는 데는 부적합함

▲ 대표적인 글쓰기 플랫폼별 장단점 비교

책 출간에 앞서 내 글을 플랫폼에 먼저 쌓고자 하는 많은 사람이 글쓰기 플랫폼을 고민합니다. 요즘에는 내 글을 콘텐츠로 만들기 위한 여러 플랫폼이 활성화되어 있어서 브런치스토리, 네이버 블로그, 인스타그램 등 선택의 폭이 넓은 편입니다. 글쓰기를 위해 계정을 만들고 운영을 해야 하는 가장 큰 이유는 글쓰기의 생활화를 위함입니다. 혼자서 하는 글쓰기는 지속성을 유지하기 힘듭니다. 어떤 날은 글을 쓰고 싶지만, 또 어떤 날은 글을 쓰고 싶지 않아 도중에 포기하기도 쉽습니다. 하지만 플랫폼에 꾸준히 글을 올리면 지속성 확보는 물론이고 내 글을 읽어주는 독자층이 생기게 됩니다. 그들로부터 피드백을 받으면 글쓰기 실력은 더욱 성장할 수 있습니다.

플랫폼마다 장단점이 있지만 책 출간을 목표로 한다면 매년 출간 공모전을 개최하고 출판업계에서 눈여겨 보는 브런치스토리를 추천합니다. 브런치스토리에는 수만 명의 작가가 글을 쓰고 있으며, 출간 도서도 수백 권이 넘습니다. 필자 또한 브런치스토리 연재 글을 본 출판사 에디터의 연락을 받아 책 한 권 출간을 준비하고 있습니다. 출판사 에디터들은 항상 좋은 글과 좋은 콘텐츠를 만드는 저자를 찾고 있다는 사실을 기억하길 바랍니다.

처음 브런치스토리 계정을 만들거나 책 출간을 위한 본격적인 연재 글 쓰기를 목표로 한다면 연재 주기를 너무 길지 않게 하는 것을 추천합니다. 일주일 간격으로 계속해서, 꾸준히 연재하는 게 좋습니다. 물론 글쓰기에 흥미를 붙이거나 시간적 여유가 생긴다면 2~3일 간격으로 쓰는 것도 좋지만, 한 권의 책 출간을 준비하는 글쓰기는 짧은 시간 누가 얼마나 많은 분량을 쓰는지 겨루는 단거리 레이스가 아니라 누가 얼마나 오랫동안 꾸준히 글을 쓸 수 있는지를 겨루는 장거리 레이스기 때문에 지치지 않는 게 중요합니다.

글쓰기를 재능이라고 말하는 사람도 있지만 필자는 노력이라고 생각합니다. 여러분이 글을 쓰지 못하는 이유가 재능이 없기 때문이라는 말은 핑계에 불과합니다. 매일 써보길 바랍니다. 무엇이든 좋습니다. 쓰는 것 모두가 글이 됩니다. 글을 잘 쓰기 위한 기술적인 방법은 분명 존재할 것입니다. 하지만 그 어떤 방법보다 꾸준히 쓰는 것이 중요합니다. 가볍게 생각하고 매일 쓰다 보면 써지게 되고, 내 안에 숨어있던 글쓰기 재능이 살아날 것입니다. 이 사실을 잊지 말고 브런치스토리를 통해서 여러분의 이야기를 꾸준히 쓰길 바랍니다.

브런치스토리 작가 신청 및 승인 노하우

브런치스토리는 '작품이 되는 이야기'라는 슬로건 아래 출간 경험이 없어도 자신만의 시선을 담아 세상을 향해 글을 쓰는 사람을 '작가'라 부릅니다. 하지만 작가 심사 과정을 통해 승인을 받은 사람만이 브런치스토리에 글을 발행하며 자신만의 콘텐츠를 쌓아갈 수 있습니다.

혹자는 브런치스토리의 작가 승인 기준이 너무 높아 글쓰기에 재능이 없는 사람은 도전하기 힘들다고 말하지만 앞서 우리가 배운 MTS 시스템 구조도에 맞춰 내가 세상에 전하고자 하는 메시지를 명확히 한다면 브런치스토리 작가 승인 또한 어려운 일이 아닙니다.

많은 사람이 브런치스토리 작가 승인을 한 번에 받는 방법을 고민하고 있습니다. 여러 블로그의 리뷰나 커뮤니티의 게시글을 통해서 알 수 있습니다. 심지어 브런치스토리 작가 승인을 위한 유료 강의도 존재합니다. 까다롭다면 까다롭지만 작가 승인을 위한 몇 가지 사항만 잘 체크해 기준에 맞춰 작가 신청을 하면 의외로 쉽게, 한 번에 브런치스토리 작가 승인을 받을 수 있습니다.

필자 역시 4년 전 첫 계정의 작가 승인 후 이번 책 출간을 준비하면서 출간 작가가 아닌 글쓰기를 좋아하는 평범한 직장인의 마음으로 두 번째 계정 작가 신청을 했는데 한 번에 승인을 받았습니다. 그 내용을 바탕으로 따끈따끈한 브런치스토리 작가 심사 합격 팁을 공유해보겠습니다.

▲ 브런치스토리 작가 신청을 위해 작성해야 하는 4단계 신청 양식

먼저 브런치스토리 공식 계정에서 밝힌 브런치스토리 작가 심사 기준에 대해서 알아보도록 하겠습니다.

> 작가님이 누구신지, 브런치스토리에서 어떤 활동을 하려고 하시는지에 대한 신청 내용을 받고 있습니다. 출판사를 통해 출간 경험이 있는지, 특정 분야에 전문성을 갖고 계신지, 독자들에게 좋은 이야기를 전달할 준비가 된 분이지 등을 신청 내용을 토대로 검토합니다. 이전에 활동하신 내용은 참고 자료로 보고 있으며, 브런치스토리에서 보여주실 활동과 첨부해 주신 글을 주요하게 검토하고 있습니다.[12]

12]

"브런치 작가 신청 안내", https://brunch.co.kr/@brunch/2

작가 신청에서 선정되기 위해서는 글을 보게 될 담당자 입장에서 생각해봐야 합니다. 브런치스토리는 한 가지 주제를 정해서 매거진 형태로 글을 쌓아가는 구조이기 때문에 연재할 내용이나 기획이 중요합니다. 참신하면서도 읽는 이로 하여금 궁금증이나 호기심을 불러일으킬 수 있는 주제라면 승인받기가 쉽습니다. 작가 신청 시 입력하는 작가소개, 활동 계획, 작성 글 등에 계획하고 있는 주제를 잘 녹여내는 게 중요합니다.

1) 작가소개 : 작가님이 궁금해요. (300자)

브런치스토리팀이 나를 이해할 수 있도록, 브런치에서 어떤 활동을 보여줄지 기대할 수 있도록 나를 소개하면 됩니다. 필자가 실제로 작성한 아래 내용을 참고해 작가소개를 작성해봅니다.

> 저는 새벽 시간과 퇴근 후 저녁 시간을 활용해 N잡을 실천하고 있는 지극히 평범한 직장인이자 두 아이의 아빠입니다. 저는 브런치스토리에서 우리 3050의 직장인, 주부는 물론 학생, 취준생 등 남녀노소 다양한 분들께 회사에서의 과장, 차장, 부장과 같은 '직'이 아닌 나만의 경험, 노하우를 바탕으로 '업'을 만드는 데 있어 헤매지 않도록 도움이 되는 글을 쓰고 싶습니다.

2) 브런치 활동 계획 : 브런치에서 어떤 글을 발행하고 싶으신가요? (300자)

브런치스토리에서 발행하고자 하는 글의 주제나 소재, 대략의 목차를 적으면 됩니다. 필자가 실제로 작성한 아래 내용을 참고해 활동 계획을 작성해봅니다.

> 대부분의 사람은 나만의 지식, 경험, 노하우를 '가치' 있는 콘텐츠로, '업'으로 발전시키는

데 '글'이 주는 힘을 잘 모릅니다. 따라서 제 브런치스토리 채널을 통해 온라인에서 나만의 이야기를 통해 나만의 자료를 쌓는 방법에 대한 제 경험을 공유하고자 합니다.

1) '직'이 아닌 나만의 '업'의 중요성과 찾는 방법

2) 나만의 콘텐츠를 위한 전략적인 인풋

3) 효과적인 아웃풋을 만들어내는 방법

4) 대중에게 선택받는 나만의 '메시지'를 만드는 방법

5) 진정한 나만의 '업'을 N잡 파이프라인으로 연결하는 노하우

'작가소개'와 '활동 계획'의 맥락은 연결돼야 합니다. 필자가 수강생을 대상으로 브런치스토리 작가 승인을 위한 코칭을 진행하다 보면 이 둘의 연계성이 떨어져 승인이 반려된 사례를 자주 접합니다. 두 항목을 일관성 있게 연결해준 뒤 재신청을 하면 90% 이상의 지원자들이 승인을 받는 것을 확인했습니다. 따라서 '작가소개'에서 나의 관심 주제에 대한 화두를 꺼냈다면, '활동 계획'에서 역시 이와 관련한 주제로 글을 연재하겠다고 쓰는 것이 중요합니다. 나아가 내가 해당 주제로 꾸준히 글을 쓰는 사람이라는 것을 어필하면 좋습니다.

두 항목 모두 300자 이내로 작성해야 합니다. 다시 말해 짧고 임팩트 있게 심사자의 마음을 움직이고 설득시켜야 합니다. 하지만 실제 브런치스토리 작가 승인과 관련한 코칭에서 신청서에 적은 내용을 피드백하다 보면 두서없는 자기소개를 쓴 사람들이 많습니다. 이력서를 쓰는 게 아닌 내가 세상에 전하고자 하는 메시지에 대한 내용을 소개한다는 생각을 하고 작성하면 훨씬 더 빠르게 작가 승인을 받을 수 있습니다. 우리가 앞서 직접 써봤던 MTS 시스템 구조도와 출간 기획서의 내용을 잘 정리해서 작성하면 누구든 승인받을 수 있습니다.

3) 자료첨부 : 내 서랍 속에 저장! 이제 꺼내주세요.

3단계는 작가 선정 검토 시 가장 중요한 자료가 되는 부분으로, 앞서 1, 2번 항목에서 적은 내용과 일맥상통한 주제로 3편의 글을 쓰거나, 기존에 쓴 원고가 있다면 주제에 맞게 썼는지 점검하여 자료를 첨부해주면 됩니다. 참고로 브런치스토리에 글을 쓰고 저장하면 [작가의 서랍] 메뉴에 본인만 볼 수 있도록 저장됩니다. 승인 이후에는 누구나 읽을 수 있는 공개 상태로 발행하여 모든 사람이 함께 볼 수 있게 됩니다. 작가 신청 시 [작가의 서랍]에 저장한 글을 첨부할 수 있습니다.

4) 마지막 단계! : 활동 중인 SNS나 홈페이지가 있으신가요?

4단계는 인스타그램, 네이버 블로그, 티스토리 블로그 등 내가 활발히 운영 중인 SNS 채널의 링크를 넣어 나의 주 활동 분야나 직업, 관심사 등을 알 수 있게 하는 단계입니다. 이때 SNS 링크는 내가 평소 꾸준히 콘텐츠를 쌓는 채널이 좋으며, 하나의 URL만 등록할 수 있습니다. 링크를 등록했다면 최종적으로 [신청서 보내기]를 클릭하면 됩니다.

▲ 앞선 내용으로 작가 신청을 해서 필자는 작가 신청 도전 1회 만에 작가 승인을 받았다.

작가 신청 후 영업 기준일 5일 이내 승인 여부가 결정되며 작가 신청 결과 탈락을 했다면 언제든 내용을 보강해 다시 신청할 수 있습니다. 단, 이전에 신청한 내용은 저장되지 않기 때문에 다시 새롭게 작성해야 하는 번거로움이 있으니 따로 메모장이나 워드 파일에 저장을 해두면 시간을 단축할 수 있으니 참고하길 바랍니다.

거듭 강조하지만 앞서 우리가 치열하게 고민하고 작성했던 MTS 시스템 구조도와 출간 기획서 내용을 잘 풀어내면 누구든 까다로운 브런치스토리 작가 승인을 한 번에 받을 수 있으리라 확신합니다.

Tip 브런치스토리 작가가 됐다면 브런치북 출판 프로젝트에 도전하자

브런치북 출판 프로젝트는 매해 응모작 수를 경신하고 있을 만큼 글쓰기에 관심 있는 많은 사람이 참여하며 꾸준히 성장하고 있습니다. 브런치북 출판 프로젝트는 2015년부터 매해 온라인상의 브런치북을 종이책으로 출판하는 공모전으로 작가의 꿈을 꾸는 모든 사람을 응원하며 새로운 작가 탄생을 함께 만들어가고 있습니다.

2023년에 들어 어느덧 11회째를 맞이한 브런치북 출판 프로젝트는 국내 유수의 출판사들이 참여하여 심사부터 수상작 선정, 출간을 함께하기 때문에 누구보다 빠르게 작가로 데뷔할 수 있으니 브런치스토리 작가 승인을 받았다면 브런치북 출판 프로젝트에 도전해보길 바랍니다.

원고 투고하기 : 초보 저자의 투고 성공 확률 높이기

1단계 : 투고를 위한 사전 준비

짜임새 있게 작성된 출간 기획서와 글쓰기 플랫폼 등에 쌓은 일정 분량의 원고가 만들어졌다면 이제는 내 이름이 적힌 한 권의 책을 만들기 위해서 '투고'를 준비해야

합니다. 이 과정에서 가장 먼저 하게 되는 고민이 바로 '어느 출판사에 투고할까?'입니다. 가장 먼저 내 원고가 어떤 카테고리에 해당하는지를 명확하게 정해야 합니다. 그래야만 내가 투고할 출판사의 목록을 짤 수 있습니다.

규모가 있는 출판사들을 위주로 투고하는 것이 아닌 해당 출판사의 주력 분야를 확인한 뒤 투고를 진행해야 합니다. 규모는 후순위입니다. 내 책의 주제는 육아, 육아법, 자녀교육인데 실용서나 자기 계발서를 내는 출판사에 투고한다면 반응이 없을 확률이 높습니다.

만약 투고를 했는데 출간 기획서와 원고가 좋아 육아, 육아법, 자녀교육 주제의 출간 경험이 없는 출판사가 새로운 카테고리로의 확장을 위해 출간을 진행한다면 그것도 문제가 될 수 있습니다. 기존에 다루던 주제가 아니다 보니 경험이 적어, 전문적으로 해당 주제를 출간하는 출판사에 비해 제대로 만들지 못하고, 제대로 판매하지도 못할 수도 있습니다.

전문적으로 해당 주제의 책을 만드는 출판사에서는 이미 해당 주제의 출간 노하우가 많으므로, 내가 내고자 하는 분야의 책을 기존에 출간해서 어느 정도 독자의 반응을 얻었으며, 책의 구성이 좋았다고 생각하는 곳에 투고하는 것이 가장 좋은 방법입니다. 이렇게 해야 해당 주제의 책을 많이 만들어본 에디터들을 만날 기회도 높아집니다. 저자가 수년간 준비해서 한 권의 완성된 원고를 만들어내지만 내가 미처 다루지 못한 내용이나 최신의 트렌드를 반영한 정보들을 에디터로부터 피드백을 받으며 더 좋은 책이 될 수 있습니다.

그럼 출판사를 어떻게 찾아야 하는지 궁금할 것입니다. 필자도 첫 책 출간을 준비하면서 어디에 투고해야 하는지 고민이 많았습니다. 인터넷에 검색해보면 여러 교육 플랫폼에서 '투고 출판사 리스트'와 같은 파일이 적게는 5만 원에서 많게는 50만 원 이상의 고가에 판매되고 있었습니다. 물론 구매를 하지는 않았지만 구매자들의 만족도가 상당히 떨어지는 것을 확인했습니다. 심지어 오래전 문을 닫은 출판사까지 리스트에 포함이 돼 있었는데 이런 곳에 확인 없이 기획서를 보내면 시간 낭비입니다. 그래서 필자는 나의 콘텐츠에 맞는 출판사 목록을 직접 수집하는 것을 추천합니다.

Published by HANBIT Media, Inc. Printed in Korea
Copyright © 2021 김동석 & HANBIT Media, Inc.
이 책의 저작권은 김동석과 한빛미디어(주)에 있습니다.
저작권법에 의해 보호를 받는 저작물이므로 무단 복제 및 무단 전재를 금합니다.

지금 하지 않으면 할 수 없는 일이 있습니다.
책으로 펴내고 싶은 아이디어나 원고를 이메일(writer@hanbit.co.kr)**로 보내주세요.**
한빛미디어(주)는 여러분의 소중한 경험과 지식을 기다리고 있습니다.

▲ 원고 투고를 위한 출판사 정보가 담긴 판권 페이지는 책의 가장 앞 또는 뒤 페이지에 있다.

그래서 투고하기 전 출판사에 대한 명확한 이해와 리스트업이 필요합니다. 지금부터 필자가 사용하는 방법을 공유해보겠습니다. 직접 오프라인 서점에 나가보는 것입니다. 내가 평소 관심을 가지던 분야, 출간하고자 하는 주제의 섹션에 가면 최신의 트렌드와 어떤 책들이 신간으로 나왔고, 꾸준한 인기를 얻고 있는지 빠른 시간에 확인할 수 있습니다. 필자 역시 최소 일주일에 1회 이상은 점심시간을 이용해 회사 근처 서점에 들러 평소 관심이 있고, 앞으로 내고 싶은 주제, 분야의 코너를 빠르게 훑어봅니다.

이때 꼭 봐야 할 것이 요즘 유행하는 책의 제목, 목차 구성, 출판사 정보입니다. 필자는 해당 내용들을 메모해서 꾸준히 관리하고 있습니다. 세 가지 모두 중요하지만 원고를 투고하는 데 가장 중요한 정보가 바로 내가 현재 쓰고 있는 콘텐츠를 선호하는 출판사는 어떤 출판사가 있는지 찾는 과정입니다. 출판사들은 각자 좋아하는 콘텐츠들이 따로 있습니다. 호불호를 의미하는 것이 아닌 각각의 출판사가 전문적으로 다루는 주제들이 있기 때문입니다.

나만의 출판사 목록을 미리 정리해두면 효율적으로 투고를 진행할 수 있습니다. 형식이 정해져 있는 것은 아닙니다. '출판사명-연락처-투고 메일 주소-대표 서적 및 신간'으로 항목을 짜서 출판사 리스트를 주기적으로 업데이트합니다. 주로 회사에서 점심시간을 활용해 나가기 때문에 평소 관심 있는 다섯 개 주제의 코너를 집중적으로 둘러보고, 필요한 내용을 메모해 옵니다. 그럼 리스트 정리도 주기적으로 손쉽게 업데이트할 수 있습니다.

이렇게 조사하다 보면 해당 카테고리의 제목, 디자인, 내용(목차), 강조하는 캐치프레이즈 등의 트렌드도 정리할 수 있고, 무엇보다 나무가 아닌 숲을 보는 눈이 생기기 때문에 출간 기획 과정에서도 허무맹랑한 기획이 아닌 현실에 맞는 기획을 할 수 있어 투고 성공 확률이 높아지는 효과를 얻을 수 있습니다.

2단계 : 실제 투고하기

출간 기획서와 일정 분량의 원고가 완성됐고, 내가 출간하고 싶은 책의 주제에 맞는 출판사도 결정했다면 이제 실제 투고를 진행해야 합니다. 투고의 경우 출판사의 이메일을 통해 접수하는 방식과 출판사의 홈페이지 내 투고 페이지에 간단한 정보를 입력하고 파일 첨부를 통해 접수하는 방식이 있습니다. 하지만 대부분의 출판사가 이메일로 접수를 받기 때문에 필자는 이메일 원고 투고 방법을 설명하겠습니다.

필자가 코칭한 수강생 중 이메일 투고를 해서 반려 메일을 받은 수강생들이 보낸 메일을 보면, 간단한 인사말과 원고 기획서, 워드 파일만 첨부해 전송하는 경우가 많았습니다. 그렇게 보내기보다는 앞서 출간 기획서에서 작성한 출간 의도와 해당 주제의 이야기를 잘 풀어낼 수 있는 저자임을 함께 적어주는 게 좋습니다. 이어지는 필자의 투고 메일 실제 샘플을 참고해보길 바랍니다.

에디터님, 안녕하세요?

저는 자녀교육 영역에 관심이 많은, ○○ 출판사의 애독자로서 ○○ 출판사에서 출간한 《AAA》라는 책을 감명 깊게 읽고, 최신작 《BBB》라는 책까지 읽으며 언젠가 꼭 ○○ 출판사에서 책을 내고 싶다는 꿈을 가지게 되었습니다.

그러던 중 이번에 제가 《하루 10분 아빠와 함께하는 집콕 놀이 처방전(가제)》 원고를 작성하게 되어 ○○ 출판사에 투고해봅니다.

이 책은 바쁜 일상으로 자녀와 함께 보내는 시간이 부족하고, 뭘 하고 놀아줘야 할지 모르는 아빠들을 위한 가장 현실적인 가이드서입니다.

아내(엄마)가 남편(아빠)에게 바라는 육아 1위가 아이와 함께 놀아주기였으며, 아내는 아이와 잘 놀아주는 남편을 원한다는 설문 조사 결과를 봤습니다. 그런데 남편(아빠)들에게 설문 조사를 해보니 아이와 어떻게 놀아줘야 할지 모른다고 응답한 비율이 무려 56%였습니다. 그래서 매일 퇴근 후 하루 10분 아이들에게 멋진 아빠를 선물할 수 있는 집콕 놀이 처방전을 기획했습니다.

저는 체육교육학을 전공했고, 일산 소재 운동 발달센터를 5년간 운영한 경험이 있습니다. 또한 아빠표 육아일기 블로그 글 연재 및 EBS 아빠육아 콘텐츠에 출연한 경험을 바탕으로 아이, 아내와의 소통도 자신 있습니다.

첨부한 파일 2개를 참고해주시기 바랍니다.

–첨부1. 출간 기획서 및 원고 파일

–첨부2. 목차 구성안 파일

○○ 출판사와 독자로서 맺은 좋은 인연이 이제 저자로서 이어지기를 바랍니다.

감사합니다.

이메일 투고에 정해진 형식은 없습니다. 하지만 중요한 관점은 가지고 있어야 합니다. 내가 투고 메일을 읽는 담당자라고 생각해봐야 합니다. 하루에도 수십 통 이상의 투고 메일을 읽고 검토하는데 자기주장만 하거나, 여러 출판사에 단체로 투고해 받는 사람 목록에 수십 개의 출판사 이름이 나열돼 있거나, 출판사 이름을 틀리거나,

해당 출판사에서 출간한 주제와의 연계성이 떨어지는 주제로 투고됐다면 담당자는 출간 기획서를 읽기도 전에 그 사람에 대한 신뢰도가 떨어지게 될 것입니다.

따라서 동일한 출간 기획서를 투고하더라도 출판사를 직접 검색해 리스트업 하고 출판사 한 곳 한 곳에 맞춰 투고 메일을 보내야 합니다. 평소 해당 출판사에 관심이 많은 독자이며 최근 출간된 도서들 역시 지속적으로 관심 있게 읽고 있다는 것을 어필하기 위해 출판사 이름, 대표 도서, 신간 도서를 언급하며 투고 메일을 발송한다면 출판사 에디터도 마음의 문을 활짝 열고 출간 기획서를 검토할 것입니다.

투고 후 기획서 검토 기간은 출판사마다 다르지만 필자의 경험상 2~4주가 소요됐습니다. 투고한다고 해서 모든 곳에서 결과 피드백을 주는 것은 아닙니다. 거절 메일을 받는 일은 출간 저자인 필자에게도 참 마음 아픈 일입니다. 하지만 여러 번 도전하고 실패해도 계속해서 도전하는 이유는 결국 출간 계약이라는 1승만 챙기면 되기 때문입니다. 그 1승을 챙기기 위해 나와 맞는 하나의 출판사를 만나기까지 여러분도 도전하길 바랍니다.

영상 강의 QR　　**업의 그릇을 넓히는 특별 강의**

▶ **김동석 저자의 특강**

CHAPTER 05에서 살펴본 커뮤니티 형성 관련 내용과 출간 기획서를 작성할 때도 큰 도움이 되는 인공지능 AI 뤼튼 사용법 등을 특별 강의로 제공합니다. 앞서 CHAPTER 02 끝에서 시청한 특별 강의 1~3강에 이어, 이번 4~5강으로 책에서 살펴본 내용을 더욱 완벽하게 익힐 수 있습니다.

 ◀ 4강　　 ◀ 5강

깔끔한
투고 원고를 만드는 팁

보기 좋은 떡이 먹기에도 좋다는 말처럼 보기 좋은 원고가 읽기에도 좋습니다. 원고를 깔끔하게 정리해야 좋은 첫인상을 줄 수 있습니다. 아무리 원고 내용이 좋아도 원고가 지저분한 상태라면, 좋지 않은 첫인상으로 점수가 깎일 수 있습니다. 출판사 에디터들은 다양한 업무를 진행하면서 틈나는 대로 투고 원고를 검토합니다. 따라서 원고 파일을 깔끔하게 정리해 보기 불편하지 않게 원고를 정리하는 것이 중요합니다.

원고 형식이 깔끔하게 정리되면 내용도 눈에 더 잘 들어오기 마련입니다. 그럼 어떻게 하면 깔끔한 인상을 전달하는 투고 원고를 만들 수 있을까요? 워드나 한글 파일로 원고를 작성할 때 용지 세팅값을 조절해 원고를 깔끔하게 정리할 수 있습니다.

대부분 워드나 한글로 원고를 작성하는데 그중에서 한글을 기준으로 읽기 좋은 깔끔한 원고를 만드는 용지 세팅값을 살펴보겠습니다. 작성 중인 원고가 있다면 적용해보기를 바랍니다.

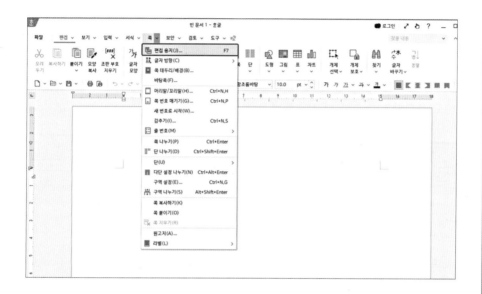

먼저 한글 문서를 열고 상단 메뉴 중 [쪽]-[편집 용지]를 클릭합니다.

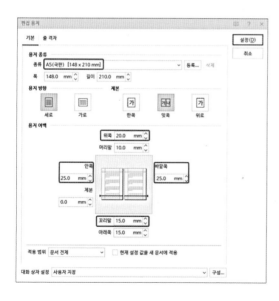

[편집 용지] 설정창이 나옵니다. 기본 A4 사이즈에서 일반적인 책 판형에 더 가까운 A5 사이즈로 [용지 종류]를 바꿔주고, [용지 여백]에서 [위쪽] **20.0**, [안쪽] **25.0**, [바깥쪽] **25.0**, [꼬리말] **15.0**을 입력해 변경해주면 됩니다. 여기까지 해도 충분하지만 조금 더 정리해보겠습니다.

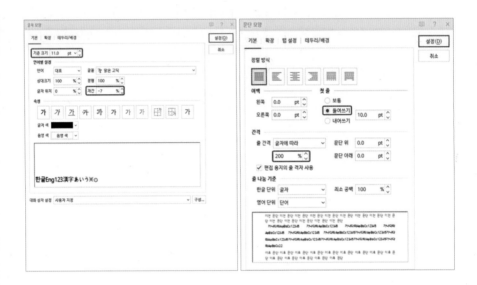

이번에는 상단 메뉴 중 [서식]–[글자 모양], [서식]–[문단 모양]을 각각 클릭해 정리해보겠습니다. 먼저 [글자 모양] 설정창에서는 [기준 크기]를 **11.0**으로 입력하고, 자간은 **−7**을 입력합니다.

[문단 모양] 설정창에서는 [정렬 방식]을 [양쪽 정렬]로 설정하고, [첫 줄]은 [들여쓰기]를 클릭합니다. 마지막으로 [줄 간격]을 **200%**로 설정해줍니다.

동일한 원고도 정리하지 않은 세팅값에서 집필한 원고와 세팅값을 적용해 정리한 원고는 보기에 달라 보입니다. 나아가 [글꼴] 설정을 통해서도 원고의 분위기를 나타낼 수 있습니다. 정보 전달이 중요한 원고라면 깔끔한 느낌을 주는 '고딕' 계열의 글꼴을 설정하고, 감성 전달이 중요한 원고라면 감상적인 느낌을 주는 '명조' 계열의 글꼴을 쓰는 게 좋습니다. 마지막으로 출판사에 원고를 보낼 때는 한글 파일을 그대로 보내기보다는 깔끔하게 PDF로 변환해서 보내기를 권장합니다.

업의 그릇의 시대, 여러분은 누구로 브랜딩 되어 있습니까

험준한 길을 걸어 경쟁력을 갖추자

우리가 회사 안이 아닌 밖에서 나의 지식, 경험, 노하우를 바탕으로 수익을 올리는 업을 만들기 위해서는 '업의 그릇'이 필요합니다. 그런데 이 그릇의 크기는 각자마다 다릅니다. 크기에 따라 나의 콘텐츠를 담아내는 양과 질이 결정되고 이는 내가 벌 수 있는 수익의 양이 결정되는 중요한 요소입니다. 이 업의 그릇을 만드는 과정에서 우리는 두 가지의 갈림길을 만나게 됩니다.

첫 번째 길은 누군가 닦아놓은 잘 포장된 도로입니다. 많은 사람이 이 길을 선택합니다. 이 길의 장점은 너도나도 함께 걷기 때문에 불안함이 덜하며, 그들 사이에서 조금 빨리 가고 있으면 잘하고 있다고 안심할 수 있다는 것입니다. 하지만 진짜 문제는 여기서 발생합니다. 무난한 길을 가기 때문에 작은 문제가 발생했을 때 스스로 해결해나가는 자생력을 갖추지 못하게 되는 것입니다. 퍼스널 브랜딩을 만들어나가는 데 있어 우리는 다양한 문제들과 마주합니다. 하지만 잘 포장된 길만 걸으며 자생력을 갖추지 못한 사람은 끊임없이 중도에 포기합니다.

두 번째 길은 포장되지 않은 구절양장(九折羊腸 : '아홉 번 꼬부라진 양의 창자'라는 뜻으로, 꼬불꼬불하며 험한 산길을 이르는 말)과 같은 길입니다. 이 길의 장점을 굳이 뽑으라면 이 길을 선택한 사람들이 많지 않다는 것입니다. 내가 묵묵히 노력한 만큼 경쟁력을 갖출 수 있습니다. 세계적인 비즈니스 사상가이자 미래학자 다니엘 핑크의 책《다니엘 핑크 후회의 재발견》[1]을 보면 다음과 같은 내용이 나옵니다. "지금은 무리야! 라고 생각 되는 게 있는가? 바로 그것이 당신의 목표가 되어야 한다."

다니엘 핑크가 강조하는 길 역시 우리가 업의 그릇을 만들며 만나는 두 가지의 갈림길 중 두 번째 험준한 길입니다. 필자는 "삶을 목표에 맞추지 말고, 목표에 삶을 맞춰라!"라는 문구를 인쇄해 늘 지갑 속에 넣고 다닙니다. 자기 기준에서 적당히 이 정도면 됐지 하며 사는 사람은 평생 그저 평범하게 누군가에게, 회사에 고용되어 노동력을 투입해 일한 시간만큼만 벌 수밖에 없습니다. 100세 시대를 사는 여러분이 회사 밖에서 통하는 나만의 업을 만들어 평생 스스로를 고용해 열심히 배우고 배운 것을 콘텐츠, 책, 강의로 전달하며 돈도 벌고 이로움도 널리 퍼트리는 선순환의 구조를 만들길 바라겠습니다. 필자 역시 여러분 곁에서 먼저 목표에 삶을 맞추어 계속해서 발전하고 성장하는 모습을 증명해 보이고 또 그 속에서 얻는 필자의 지식, 경험, 노하우를 계속해서 함께 나누겠습니다.

나만의 업의 그릇을 만드는 과정은 분명 하루아침에 만들어지지 않습니다. 그렇기 때문에 제대로 된 방향성과 올바른 노력은 물론 결과물을 쌓아가는 축

[1]

《다니엘 핑크 후회의 재발견》(다니엘 핑크 저/김명철 역, 한국경제신문, 2022)

적의 시간이 필요합니다. 하지만 이것이 꼭 힘들기만 한 것은 아닙니다. 그만큼 시간이 걸리고 어려운 일이기에 아무나 만들 수 없지만 한번 제대로 만들어두면 경쟁에서 우위를 점하고 퍼스널 브랜딩과 수익화라는 두 마리 토끼를 모두 잡아 타인에게 영향을 받는 콘텐츠 소비자에서 영향력을 끼치는 콘텐츠 생산자의 삶을 살 수 있습니다.

적어도 이 책을 끝까지 다 읽고 각 CHAPTER별 내용들을 내 삶에 하나하나 적용해보려고 노력해 업의 그릇 만들기를 시작했다면 그것만으로도 엄청난 시작을 한 것입니다. "생각하는 대로 살지 않으면 결국 사는 대로 생각하게 된다."라는 폴 브루제의 명언이 있습니다. 여러분은 생각하는 대로 인생을 살아 100세 시대 인생 후반전을 내가 좋아하는 일을 통해 즐겁게 일하며 경제적 자유를 누리는 삶을 만들길 바랍니다.

필자는 여러분께 묻습니다. "업의 그릇의 시대, 여러분은 누구로 브랜딩 되어 있습니까?" 비현실적이고 무리한 목표를 세우는 순간 즉시 삶의 터닝포인트가 시작된다는 사실을 기억하고 열심히 업의 그릇을 만들어나가길 바랍니다.

'나 알아가기' 스토리보드

①	소개(옛날 옛적에)	
②	일상의 반복(매일매일)	
③	사건의 시작(그러던 어느 날)	
④	사건에 의한 사건(그래서)	
⑤	사건에 의한 사건(그래서)	
⑥	결말(결국에, 마침내)	

'나 알아가기' 스토리보드

①	소개(옛날 옛적에)	
②	일상의 반복(매일매일)	
③	사건의 시작(그러던 어느 날)	
④	사건에 의한 사건(그래서)	
⑤	사건에 의한 사건(그래서)	
⑥	결말(결국에, 마침내)	

브랜드 콘셉트 찾기 4단계

1단계	나의 어떠한 지식, 노하우, 경험을	
2단계	누구에게 줄 것이며	
3단계	그들에게 어떤 도움 및 지원을 줄 수 있는지	
4단계	그래서 나는 그들에게 이것을 알려주는 ○○○이다.	

브랜드 콘셉트 찾기 4단계

1단계	나의 어떠한 지식, 노하우, 경험을	
2단계	누구에게 줄 것이며	
3단계	그들에게 어떤 도움 및 지원을 줄 수 있는지	
4단계	그래서 나는 그들에게 이것을 알려주는 ○○○이다.	

실습 활용 템플릿[브랜드 콘셉트 찾기 4단계]

MTS 시스템 구조도

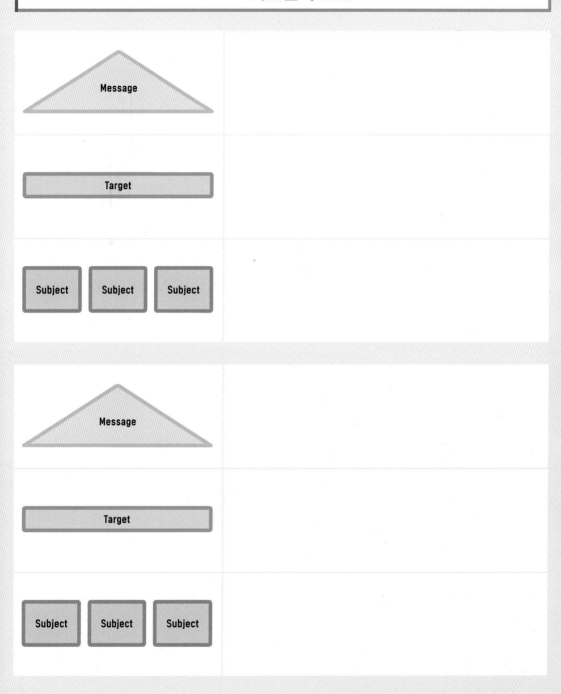

MTS 시스템 구조도

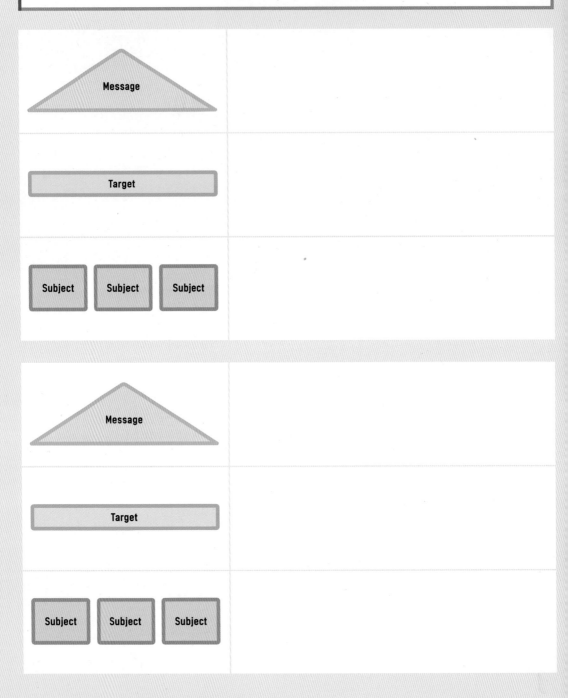

실습 활용 템플릿[MTS 시스템 구조도]